Servicewüste Hotels

Mein aufrichtiger Dank gilt

Gisela Nehrbaß
ohne ihre Beteiligung und Motivation
wäre dieses Buch nicht entstanden

Nicole Wendschuh
Für die Satz- und Covergestaltung

Ernst Crameri

„Servicewüste Hotels“

Erfolgsstrategien für erfolgreiche Hotels

Aufklärung für die Gäste
„Wehren Sie sich, lassen Sie sich nichts mehr bieten!“

Wertvolle Tipps, direkt aus der täglichen
Praxis geschrieben

Bibliografische Information der Deutschen Nationalbibliothek
Die Deutsche Nationalbibliothek verzeichnet diese Publikation in der Deutschen Nationalbibliografie; detaillierte bibliografische Daten sind im Internet über http://dnb.d-nb.de abrufbar.

ISBN: 978-3-86689-010-7

MIX
Papier aus verantwortungsvollen Quellen
Paper from responsible sources
FSC® C105338
FSC
www.fsc.org

Inhaltsverzeichnis

Das Buch ist gewidmet

All den Hoteliers, die ich über drei Jahrzehnte kennenlernen durfte. Viele davon habe ich gecoacht, andere wollten davon nichts wissen und waren oder sind komplett beratungsresistent. Das Buch dient als Chance, die gegebenen Möglichkeiten klar zu erkennen und in die Umsetzung zu gehen. Nicht zu warten, vor allem nicht in der heutigen Zeit. Es lebt der absolute Umbruch und dies gilt es klar, konkret, messbar und unmissverständlich zu erkennen.

All den Gästen, die wie ich, häufig unterwegs sind. Was man da oft erlebt, unglaublich. Als Aufklärung, sich zu wehren und sich wirklich nicht mehr alles bieten zu lassen. Denn es ist schade, schade, geht es doch um gutes Geld, Ihr Geld, welches bezahlt werden muss. Folglich verlangt es nach der entsprechenden Gegenleistung.

Dieses Buch soll nicht auseinander dividieren, sondern zusammenführen. Aufklärung auf beiden Seiten, die Chance daran zu wachsen und groß zu werden. Als Symbiose von Frieden und Lebensfreude, für beide Parteien.

Auf der einen Seite ist der Hotelier, welcher Ihnen die Möglichkeit bietet, in seinem Haus zu schlafen. Auf der anderen Seite der Gast, der ein Zimmer möchte. Beides zusammen zuführen und eine super Leistung zu erbringen, ist der ideale und wundervolle Weg.

So wünsche ich mir ein wundervolles und friedliches Nebeneinander. Als Hotelier ist es doch eine traumhafte Aufgabe, den Gästen ein zu Hause zu bieten, sodass diese sich wohlfühlen und sehr gerne wieder kommen.

Vorwort von Klaus Kobjoll

Liebe Leser,

es freut mich besonders, dass mein Freund Ernst Crameri aus St. Moritz, dieses brisante Thema in die Hände nimmt.

Es wurde höchste Zeit, dass die Servicewüste Hotels genauer unter die Lupe genommen wird. Jede einzelne Abteilung wird von Ernst genauestens auf den Prüfstand gestellt. Einmal geschrieben für Hoteliers und auch für die lieben Kunden.

Denn was ist ein Hotel ohne seine Gäste, gar nichts. Auch für Hotelgäste ist es sehr wichtig, dass sie auf ihre Rechte pochen, schließlich bezahlen sie gutes Geld für den Aufenthalt. Sie haben jedoch auch Pflichten und das ist oftmals ein Dilemma.

Das Buch „Servicewüste Hotels“ klärt auf und schafft eine völlig neue Sicht der Dinge. Oftmals sind es nur ganz kleine Dinge, welche man beachten sollte, diese verändern gleich die gesamte Welt.

Im Buch geht es um das Thema Hardware und jeweils auch um die Software. Die Mitarbeiter spielen eine sehr große Rolle, wenn nicht die größte. Wenn es da nicht stimmt, mag das Hotel noch so schön, neu und perfekt unterwegs sein.

Es ist wie immer das berühmte Ensemble, welches hier zusammen spielen muss, damit es für den Gast zum Erlebnis wird. Sich auch die Mitarbeiter an ihrem Arbeitsplatz wieder finden können.

Mögen all meine Kollegen, die vielen Inputs von Ernst Crameri lesen und dann in die Tat umsetzen. Genauso all die Hotelgäste, gehen Sie ab sofort mit offenen Augen durch die Welt und belohnen Sie auch bei guter Leistung die Mitarbeiter. Sollte diese nicht erbracht werden, teilen Sie das bitte sofort mit, dadurch besteht die Chance einer Veränderung.

So wünsche ich Ernst Crameri mit seinem Buch maximale Erfolge. Den Hoteliers und Mitarbeitern ein gutes Gelingen, mit viel Spaß und Lebensfreude bei der täglichen Umsetzung. Den Gästen ab sofort die traumhaften Aufenthalte, sodass diese immer wieder gerne zurückkehren.

Mit den besten Grüßen aus dem Schindlerhof

Ihr Klaus Kobjoll

Vorwort

Sinn dieses Buches

Liebe Leser,

es hat lange gedauert, bis ich mich endlich hingesetzt habe, um über dieses Thema zu schreiben. Der Wunsch war schon seit Langem da, aber in der Realität dauert manches eben länger. Nun denn, jetzt ist es endlich soweit. Ich freue mich besonders, für Sie in der Gewissheit das Buch zu schreiben, dass es vielen Menschen helfen wird.

Für mich war in der Tat die Motivation, diesem leidigen Gejammere etwas entgegenzuhalten. Hoteliers, die klagen, jammern und auf der anderen Seite die Gäste, die häufig mit den dargebotenen Leistungen unzufrieden sind. Oder nicht wissen, was sie überhaupt möchten.

Die meisten Hoteliers klagen darüber, wie schlecht alles geworden ist. Die wirtschaftliche Lage am Boden, weniger Buchungen als früher. Eine Katastrophe und man weiß nicht, wohin das Elend noch führen wird. Das ist die schlechteste Motivation, welche man sich wünschen kann.

Die Schuldigen sind rasch gefunden. Der Euro, die Regierung, die Wirtschaftskrise und weitere Punkte. Dabei sollte man das uralte Naturgesetz von

„Wer anderen die Schuld gibt – gibt ihnen die Macht über sein Leben“

nicht außer Acht lassen. Dies ist das Dümmste, was man machen kann. Damit wird man automatisch zum Opfer, und das bedeutet Ohnmächtigkeit. Man würde ja gerne, aber man kann nicht. Es liegt außerhalb des eigenen Handlungsbereiches. So wird gewartet und etliche hoffen auf ein Wunder. Man wartet bis zum nächsten Wirtschaftsaufschwung, in der Hoffnung, es bis dahin zu überleben. Passivität war noch nie gut und hat die meisten gänzlich in die Knie gezwungen.

Hier gibt es einen einzigen Weg, endlich und für immer Verantwortung zu übernehmen. Sich an der Nase zu packen und zu überprüfen, ob im eigenen Geschäft alles stimmt, für die Kunden alles getan wird. Ob der Kunde König ist, oder eher ein notwendiges Übel.

Leider ist es so, dass in vielen Hotels das Wort „Kundenservice" noch nie ausgesprochen wurde. Es ist ein Fremdwort und dementsprechend wird gehandelt. Es ist höchste Zeit umzudenken, sonst wird es in der Tat böse enden. Irgendwann ist der letzte Kunde gegangen und die Mitbewerber sind fleißig am Aufrüsten. Einige sind uns bereits bekannt und andere arbeiten emsig im Hintergrund.

Das Buch wurde aber nicht nur für Hoteliers, sondern auch für den Gast geschrieben. Es ist mir ein besonderes Anliegen, beiden Seiten die Möglichkeit zu geben, endlich etwas an dem Dilemma, zum Wohle aller zu ändern. Für Sie als Hotelgast bedeutet dieses Buch

„Wehren Sie sich, lassen Sie sich nichts bieten!"

Stimmt der Service in jeder Hinsicht nicht, buchen Sie nicht mehr in dem Hotel. Sie haben es nicht nötig, sich derart behandeln zu lassen. Sie bezahlen gutes Geld und dafür haben Sie Anspruch auf einen Topservice.

Ich wünsche Ihnen, den Hoteliers und Kunden unterhaltsame Stunden beim Lesen. Mit Sicherheit werden Sie zwischendurch schmunzeln, zwischen Wut und Schrecken hin und her pendeln. Das Buch soll Ihnen die Augen öffnen, dass vieles gehen kann, es eine Zukunft für die gibt, welche sich bemühen und für ihre Gäste hundertprozentig da sind. Sie als Gast haben ein Anrecht darauf, fordern Sie es ein. Ich wünsche Ihnen von Herzen Erfolg, die Kraft und Power es als Hotelier umzusetzen. Ihnen als Kunde, den Mut klar Ihre Meinung zu sagen und den

„Qualitätsanspruch Service einzufordern"

Das Buch ist nicht nur für die Chefs und Gäste geschrieben, sondern auch für das Team. Was nützt es, wenn Sie als Hotelier neue Ideen haben und Ihr gesamtes Orchester, übrigens den Namen finde ich schöner als Personal, nicht informiert ist. Das Wort Personal ist für mich eher abwertend. Wenn Sie ehrlich sind, haben Sie doch ein großes Orchester, welches zusammen spielt und jeder hat einen wichtigen Part. Nur wenn alle in Harmonie spielen, tönt es wundervoll.

Deswegen ist es für das Team absolut Pflicht, das Buch zu lesen und gemeinsam damit zu arbeiten. Dadurch schafft man in allen Bereichen nachhaltige und positive Veränderung, zum Wohle aller.

Herzlichst

Ihr Ernst Crameri

Das Buch ist in zwei Rubriken aufgeteilt

Zu jedem Kapitel gehören zwei Bereiche. Einmal für den Hotelier, mit einem größeren Bereich, denn für ihn gibt es weitaus mehr zu tun. Dann für den Kunden, wie er dazu steht, was er zu tun hat, kann und soll. Ziel dieses Buches ist klar, den Missständen Einhalt zu gebieten.

Wieso für beide Parteien

Weil beide im gleichen Boot sitzen. Der eine braucht den anderen und deshalb ist es selbstverständlich, beide anzusprechen, alles andere würde nichts nützen. Es ist die Chance für den Hotelier, genau hinzusehen. Die Sicht des Kunden zu betrachten und für den Gast zu sehen, mit was der Hotelier sich abgeben muss. Das ist eine Menge und schafft Verständnis.

Verständnis für beide Seiten ist das „A und O"

Mit Verständnis können die Dinge geregelt und zum Positiven gewandelt werden. Das Leben ist zu kostbar, um dagegen zu verstoßen. Es ist leicht, wenn man weiß, wie es geht. Dann braucht es nur noch den guten Willen und ein konsequentes Umsetzen ohne

„Wenn und Aber"

Schon passt es und führt zur Begeisterung, Zufriedenheit von beiden Seiten. Wenn beide am gleichen Ziel arbeiten, haben wir einen gemeinsamen Nenner, auf dem wir optimal aufbauen können.

Lesen Sie das Buch unvoreingenommen

Das möchte ich Ihnen ans Herz legen. Gehen Sie nicht mit einer gewissen Abwehrhaltung ans Lesen. Als ich mit einigen Hoteliers darüber gesprochen habe, dass ich das Buch schreibe, kam mir eine große Opposition entgegen. Nach dem Motto von „Angriff ist die beste Verteidigung."

Es geht nicht um Angriff

Es geht um Aufklärung und bei diesem Wort behaupten die meisten, dass sie bereits aufgeklärt wären und das nicht nötig sei. Man wüsste, um was es geht. Ich bin immer wieder aufs Neue begeistert, wenn Menschen meinen, dass sie fertig sind.

„Wer glaubt, dass er fertig ist – ist in der Tat fertig!"

Das Schlimme daran ist, dass es die Mehrheit der Menschen nicht einmal bemerkt. Für sie ist ihre Welt völlig in Ordnung. Aber die anderen draußen sind das Problem. Solch eine Einstellung ist fatal und führt über kurz oder lang ins Aus.

Freuen Sie sich über das Buch

Das ist die erste, wichtige Messlatte und Ausgangsbasis, mit Freude dran zu gehen. Sich des Lebens zu erfreuen und der Grandezza von Ihnen selbst, dass Sie bereit sind, sich damit auseinanderzusetzen. Nicht in Ihren Cocon flüchten und darin Ihre eigene kleine Welt sehen, wo alles in Ordnung scheint. Solch ein Verhalten ist fatal und führt hundertprozentig ins Chaos. Denn die Musik spielt auf der Bühne und nicht in den eigenen vier Wänden.

Offen durch die Welt gehen

Das sollten Sie zu Ihrer Lebensmaxime machen. Offen zu sein und sich über das Leben, mit den unzähligen Facetten riesig freuen. Es anzupacken und permanent an sich und der Weiterentwicklung zu arbeiten. Das Leben ist zu kostbar, um immer nur das Gleiche zu tun.

Eines Tages wird Ihr Leben vorbei sein

Wie schade oder wie gut, das lassen wir im Moment dahingestellt sein. Eines ist jedoch sicher, es wird irgendwann vorbei sein. Rückblickend wird noch die Frage sein, wie habe ich mein Leben gelebt, es mir aufgebaut? Überwiegt die Lebensfreude oder der Ärger und Missmut? Sie haben die Wahl und können täglich wählen. Gehen Sie liebevoll mit sich um und sorgen Sie für sich, dass Sie am Ende Ihres Leben sagen können

„Oh ja, ich habe wirklich voll und ganz gelebt!"

Wie lesen Sie das Buch

In der Regel kaufen wir uns ein Buch und fangen an zu lesen. Manche lesen von vorne bis hinten alles durch. Andere springen zu den für sie wichtigen Kapiteln. Hier haben Sie ein sogenanntes Arbeitsbuch vor sich liegen. Es geht nicht nur darum zu lesen, wir wollen weitaus mehr mit dem Buch erreichen. Veränderung ist das Thema und das bedingt ein aktives Lesen.

Wenn Sie passiv lesen und nichts ändern

Bleibt alles beim Alten, wie es war, das wäre für mich als Erfolgscoach und -produzent fatal, dann hätte ich meine Aufgaben nicht richtig erfüllt. Denn das Ziel eines Erfolgscoaches ist es, eine klare und vor allem positive Veränderung herbeizuführen. Das ist manchmal schwer, handelt es sich doch oft um alte, festgefahrene Strukturen.

Arbeiten Sie mit Bleistift und Leuchtmarker

Die für Sie wichtigen Passagen markieren Sie bitte sofort mit Ihrem Leuchtmarker. Mit Bleistift schreiben Sie weitere Inputs Ihrerseits dazu. In manchen Kapiteln finden Sie gezielte Fragen, die Sie bitte gleich beantworten.

Unterteilen Sie jede Seite in zwei Hälften

Lesen Sie stets eine halbe Seite, dann halten Sie kurz inne und schreiben oben in das weiße Feld Ihren Merksatz. Das Gleiche machen Sie mit der zweiten Hälfte, Ihr Merksatz kommt an das untere Ende der Seite. Nach dieser Methode lesen Sie Seite für Seite.

Am Ende eines Kapitels geht es um die Quintessenz

Wenn Sie ein Kapitel gelesen haben, schauen Sie sich Ihre Merksätze auf jeder Seite an. Kristallisieren Sie die für Sie fünf wichtigsten Merksätze heraus und schreiben diese auf das freie, weiße Feld in Ihrem Buch. So handhaben Sie es bei jedem Kapitel, dadurch geht nichts verloren.

Vielleicht fragen Sie sich nach dem Sinn

Es handelt sich ja um ein absolut aktives Buch, d.h., nicht nur schnell lesen, sondern in die Handlung kommen, das ist die Devise. Der Sinn ist klar, eine große Veränderung in Ihrem Leben zu bewirken, sonst bleibt alles beim Alten. Auf dem Weg zum Erfolg für Hoteliers und Gäste, bedingt es einer Reflektion und danach kommt es zu einer Entscheidung, darauf erfolgt die Handlung zum Positiven.

Schreiben Sie die fünf Merksätze auf ein Plakat und Karteikarten

Nach jedem Kapitel schreiben Sie die fünf Merksätze auf ein großes Plakat, wenn möglich auf mehrere. Diese hängen Sie in Ihrem Büro und in Ihren privaten Räumen auf. Dadurch werden Sie automatisch daran erinnert. Parallel dazu beschriften Sie Karteikarten, diese führen Sie stets bei sich. Lesen Sie permanent Ihre fünf Merksätze laut vor. Dadurch erschaffen Sie sich im Geiste Ihre neue Wirklichkeit, die sich auch im Äußeren manifestieren wird. Es wird sich in Ihrem Unterbewusstsein derart verankern, dass es Sie förmlich zur Umsetzung antreibt. Ist das nicht genial?

Landen Sie nicht in der Verschieberitis

Der Mensch tendiert dazu, schnell in die Verschieberitis zu gehen, das ist bequem. Heute nicht, heute lese ich noch, es ist im Moment gerade unheimlich spannend, morgen werde ich die Fragen beantworten. Aus dem wird nichts, das kennen Sie mit Sicherheit auch. Es wird dermaßen weit weggeschoben, dass es dabei bleibt, das ist schade. Denn auch hier läuft die Lebenszeit und unsere Vergesslichkeitsquote wirkt in dem Fall kontraproduktiv. Folglich machen wir es lieber sofort. Lesen Sie hierzu mein Buch „Hast du auch diese schlimme Krankheit Verschieberitis?"

Keine Lust es zu machen

Nun denn, es ist wie beim Eiskunstlauf. Es gibt die Kür und die nicht gerade geliebte Pflicht. Kür, oh ja die ist toll, macht unendlich Spaß. Die Pflicht bereitet keine Freude. Aber das eine bedingt eben das andere und umgekehrt. Wir kommen da nicht drum herum. Sie haben doch ein Ziel vor Augen, das Buch aus einem bestimmten Grund gekauft. Folglich setzen wir alles daran, unser Ziel zu erreichen.

Wieso haben Sie das Buch gekauft

Welche Motivation steht und stand dahinter? Was war der Auslöser zum Kauf? Was hat Sie angesprochen, welche Erwartungen haben Sie und wie gehen Sie damit um? Wichtig ist bei allem was man tut, stets das Motiv des eigenen Verhaltens klar zu erkennen, um damit besser umzugehen.

Gehen Sie sachlich und nüchtern dran

Wichtig ist bei allem was Sie tun, dass Sie es stets sachlich und nüchtern angehen. Völlig entspannt, unverkrampft und ohne große Emotionen, denn diese sind bekanntlich negativer Natur. Das schadet mehr, als es gut tut. Gehen Sie in die Analyse, für Ihr Leben und Ihre Möglichkeiten.

Haben Sie keine Erwartungshaltung

Wenn Sie eine Erwartungshaltung Ihr eigen nennen, können Sie in der Regel davon ausgehen, dass es von dort in die Enttäuschung geht. Das brauchen Sie wirklich nicht mehr, oder? Wie oft sind Sie in Ihrem Leben enttäuscht worden? Wenn ich das die Menschen frage, kommt immer eine Palette an Äußerungen. Im Wort Erwartungshaltung ist das Warten und Halten enthalten. Beide Wörter sind auf dem Weg in die Veränderung übel.

Schaffen Sie für sich klare Fakten

Das ist der erste Schritt, sonst bleibt alles beim Alten und dadurch erhöht sich der Frust. Genau das möchten wir niemals mehr erleben, oder? Das kann und darf nicht Ihr Leben sein. Es wäre schade, wenn Sie so durch Ihr Leben marschieren würden. Machen Sie sich unbedingt frei davon. Denken Sie daran, dass Sie ein Macher sind und so heißt es auch zu leben.

Nehmen Sie die Dinge mit, die für Sie dringlich sind

Natürlich gibt es eine Reihe von Fakten, die für Sie nicht von Relevanz sind. Absolut uninteressant und mit denen Sie nichts anfangen können außer, dass es Sie arg belastet. Sie sollten jedoch ohne Belastungen leben. Trennen Sie für sich die Spreu vom Weizen. Sie können niemals alles in Ihrem Hotel auf einmal ändern, gehen Sie dabei Step by Step vor. Mit dieser Vorgehensweise erschaffen Sie sich eine total neue Welt des Erfolges und der Zufriedenheit aller Beteiligten. Zu denen gehören Ihr Team, die Kunden, die Lieferanten und schlussendlich Sie.

Konzentration auf das Wesentliche

Was ist das Wesentliche für Sie? Das sind die Fakten, die Ihnen persönlich am meisten bringen. Es ist das, was Ihnen hilft, weiter zu kommen. Sie benötigen dies, um besser Fuß fassen zu können. Ich erlebe es bei meinen Erfolgscoachings vor Ort, in den Hotels häufig, dass entweder eine große Ignoranz vorherrscht oder es in hektische Betriebsamkeit umschlägt. Beides ist von übel, der goldene Mittelweg ist das Maß der Dinge. Diesen gilt es absolut konsequent und konzentriert zu gehen.

Wir haben die Wahl

Wir können frei wählen, ob es positiv oder negativ sein wird, das finde ich sensationell. Wenn Sie sich auf das Negative konzentrieren, werden Sie auch das Negative ernten. Über eines sind wir uns im Klaren, es wird in diesem Buch manche Passagen geben, wo sich Ihnen die Nackenhaare stellen werden. Sie sagen nein, unmöglich, das geht nicht, sehe ich anders. Jetzt können Sie sich damit befassen, oder Sie gehen hin und überprüfen, was sind die Fakten, welche Sie weiterbringen. Genau mit diesen würde ich arbeiten. Das schafft für Sie eine total neue Transparenz und weitere Möglichkeiten.

Bleiben Sie offen für alles

Wenn Sie nicht offen bleiben, haben Sie bereits im Vorfeld verloren. Es wird heutzutage nur der gewinnen, der absolut konsequent dran bleibt und bereit ist, in die Veränderung zu gehen. Das geht in Richtung Überlebenstraining. Sie als Hotelier wissen doch selbst, dass manche Hotels und Regionen bereits tot sind, weil sie vergessen haben, sich der neuen und veränderten Zeit anzupassen. Sie haben buchstäblich den Anschlusszug verpasst.

Alte Gewohnheiten und Muster

Wir alle sind bis zum Anschlag voll davon. Das ist nicht besonders lustig, vor allem wenn es hindernde Komplexe sind. Leider ist der Mensch derart strukturiert, dass mehr Negatives hängen bleibt. Man badet lieber in diesen Bereichen und ergötzt sich häufig daran.

Analysieren wir die alten Gewohnheiten und Muster

Wer in die Veränderung will, kommt nicht drum herum, über sein Leben zu reflektieren. Wer waren die Vorbilder? Was haben diese Menschen geleistet und was haben wir daraus gelernt? Das sind Fragen, die uns weiterhelfen. Wir wollen sofort ins praktische Arbeiten einsteigen. Beantworten Sie folgende Fragen.

1. Wer waren und sind Ihre Vorbilder?

   ____

   ____

   ____

   ____

   ____

2. Wieso sind das Ihre Vorbilder?

   ____

   ____

3. Was haben Sie daraus gelernt?

4. Wie viel haben Sie davon bereits umgesetzt?

Stopp, bevor Sie weiterlesen, unbedingt die Aufgabe erledigen

Woher ich das weiß, dass Sie es noch nicht gemacht haben? Reine

Erfahrungswerte, weil der Mensch immer zum berühmten Minimalismus neigt. Es ist doch im Moment wesentlich leichter weiter zu lesen, anstatt die Fragen schriftlich zu beantworten. Sie sollten es aber jetzt tun, denn sonst wird es bekanntlich nichts mehr und das wäre schade für Sie, meinen Sie nicht auch? Natürlich werden Sie wie die meisten sagen „Ich mache es noch!“ Das glaube ich Ihnen nicht und Sie wissen selbst, was wollten Sie nicht schon alles getan haben und wie viel war es letztlich?

Großes Erstaunen und teilweise auch Entsetzen

Wenn ich diese Arbeit auf den Schulungen, bei den Trainings vor Ort in den Hotels mit den Chefs, Abteilungsleitern und dem Team durchführe, kommt oft das Erstaunen und teilweise sogar Entsetzen, dass etliche Dinge nicht umgesetzt wurden. Man hat sie zur Kenntnis genommen, findet diese gut und das war es dann. Das ist fatal, denn wir wollen doch unserem Leben eine neue Dimension geben und da heißt es für alle ewigen Zeiten, alte und lieb gewonnene Gewohnheiten abzulegen.

Wer ist schuld

Sinn und Aufgabe dieses Buch ist es, etwas zu bewegen. Auf der einen Seite, dass Sie sich als Kunde endlich wehren und auf der anderen, dass Sie als Unternehmer oder Mitarbeiter, mit den Reklamationen umgehen können. Es nicht als persönlichen Angriff sehen, den es mit allen Mitteln abzuwehren gilt. Nach dem Motto „Kunde, wie kannst du so frech sein? Lege endlich die Kohle auf den Tisch und haue ab. Lass uns in Frieden!“

Wenn etwas schief geht, nicht so läuft, wie man es sich vorgestellt hat, stellen sich die meisten Menschen sofort die große Schuldfrage. „Wer ist schuld?“ Wen können wir für dieses Ungeschick verantwortlich machen? Schuldige sind schnell gefunden und damit unverzüglich die Verantwortung abgegeben, nach dem Prinzip von „Ich würde ja schon gerne, aber.............!“

Für Sie als Hotelier

Lesen Sie in Ruhe die einzelnen Abschnitte und nehmen Sie sich die Zeit, darüber nachzudenken. Fallen Sie nicht sofort in die negative Schiene und tun es als hausgemachten Blödsinn ab. Wenn Sie das tun, fühlen Sie sich getroffen. Sie haben aber das Buch gekauft, um endlich etwas an Ihrer Situation zu ändern. Auch wenn Sie nicht sofort mit allem einverstanden sind, lassen Sie es ein wenig setzen und in einem ruhigen, klaren Moment werden Sie merken, dass ich mit meinen Ausführungen recht habe. Sie haben es in Ihrer Hand, ausschließlich Sie als Chef. Denn wenn es bei Ihnen stimmt, Ihre Einstellung gut ist, können Sie diese auch an Ihr Team weitergeben.

Wirtschaftslage

Allgemein geht es der gesamten Wirtschaft schlecht. Etliche Firmen haben Konkurs angemeldet. Andere sparen, internationale Kundschaft kommt weniger. Wenn irgendwo Krieg ist, bleiben die Amerikaner fern. Man fühlt sich ausgeliefert und hofft, dass es irgendwie weiter gehen wird. Ohnmächtig der Wirtschaftslage gegenüber, wie schrecklich und grausam die Geschichte doch ist.

Billig-Airliner

Diese haben dazu beigetragen, dass viele Menschen lieber irgendwo hinfliegen, als im eigenen Land Urlaub zu machen. Oftmals ist es günstiger, in einem der Nachbarländer ein paar Tage zu relaxen. Also, was tun die meisten, sie setzen sich in den Flieger und verlassen das eigene Land. Die Tendenz wird noch um einiges zunehmen, zumal der heutige Bürger die Meinung vertritt, im Alter noch genug im eigenen Land Urlaub machen zu können. Jetzt geht es darum, die große und weite Welt zu erkunden.

Der Euro

Dieser Euro hat einiges kaputt gemacht. Alles ist doppelt so teuer, wie vor der Umstellung und dadurch haben die Menschen weniger Geld in der Tasche. Die Eurokrise, die wir in 2013 gerade haben, ich schreibe bewusst das Datum hin, denn wenn das Buch in einigen Jahrzehnten gelesen wird, wird das Eurodebakel längstens in die Geschichte eingegangen sein. Ja, der Euro hat manches verändert und da heißt es als Hotelier, besonders kreativ zu sein. Diese Aufgabe gilt vor allem für die Schweizer Hoteliers, deren Franken zum Euro unendlich stark ist.

Regierung

Eine willkommene Gelegenheit, von sich auf andere überzuleiten. Regierungen gab es seit Menschengedenken, was können diese ändern? Herzlich wenig, Sie können versuchen das nächste Mal besser zu wählen. Nützt das etwas? In der Regierung sitzen leider oft Leute, die von irgendwo herkommen, leider nicht aus der Wirtschaft. Diese wissen nicht, wie man den Motor in Bewegung hält. Hierüber gäbe es noch weitaus mehr zu sagen, aber ändern tut sich nichts. Folglich machen Sie eine Meisterleistung und wenn wieder eine Absurdität geboren wird, passen wir uns an, anstatt Energie mit Dingen zu verbringen, die wir eh nicht ändern können. Beschäftigen wir uns lieber um unser Geschäft, dass es klasse läuft, zum Wohle des Kunden. Diese werden sich darüber freuen.

Kunden

Sie sind nicht mehr berechenbar. Was die für Ansprüche haben, die wollen immer mehr für ihr weniges Geld haben. O-Töne von manchem Hotelier. Kunden sind nicht doof, sie sind nur mündiger geworden und lassen sich nicht mehr alles bieten. Hier ist es an der Zeit, als Hotelier umzudenken. Natürlich gibt es ein paar schwarze Schafe, die auf der reinen Reklamations-Schiene fahren. Wir sprechen jedoch nur von einem Prozent und das ist verschwindend gering.

Der Ort

Der Ort ist schuld und da an erster Stelle der Bürgermeister, der nichts tut. Er hat andere Dinge im Kopf, anstatt seine Hoteliers. Tourismus oder Kongresse interessieren ihn nicht, er hält lieber zu anderen Wirtschaftszweigen. Auch hier, die anderen müssten, dabei sind Sie als Hotelier gefragt. Lassen Sie die Kommune ihre Arbeit leisten. Sie haben genug zu tun, damit Ihr Laden läuft, meinen Sie nicht auch? Konzentrieren Sie sich auf Ihr Business, halten Sie es am Laufen und Sie gehen als Gewinner hervor.

Fremdenverkehrsamt

Die sind natürlich schuld, denn die hätten schon längstens etwas tun können. Diese sitzen herum und beweihräuchern sich selbst. Es sind ja in der Regel auch nur Beamte, die sich verwalten. Wenn es da kluge Macher gäbe, würde mein Laden ohne Ende brummen, wir hätten genug Gäste. Beweisen Sie es sich und all den anderen, dass Sie es alleine bewältigen, ein Macher sind, dem nichts zu viel ist.

Weitere Punkte

Schuldige gibt es ohne Ende. „Bei so vielen Schuldigen, mein Gott, was kann ich da als armer Hotelier ausrichten? Gar nichts, wenn ich in den entsprechenden Positionen wäre, ich würde alles anders machen. Bei mir gäbe es solche Missstände nie!“ Was soll diese blöde Denkweise? Sie sind doch in einer Top-Position, wissen es anscheinend nur noch nicht. Ihnen gehört ein Hotel oder Sie leiten es als Manager/Direktor, da liegt unendliches Potential drin. Jetzt geht es an die gezielte Umsetzung.

Sie müssen sich entscheiden

Will ich als Hotelier weiterhin jammern und klagen, oder mein Leben selbst in die Hand nehmen? Diese Entscheidungsfreiheit haben Sie jeden Tag aufs Neue. Es liegt ausschließlich in Ihrer Hand, ob Sie zu einem Top-Hotelier werden, gehören, schon sind oder einer von vielen Hunderttausenden, die es in Deutschland, Europa oder sonst wo auf der Welt gibt.

Die anderen müssen

Die anderen müssen gar nichts. Es sind freie Menschen und Gott sei Dank leben wir in einem freien Land. Wenn ich endlich begriffen habe, dass andere nichts müssen, habe ich die größte und zugleich schwierigste Lektion verstanden. Wenn einer muss, bin ich es. Damit sind Sie als Hotelier gemeint und niemand anderes. Wenn Sie unzufrieden sind, ändern Sie schleunigst Ihre Situation.

Ich will, ja ich will

Das ist der Unterschied zum „Muss.“ Müssen, müssen wir gar nichts. Entweder tun wir es freiwillig, weil wir das so wollen. Dadurch haben wir die Kraft und die nötige Energie, es umzusetzen. Oder wir lassen es im vollen Bewusstsein unserer gesamten Kräfte. Auf jeden Fall stehen wir zu unseren Entscheidungen und lassen dieses ätzende und abtörnende Gejammere. Es ist eine Belastung für all die anderen Menschen in unserem Umfeld. Siehe hierzu mein Buch „Höre endlich auf zu jammern!“

Man müsste

Sie kennen bestimmt die Floskel „Man müsste.....!" Das ist ein gerne benutztes Wort und klug eingefädelt, denn mit „man" sind die anderen gemeint. Damit lassen Sie sich wieder das Türchen für Ihr Alibi auf. „Ja, ich hätte schon, aber die anderen..!" „Man" ist schon lange nicht mehr gefragt, Sie, ja

„Sie sind gefragt und niemand anderes!"

Wachen Sie auf und packen Sie es an, bevor es zu spät ist. Wenn nicht jetzt, wann dann bitte?

Ihre Einstellung zählt

Ihre Einstellung ist das „A und O." Sie entscheiden stündlich über Ihr Leben. In der Bibel steht geschrieben

„Euch geschehe nach Eurem Glauben!"

Woran glauben Sie als Hotelier? Was geht den Tag über in Ihrem Kopf vor? Glauben Sie daran, dass Sie es in den Griff bekommen? Oder eher, dass es keinen Sinn mehr gibt, alles hoffnungslos ist?

Sie packen es

Wenn Sie es tatsächlich wollen, packen Sie es auch. Das verlangt jedoch einen

- 100%-igen Einsatz
- Plus 10% Extraleistung
- Plus Herzblut

100% Leistung ist der Mindesteinsatz, das ist die nötige Startbasis. Die meisten schaffen noch nicht einmal das, sind bereits nach 60% oder mehr erschöpft.

10% Extraleistung gehören einfach dazu, das heißt, mit dem berühmten Mehrwert zu arbeiten. Den Kunden und auch das Team freudig überraschen und zu begeistern, das zahlt sich auf jeden Fall aus.

Herzblut ist der schöne Moment, wo Sie voller Begeisterung dabei sind. Man spürt, dass Sie es von Herzen machen, Ihnen nichts zu viel ist.

Wenn Sie diese drei Parameter in Ihre Firma transportieren, liegen Sie goldrichtig. Dadurch erreichen Sie eine völlig neue Dimension. Ihr Leben wird sich verändern und reichhaltiger werden. Selbstverständlich auch das von Ihren Mitarbeitern und dem gesamten Team. Eine immense Leistungssteigerung ist dadurch drin und um die geht es, um heutzutage überhaupt Bestand zu haben.

Qualität und Service stehen an oberster Stelle

Kundenzufriedenheit ist kein Fremdwort mehr, sondern zentraler Mittelpunkt. Ihr gesamtes Streben richtet sich ausschließlich danach. Dann schaffen Sie es auch, gegen alle Störungen, die von außen vorhanden sind und noch kommen werden, zu schwimmen. Klar und deutlich Paroli zu bieten und Ihren Weg zu gehen. Ich wünsche Ihnen viel Erfolg dabei.

Für Sie als Hotelgast

Schön, dass Sie dieses Buch gekauft haben. Das Thema interessiert Sie, weil Sie öfters in Hotels verweilen oder es zukünftig vorhaben. Sie haben es in Ihrer Hand, wie Sie als Kunde behandelt werden. Durch Ihr Verhalten signalisieren Sie dem Hotel gegenüber deutlich, dass Sie mit der Leistung einverstanden sind oder nicht.

Es braucht Mut

Es braucht Mut, als Kunde klar und deutlich zu kommunizieren, was einem gefällt und was man unter Umständen auf keinen Fall bereit ist zu akzeptieren. Genauso gehört es dazu, dass man lobt und einen super Service honoriert. Beides scheinen die meisten

Kunden verlernt zu haben. Es gibt eine kleine Gruppe von notorischen Nörglern, die dieses Hobby perfide betreiben und einige wenige, die dankbar sind und loben.

Wahrheit und Klarheit

Das ist das Thema als Kunde, welches Sie unbedingt verkörpern sollten, damit Sie und auch die Gegenseite zufrieden sind. Da wo es nicht passt, man gleich zur Gegenwehr oder in die Argumentation verfällt, ziehen Sie sofort die Konsequenzen. Sie sind als Kunde in der glücklichen Lage, einige Tausende von Hotels zu haben. Ihr Gegenüber hat in der Regel nur ein einziges Hotel.

Was wollen Sie genau als Hotelgast

Es ist wichtig, dass Sie als Hotelgast klar, konkret, messbar und unmissverständlich wissen, was Sie wollen und was nicht. Wenn Sie als Beispiel in einem 1* Hotel absteigen, dürfen Sie niemals den Service und die Annehmlichkeiten eines 5* Hotels erwarten. Es gibt einige Parameter, auf die es ankommt. Darum machen Sie sich im Vorfeld Ihre Gedanken, was Sie wünschen und parallel dazu, was Ihnen das Ganze wert ist. Denn je höher die Messlatte, die Ansprüche, desto mehr Aufwand für das Hotel und desto höher der Preis.

Rechte und Pflichten

Es ist teilweise ein unbeschriebenes Gesetz, dass man nicht nur als Hotelier, sondern auch als Kunde seine Rechte und Pflichten hat. Leben Sie diese für ein besseres und schöneres Miteinander auf dieser Erde. Dies ist das große Thema, dass wir uns gegenseitig ein schöneres Leben ermöglichen. Weg von dem Thema der ewigen Rechthaberei und auf die Rechte zu pochen. Es geht um das berühmte

„Geben und Nehmen!"

Diesen Faktor in Einklang zu bringen, schafft uns eine wundervolle Welt, voller Harmonie und Frieden. Denken Sie darüber nach und dann verfolgen Sie diesen Weg.

Für Sie als Hotelier

Was sind Ihre Rechte und Pflichten als Hotelier, das ist eine spannende Frage, die ich mir auf meinen vielen Reisen und bei den Hoteltests öfters stelle. Leider, leider komme ich dabei oft zu der Erkenntnis, dass das Handling nicht klar ist. Es ist ein großes Durcheinander, welches sich durch das gesamte Hotel zieht.

Ihre Pflichten als Hotelier

Sie haben eine, um nicht zu sagen riesige Pflicht Ihren Gästen gegenüber. Sie bieten den Menschen ein Dach über dem Kopf, sind der Gastgeber. Verantwortlich, dass Ihre Kunden ein schönes Zuhause haben, für eine Nacht oder mehrere. Ihre Besucher sollen sich wohlfühlen, möglichst wie zu Hause. Das ist eine immense Aufgabe für Sie. Das Ziel muss sein, den berühmten Wow-Effekt zu schaffen, wo der Gast völlig überrascht ist. Was alles Ihre Pflichten als Hotelier sind, lesen Sie in den nachfolgenden Kapiteln. Ein interessantes Thema und ich bin mir hundertprozentig sicher, Sie werden sich häufig erkennen. Wenn Sie dann ehrlich sind, nach dem Prinzip der Selbsterkenntnis, gibt es Handlungsbedarf und nicht zu knapp.

Ihre Rechte als Hotelier

Ich denke, jetzt sind Sie wieder ein wenig versöhnt, denn es gibt natürlich auch Rechte für Sie und nicht nur Pflichten. Sie bieten dem Gast alles, bieten ihm förmlich den Himmel auf Erden, das setze ich voraus. Na ja, es kann auch sein, dass es etwas weniger ist. Ihr Recht ist für Ihre Dienstleistung einen entsprechenden Obolus zu verlangen. Dazu kommt, Ihren Gästen die berühmten Spielregeln in Ihrem Hause zu zeigen. Darüber in späteren Kapiteln Näheres.

Für Sie als Hotelgast

Jetzt wird es richtig spannend, weil Sie sich nicht alles gefallen lassen müssen. Das heißt,

„Wehren Sie sich und fordern Sie Ihre Rechte ein!“

Das ist die eine Seite der Medaille, die andere, Sie haben auch Pflichten und das vergessen leider manche Hotelgäste. Diese meinen, sie haben mit dem Übernachtungspreis das ganze Hotel gekauft. Wenn man jedoch Bescheid weiß, geht es wesentlich einfacher, cleverer und friedlicher.

Ihre Pflichten als Hotelgast

Hiervon gibt es einige und die lauten in erster Linie, sich als Gast aufzuführen. Da erlebe ich häufig unglaubliche Zustände, wo ich mich echt fragen muss, wo manche Personen die wichtigste Zeit der Prägung (Kindheit) verbracht haben. Es geht um das gemeinsame Zusammenleben in einem Hotel, mit anderen Gästen und um den Umgang, mit den Mitarbeitern des Hotels. Da sollte man ein menschliches Verhalten an den Tag legen.

Ihre Rechte als Hotelgast

Das ist eine spannende Angelegenheit, denn es gibt in etlichen Hotels so viele Missstände, wo ich mich als Gast fragen muss, ob das Haus nicht weiß, um was es explizit geht. Leider wird man oft nicht als Gast behandelt, sondern eher als notwendiges Übel. Denken Sie immer daran, Sie bezahlen gutes Geld und da haben Sie das Anrecht, auf eine korrekte Leistung. Freuen Sie sich jetzt schon auf die nächsten Kapitel und ich bin mir sicher, Sie werden sich dabei öfters erkennen und nickend zustimmen.

Die einzelnen Stationen in einem Hotel

In einem Hotel gibt es verschiedene Stationen, die aufeinander eingespielt sein müssen. Kein leichtes Unterfangen, alles absolut synchron zu halten, um zum Erfolg zu gelangen. Das gesamte Hotel kann nur so gut sein, wie letztlich jede einzelne Abteilung im Haus. Deswegen werden wir in alle Ecken schauen, genau hinsehen. Dadurch haben wir die Chance, die Missstände zu erkennen und daraus ableitend, sie zum Positiven zu verändern. Dies aus der Sicht des Gastgebers und des Gastes.

Für Sie als Hotelier

Wir gehen jetzt sukzessive die einzelnen Stationen durch, mit denen Ihre Kunden in Kontakt kommen. Viele Bereiche, sehr viele sogar, in denen einiges passieren kann. Schauen Sie, dass es überall stimmig ist, es passt und der Kunde rundherum zufrieden ist. Denken Sie stets daran, Kunden registrieren weitaus mehr, als was Sie vielleicht jemals vermuten würden. Kunden haben auch Zeit, bedingt durch Wartezeiten oder Ruhephasen, die sich manchmal ergeben.

Die Bilanz kann schnell kippen

Da können zehn Dinge top sein, ein einziges Minus reicht aus, um die Bilanz ins Negative zu ziehen. Kennen Sie das nicht auch von sich? Wir Menschen sind in der Regel so geartet, an dem Negativen halten wir uns fest, ziehen uns hoch. Darüber sprechen wir, da ergötzen wir uns. Das Negative hat in der Regel eine starke Kraft, einen Sog, da verblasst das Positive förmlich.

Feintuning ist gefragt

Es ist Ihre immense Aufgabe als Hotelier, das sogenannte Feintuning walten zu lassen. Mit leichter und doch bestimmter Hand, alles, wirklich alles unter Kontrolle zu haben und zu halten. Bei Schiefstand sofort und unerbitterlich einzugreifen, um die Missstände zu beheben. Denken Sie daran, die Kunden, sind immer weniger zu Kompromissen bereit und das ist auch gut so, dass letztlich die Qualität siegt.

Der Bessere gewinnt

Im täglichen Wettbewerb, um den Kunden wird nur der Bessere überleben. Das hat überhaupt nichts mit Größe und Stärke zu tun. Es liegt ausschließlich an der Kommunikation, die nach außen erfolgt. Wenn der Kunde top zufrieden ist, kommt er gerne wieder, weil er sich bei Ihnen zu Hause fühlt. Er empfiehlt Sie und Ihr Haus in seinem Bekanntenkreis weiter. Es muss Ihr Bestreben sein, als großartiger Gastgeber zu fungieren und die Kundenwünsche zu berücksichtigen.

Für Sie als Hotelgast

Lassen Sie sich von den unzähligen Stationen in einem Hotel überraschen. Denken Sie beim Besuch eines Hotels stets daran, dass es wahrlich nicht einfach ist, solch einen Laden zu führen. Manche Hoteliers haben es super drauf. Andere leider weniger, bis hin zur reinen Katastrophe, wo der Gast eher ein notwendiges Übel ist und in der Tat stört.

Qualitäts-Management

Dies ist für die meisten Hoteliers nach wie vor noch kein Thema, das ist äußerst unklug. Wenn Sie keine Chance der Veränderung sehen, merken, dass es bei einigen Stationen nicht stimmt und das Team unhöflich ist, sollten Sie sofort die Konsequenzen ziehen. Wenn es nur eine Kleinigkeit ist, wird der Hotelier im Normalfall dankbar für den Hinweis sein. Das ist aber meist selten der Fall, weil die Damen und Herren sofort in Opposition und in die Rechtfertigung gehen.

Es ist Ihre gute Gegenleistung, die das Hotel erhält

Daran sollten Sie bitte denken, wenn Ihnen etwas nicht gefällt und Sie sich die Frage stellen, ob Sie reklamieren sollen. Das ist eine fatale Einstellung und ich kann Ihnen nur empfehlen, wenn es nicht passt, sagen Sie es unverzüglich, machen Sie sich Luft. Dadurch besteht die Chance auf eine Verbesserung der Situation. Wenn das Hotel nicht dazu bereit ist, gibt es natürlich noch weitere Maßnahmen.

Der erste Kundenkontakt

Für den ersten Eindruck gibt es keine zweite Chance. Das scheinen die meisten Hoteliers zu vergessen. Kunde wird als Massenware gehandelt, die da ist und abgefertigt werden muss. Kein persönliches Individuum, sondern sogenannte zahlende Paxe, das kann und darf nicht sein. Es gilt jedoch, auf den einzelnen Gast einzugehen. Denn wenn es andere tun, sind Sie in Kürze weg vom Fenster. Ist das wirklich in Ihrem Sinne?

Für Sie als Hotelier

Die Möglichkeiten mit Ihnen als Hotelier direkt in Kontakt zu treten, sind vielfältig geworden, folglich gilt es zu reagieren. Jedes Medium hat seinen Stil, da herrscht aber oft Chaos. Vor circa 100 Jahren gab es nur die Möglichkeit auf schriftlichem Wege, per Postkutsche, Schiff oder Kurier Kontakt herzustellen. Heutzutage sind wir weitaus schneller und das stellt manchen vor nahezu unüberwindbare Hindernisse. Mit gutem Willen und dem richtigen Teamgeist ist das aber gut zu bewältigen.

Haben Sie alles im Griff

Das ist eine berechtigte Frage, die in der Regel oft mit „Nein" beantwortet werden muss. Einige Bereiche ja, andere nein und was ist daraus resultierend der Gesamteindruck? Ein klares Minus, welches Sie sich heutzutage nicht leisten dürfen. Die Mitbewerbersituation ist zu stark, und da gilt es ein hohes Niveau zu halten.

Klare Strukturen aufsetzen

Der erste Schritt zu einer ganzheitlichen Veränderung ist, Strukturen müssen her. Wofür steht Ihr Hotel und Ihr komplettes Angebot? Was ist der Sinn Ihres Hauses? Womit möchten Sie sich auszeichnen? Wie haben die einzelnen Abteilungen zu funktionieren? Zu jeder Antwort muss unbedingt das „Warum“ dazu. Ich erlebe es als Hotelcoach und –berater häufig, dass das blanke Chaos vorherrscht. Aber mit dieser Art kann man definitiv kein Haus zum Erfolg führen.

Kommunizieren, kommunizieren und nochmals kommunizieren

Nachdem die Strukturen und das Leitbild klar sind, geht es an die Kommunikation und das ist wohl eines der härtesten Brocken in einem Unternehmen. Da tun sich fast alle sehr schwer. Dabei ist es wichtig, denn ohne klare Kommunikation wird das Ding nicht optimal funktionieren. Da müssen Sie als Hotelier aufpassen, einen Kommunikationsplan aufweisen und strikt danach vorgehen.

Durchhaltevermögen, Durchhaltevermögen, Durchhaltevermögen

An dem fehlt es bei den meisten, das Durchhaltevermögen ist in der Regel schwach ausgebildet. Man unterliegt zusätzlich dem Irrglauben, dass einmal gesagt, es für alle ewigen Zeiten klar ist. Dem ist natürlich nicht so, weil Menschen einfach anders ticken. Einmal gehört, heißt noch lange nicht verstanden. Nur in der permanenten Wiederholung liegt die Kraft. Somit ist es erforderlich, dass alle im Hotel, vom Chef über die Führungskräfte, bis hin zu den Teammitgliedern, regelmäßig geschult werden, um einen gewissen Standard zu halten.

Kontrollieren, kontrollieren und nochmals kontrollieren

Das klappt bei den wenigsten. Es wird ab und zu etwas gesagt und danach beginnt der Schludrian von vorne. Aber in dieser Art kann man kein Hotel führen, kommen Sie nicht in Ihrem Hause voran. Es gehört zu Ihrer täglichen Pflicht, die Dinge immer wieder zu kontrollieren. Regelmäßig wie eine Schweizer Uhr, mit ihrem Präzisionsuhrwerk. Sie müssen sich dafür genügend Zeit einplanen. Genau jetzt behaupten viele Hoteliers, für solch eine Aufgabe keine Zeit zu haben, wie verrückt ist das?

Trainieren, trainieren und nochmals trainieren

Das ist ein Thema, dass die meisten Hoteliers völlig außer Acht lassen. Da wird, wenn überhaupt eine Teamsitzung einberufen, wo der Chef oder der Stellvertreter eine lange Liste runter betet. Danach wird verlangt, dass es für alle Zeiten zu klappen hat. Das ist ein großer Trugschluss, denn wir sind alles nur Menschen, mit Stärken und Schwächen. Da müsste ich bei den meisten fragen

**„Ja, klappt denn bei Ihnen immer alles?
Machen Sie wirklich alles auf Anhieb?"**

Bei einer ehrlichen Antwort heißt es meist „Nein, leider nicht!" Also verlangen Sie niemals von Ihrem Team mehr, als Sie selbst bereit sind zu tun und zu geben.

Training von außen

Sie können als Hotelier nicht alles übernehmen. Ihr Team effizient und vor allem regelmäßig zu trainieren, ist eine Sache von außen. Dafür benötigen Sie Spezialisten, die das für Sie tun. Es kostet ein wenig Geld und da sind die meisten zu geizig, das ist ein Fehler. Das Kader sollte sich um ihre Belange kümmern und ein externer Trainer oder Coach konditioniert das Team auf Erfolg.

Für Sie als Hotelgast

Seien Sie wachsam, hören Sie auf Ihr Gefühl. Wenn der erste Kontakt stimmt, Sie sich dabei wohlfühlen, ist es großartig. Wenn nicht, suchen Sie sich lieber ein anderes Haus. Denn wenn es am Empfang bereits nicht stimmt, welcher letztlich die Visitenkarte ist, wird sich diese Missform durch das gesamte Hotel ziehen.

Haben Sie Mut

Einfach Mut haben, die Dinge sofort zu besprechen und abzuklemmen, wenn es nicht passt. Keine Kompromisse eingehen, denn schließlich sind Sie ja nicht eingeladen, sondern werden für die Indienstnahme Ihr verdientes Geld an der Rezeption abliefern.

Daran sollten Sie immer denken, denn bis Sie das Geld verdient haben, welches Sie im Hotel ausgeben, dafür mussten Sie doch auch eine gute Leistung erbringen. Oder wurde Ihnen das Geld geschenkt, ich kann es mir nicht vorstellen.

Kompromisse bedeutet immer etwas zu missen

Das ist doch grausam, oder? Sie bezahlen als Gast gutes Geld und müssen auf manche Dinge verzichten. Bitte nein, denn der Hotelier ist ja auch nicht bereit, auf Ihr Geld zu verzichten oder zumindest einen Teil davon zu missen. Er will alles haben, also gilt gleiches Recht für alle. Denken Sie daran, dass Kompromisse die zweite Wahl sind. Schauen wir uns das Wort Kompromiss an, was sagt es aus? Im Wort ist klar das „Missen“ enthalten und wieso sollten Sie auf etwas verzichten?

Das tut man nicht

Vielleicht sind Sie genau so erzogen worden wie ich, mit folgenden schrecklichen Glaubenssätzen von wegen

„Das tut man nicht!“
„Was könnten die anderen denken!“
„Nur nicht auffallen!“

Und vielem weiteren Schwachsinn, den nur Menschen von sich geben und proklamieren, die den Wert des eigenen Lebens nicht richtig zu schätzen wissen. Das ist fatal, derart durchs Leben zu gehen, das sollten Sie niemals mehr tun. Stehen Sie zu sich, egal was man Ihnen erzählt hat.

Seien Sie stark, das können Sie trainieren

Nur wenn Sie richtig stark sind, haben Sie auch ein wesentlich erfüllteres Leben vor sich. Es lohnt sich, diesen Weg zu gehen. Ich kann Ihnen eines sagen, Sie können es trainieren. Ich war früher schüchtern, weil ich eine komische und seltsame Konditionierung erleben durfte, die mich geprägt hatte. Das hat mich nicht glücklich gemacht. Im Gegenteil, ich war immer frustrierter und frustrierter, wieso sollte ich mir das antun?

Achten Sie sich als Mensch

Das ist ein Aspekt, welchen Sie nicht außer Acht lassen dürfen. Achten und lieben Sie sich als Mensch, mit all Ihren Bedürfnissen, Ansprüchen und Lebensphilosophien, die Sie mitbringen. Denn sich selbst zu belügen, ist das Schlimmste, was man sich antun kann. Verbieten Sie sich das und Ihr Leben gewinnt dadurch eine völlig neue und großartigere Dimension. Das kann ich Ihnen versprechen, die eigene Lebensqualität hochzuhalten, ist der entscheidende Punkt, auf dem Weg in ein ganzheitliches und damit erfolgreiches Leben.

Kein Meister fällt vom Himmel

Sollte es nicht sofort hinhauen und das wird es am Anfang mit Sicherheit nicht, hadern Sie nicht mit sich. Zu beachten ist dabei auch, ärgern Sie sich nicht, denn das bringt nichts. Bleiben Sie cool und sagen Sie sich „Heute war ich womöglich nicht gut, aber das nächste Mal wird mir das nicht noch einmal passieren!" Mit solch einer Denk- und Vorgehensweise, werden Sie unendlich viel Kraft gewinnen.

Vielleicht sind Sie jetzt über die Motivationsaussagen erstaunt

Ich finde es wichtig, hier vor allem Sie als Hotelgast zu briefen. Denn das wird Ihnen durchschlagende Argumente im Umgang, mit den doch teilweise gut geschulten Hoteliers liefern. Die Hoteliers werden natürlich nicht glücklich über solche Stärkungsmaßnahmen sein. Das hat Sie jedoch nicht zu interessieren, denn hier geht es in der Tat ausschließlich um Ihre Belange.

Das Telefon

Unglaublich, was da abgeht. Oft eine Ignoranz, das gibt es schon fast nicht mehr. Da wird soviel kaputtgemacht, werden die Kunden das erste Mal mit Ignoranz konfrontiert. Dabei ist es so leicht, wenn man sich ein wenig mehr darum kümmern würde. Telefon, die Visitenkarte per excellence. Das wird ein riesiges Kapitel, weil es immens wichtig ist und bereits hier die ersten gravierenden Fehler gemacht werden.

Für Sie als Hotelier

Am Telefon können Sie mit einem professionellen Telefonteam an Ihrer Rezeption punkten. Das ist nicht kompliziert, wenn man die Grundregeln beherrscht. Es lohnt sich für Ihr Unternehmen, wenn Sie sich in diesem Falle professionelle Hilfe holen und es danach mit fähigen Leuten in die Tat umsetzen. Ihr Erfolg und Komplimente seien Ihnen gewiss.

Klingeln ohne Ende

Als Gast wählen Sie die Nummer, es klingelt, klingelt und klingelt. Sie möchten gerne eine Auskunft oder buchen, und hören permanent den Rufton. Es gibt sogar Häuser, die lassen den Gast ins leere Klingeln. Denn vielleicht ist man ja gerade irgendwo anders im Haus beschäftigt, oder ein Kunde steht an der Rezeption, der es eilig hat. Oder es wird untereinander gequatscht und da stört natürlich ein Telefonat. Vielleicht ist heute ja Ruhetag, siehe hierzu das Kapitel Ruhetag.

Besetztzeichen

Wie nett, kann ja mal vorkommen. Oft sind mehrere Versuche nötig, um durchzukommen. Es kann auch passieren, dass dann der Anrufbeantworter anspringt. Ist weiters nicht tragisch Herr Hotelier, der Kunde will ja was von Ihnen, also wird er nochmals anrufen. Traurig aber wahr, einer der großen Killer. Die wenigsten sind sich dessen bewusst. Im heutigen Zeitalter darf das nicht vorkommen. Die Technik ist so weit fortgeschritten und es kostet kein Vermögen, über mehrere Amtsleitungen zu verfügen.

Band-Ansage

„Im Moment sind all unsere Plätze belegt, sie werden mit dem nächsten freien Platz verbunden!" Klasse oder, die Frage ist nur wann? Gleich, in fünf, zehn Minuten oder erst in einer Stunde? Macht nichts, ich als Kunde will was von dem Hotel, also habe ich gefälligst zu warten, bis ein Mitarbeiter frei ist. Lieber Hotelier, wann werden Sie es verstehen, dass man Kunden nicht warten lässt? Wir im Informations-Zeitalter leben, wo zügiges Handeln gewünscht ist und nicht ewiges Warten, bis es vielleicht klappt.

Begrüßung

Wenn man es endlich geschafft hat, eine freie Leitung zu ergattern und sich jemand meldet, geht der nächste Horror los. „Hallo" oder „Ja" bis hin zum runter gerattertem „Hotel lass mir meine Ruhe" oder sonst irgendetwas. Man versteht es nicht als Kunde, hinzu kommt oftmals keinen guten Morgen, Tag oder Abend, unverbindlich und unpersönlich. Klasse ist es in kleineren Häusern, wenn der Chef burschikos drangeht oder womöglich die Reinigungsfrau, die nicht einmal der jeweiligen Sprache mächtig ist.

Begrüßungs-Story

Bei größeren Häusern und Hotelketten, klappt es mit dem Begrüßungs-Text eher, als in kleinen Häusern. Das soll jedoch keine entschuldbare Größenordnung sein. Wie oft hörte ich da „Tja, wissen sie, bei unserer Größenordnung können wir es uns nicht leisten, einen Trainer zu organisieren!" Was für eine Alibiübung, es sich nicht leisten zu können, professionell mit dem Kunden umzugehen und ihm das Gefühl zu geben, dass er wichtig ist.

Inhalt der Begrüßung

An den Anfang einer Begrüßung gehört „Guten Morgen, guten Tag, guten Abend“ oder mit einer besonderen Note wie z. B. „Grüßgott!“ Das ist in der Tat das Mindeste, wie man nach außen kommuniziert. Danach erfolgt deutlich, wer dran ist. „Hier ist das Hotel zum grünen Ochsen!“ Damit signalisiere ich als Hotel dem Kunden gegenüber, dass er richtig verbunden ist. Das ist der erste Einstieg, gibt den Kunden zugleich Sicherheit und Bestätigung, dass er den richtigen Gesprächspartner an der Leitung hat.

Als Kunde möchte ich jedoch nicht nur wissen, ob ich richtig gewählt habe, sondern mit wem ich spreche. Davon sind die meisten Hotels meilenweit entfernt. Es ist ein absolutes „Muss“ und gibt dem Ganzen einen persönlichen Rahmen. „Mein Name ist Verena Müller!“ Nicht nur die Nachnamen, denn diese sind oft austauschbar. Der Vorname macht es erst zu einem Individuum, welches einzigartig ist, das gibt die persönliche Note. Zu guter Letzt, „Was darf ich für Sie tun?“ Haben Sie nicht als Anrufer oft das Gefühl gehabt, eher zu stören? Dass es dem Gegenüber fast lästig ist, abzunehmen und zu antworten. Das wollen wir ab sofort klar und deutlich abstellen, nach dem Motto

„Lieber Kunde, wir sind gerne für dich da und freuen uns, dass du anrufst. Sag uns bitte, was wir für dich tun können!“

Das hat Stil und der Kunde fühlt sich bereits beim Telefonieren wohl. Lesen Sie sich diesen Satz bitte mehrmals durch und verinnerlichen Sie diesen in Ihrem Unterbewusstsein.

Das ist zu geschwollen

Diese Aussage höre ich häufig. Leider haben Menschen mit dieser Einstellung, keine Ahnung von optimalem Kundenservice und leiten mit solch einer Aussage von der eigenen Unfähigkeit ab. Hinzu kommt, dass viele den Zeitgeist noch nicht erkannt haben. Das ist aber weiters nicht tragisch, denn die Konsumenten werden zusehends mündiger und bleiben dann weg. Und wenn der letzte Gast das Haus verlassen hat, kehrt endlich Frieden ein und die Tür kann für alle Zeiten geschlossen werden. Welch ein Glücksgefühl, nie mehr ein Kunde, der etwas möchte.

Stimme und Tonlage

Für seine Stimme kann niemand etwas, eine weitverbreitete Meinung. Ohne spezifisches Training kann es oft nicht funktionieren. Nicht jeder Mensch wächst in einer Familie auf, in der die Sprache vorwärts und rückwärts perfekt beherrscht wird und zudem noch eine schöne Ausdrucksweise hat. Das ist weiters nicht tragisch, denn wenn man will, lässt sich alles trainieren. Hier sind Sie wieder als Hotelier gefragt. „Wann haben Sie das letzte Mal mit Ihrem Team Telefon- und Sprachtraining durchgeführt?“ Bei dieser Frage schauen mich die meisten an, als käme ich von einem anderen Planeten. Leider denken viele, dass das unnötig ist, oder es kommt der Spruch „Bei uns wird gearbeitet, wir haben keine Zeit für diesen neumodischen Kram!“ Das ist unglaublich, schadet dem Hotel. Wenn es tatsächlich ein innovatives und auf Kundenservice ausgerichtetes Hotel ist, wurde solch ein Training durchgeführt. In der Regel ist das keine einmalige Schulung. Es wird vergessen

„Dass es fast leichter ist, ein Königreich umzustoßen, als die Gewohnheiten der Menschen!“

Es hat Jahre gedauert, bis es soweit war, und soll innerhalb von wenigen Stunden total anders werden, das kann nicht funktionieren. Es Bedarf eines permanenten Trainings und dann wird es die entsprechenden Früchte tragen. Siehe hierzu auch das Kapitel „Lebenslanges Training.“

Der Name des Kunden ist heilig

Diese goldene Regel wird mit Füßen getreten. Der Name des Kunden ist das Wichtigste. Aus dem Grund merke ich ihn mir sofort, schreibe ihn auf. Es ist tödlich, mit dem Kunden zu sprechen und zum Abschluss zu fragen „Wie war nochmals ihr Name?" Kennen Sie das, mit Sicherheit und wie fühlt es sich an? Da wird mit einem Kunden gesprochen und der Gegenüber weiß nicht, mit wem er gesprochen hat. Obwohl ich ihm meinen Namen genannt habe. Das geschieht in mehr als 90% der Fälle. Nur Profis und solche, die es ernst mit dem Kunden meinen, haken sofort nach, wenn sie den Namen nicht verstanden haben. Das gebietet auch die Anstandsregel. Sollte man ihn nicht verstehen, lässt man sich den Namen buchstabieren und wiederholt Buchstabe für Buchstabe.

Wo bleibt die Anstandsregel

Diese lässt oft zu wünschen übrig. Heute ist es ja cool, lässig zu sein. Das kann man auf der Straße unter seinesgleichen, jedoch bitte niemals in einem Dienstleistungsgewerbe. Lieber Hotelier, da müssen Sie für Ordnung sorgen. Sollten Sie selbst zu den Muffeln gehören, heißt das jedoch nicht, dass Sie Ihre Leute im gleichen Trott weiter machen lassen dürfen. Ändern Sie es ab sofort, leiten Sie die erforderlichen Schritte ein.

Wo sind Ihre Leute aufgewachsen

Unterschätzen Sie diese Frage nie. Wenn sie wohlbehütet in einem integren Elternhaus aufgewachsen sind, heißt das aber noch lange nicht, dass es Ihr Personal auch ist. Fragen Sie sich deshalb stets, wo sind meine Leute aufgewachsen? Welche Kinderstube durften sie genießen? Kontrollieren Sie es bitte und rufen Sie öfters mal anonym in Ihrem Hotel an, Sie werden überrascht sein.

Gern benutzte Ausreden

„Ich habe den Namen nicht richtig verstanden. Der andere hat so schnell geredet oder undeutlich!" Dann hakt man unbedingt nach, fragt den Kunden

„Entschuldigen sie, ich habe ihren Namen nicht verstanden, können sie ihn mir bitte buchstabieren!"

Der Kunde wird es gerne tun, ist dankbar für die Aufmerksamkeit und das professionelle Vorgehen. Viele meinen jedoch, das wäre unhöflich. Unhöflicher ist es, erst nach Ende des Gespräches nochmals danach zu fragen. Denn irgendwann werden Sie den Namen eh benötigen, also lieber von Anfang an, wie ein Profi auftreten. Zum Namen gehört auch der Vorname, fragen Sie danach, das gibt eine persönliche Note. Damit kommt der Kunde aus der Anonymität des Nachnamens heraus. Dadurch wird er personalisierter, denn Nachnamen gibt es viele, erst der Vorname bringt die persönliche Note.

Kompetenz

Was ist das? Da setzen die Hoteliers oft irgendjemand ans Telefon. Hauptsache, dass das Telefon abgenommen wird. Kennen Sie Aussagen wie „Weiß ich nicht, der Chef ist nicht da, ich bin die Putzfrau, der Lehrling u.s.w.!“ Die Krönung „Rufen Sie noch einmal in einer Stunde (heute Abend, morgen, nächste Woche) an!“ Lieber Hotelier, ans Telefon gehören Profis, kompetente Leute, die etwas zu sagen haben. Eine gewisse Entscheidungsfreiheit und damit zugleich Kompetenz aufweisen.

Rufen Sie nochmals an

Das ist der Gipfel der Unverschämtheit. In welchem Zeitalter leben wir? Ich soll nochmals anrufen? Um dann wieder jemand Inkompetentes am Telefon zu haben? Ich denke nicht daran, wenn Sie als Hotelier nicht imstande sind, Ihre Leute zu schulen, dass sie zumindest eine Telefonnummer aufnehmen können und einen Rückruf versprechen, wie wird der Rest ausfallen? Kennen Sie das? Der sogenannte berühmte rote Faden, zieht sich durch alle Belange hindurch und das muss ich mir als Kunde nicht geben. Lieber Hotelier sorgen Sie dafür, wenn schon keine Auskunft gegeben werden kann, oder wenn im Moment nichts frei ist und Sie mit Wartelisten arbeiten, dass Ihr Haus zurückruft und niemals der Kunde. Wir sind nicht in der Dienstleistungswüste.

Adresse oder Nummern aufnehmen

Viele Fehler schleichen sich ein und all das, weil der Hotelier nicht imstande war und ist, sein Team zu schulen, dass man die Telefonnummer und die Adresse wiederholt. Ein Beispiel, der Kunde sagt die Vorwahl 06322, der Gegenüber wiederholt sofort 06322, usw., das ist Professionalität und vermeidet Fehler. Aber wie sollen es die armen Mitarbeiter können, wenn der Hotelier selbst unfähig ist und oft vor sich hinmurmelt.

Verabschiedung

Welch ein Desaster, wenn ein „Tschüss" oder neuerdings ein „Ciao" kommt. Schlagwörter im wahrsten Sinne, denn damit wird der Kunde erschlagen. Wir sind nicht in der Szene, sondern in einem Dienstleistungsbetrieb, da verabschiedet man sich professionell. Dazu gehört die Wiederholung des Gewünschten, damit sich keine Fehler einschleichen. Dann die Bestätigung, dass es in Ordnung geht, der Kunde Bescheid weiß, dass seine Wünsche kompetent und zügig erfüllt werden, danach folgt die Bedankung. Es ist doch normal, dass man sich bedankt, und sei es nur für eine Anfrage. Zum Schluss wünschen wir ihm alles Liebe und eine gute Zeit, einen schönen Abend oder ein erholsames Wochenende.

Profis gehören ans Telefon

Ans Telefon gehören ausschließlich Profis, lieber Hotelier. Menschen, die schnell, zügig, höflich, kompetent, mit Herz unterwegs sind und Auskunft geben können. Wenn nicht, professionell die Nummer aufnehmen und dafür Sorge tragen, dass zurückgerufen wird. Denken Sie daran, es ist Ihre Visitenkarte. Sie haben per Telefon nur diese eine Chance, einen guten und positiven Eindruck zu hinterlassen.

Üben, üben und nochmals üben

Um zu dieser Professionalität zu gelangen, ist tägliches Üben angesagt. In regelmäßigen, wöchentlichen Trainingseinheiten durch einen externen Trainer oder Coach und tägliches Briefen des Personals vor Arbeitsbeginn. Sie halten es für unnötig? Sie glauben ja gar nicht, wie schnell die meisten Menschen die Lektion von gestern vergessen. Wenn Sie nicht dran bleiben, wird schnell wieder die alte Schiene gefahren.

Aufwachen ist das große Thema

Nicht warten, dass sich die Dinge ändern oder es irgendwie geht, sondern aktiv am Erfolg arbeiten. Tag für Tag, das muss Ihre große Aufgabe sein. Denn Sie kennen es sicherlich aus eigener Erfahrung, von alleine tut sich nichts. Im Gegenteil, es wird teilweise noch schlimmer. Nutzen Sie das Potential Ihres Teams und lassen Sie es regelmäßig von einem Trainer trainieren. Das macht sich bezahlt, selbst wenn Sie jetzt womöglich in Ihrem Kopf die rote Alarmleuchte aufblinken sehen, von wegen „Hilfe, kein Geld, was das alles kostet, das können wir uns nicht leisten. Es bringt doch nichts, die sind zu dumm!"

Für Sie als Hotelgast

Bleiben Sie cool und schnell im Handeln. Wenn Sie nicht unbedingt in einem Haus absteigen müssen, weil dort eine Schulung, eine Hochzeit oder Ähnliches stattfindet, ziehen Sie sofort die Konsequenzen. Lassen Sie sich als Kunde behandeln und wenn nicht „Adios!“ Freuen Sie sich darauf, Sie haben eine riesige Auswahl an Hotels, benötigen das eine nicht. Wenn Sie von Anfang an wachsam sind, bleibt Ihnen manches erspart.

Begrüßung am Telefon

Wenn die Grundanstandsregeln nicht eingehalten werden, hilft nur eines, legen Sie auf. Für solche Häuser ist es nicht schade, wenn keiner mehr einbucht. Nicht einmal die Grundanstandsregeln werden beherrscht. Schimpfen Sie als Kunde nicht auf die Mitarbeiter, das ist Chefsache. Er hat sich darum zu kümmern, dass sein Team gut drauf ist, sich professionell am Telefon meldet.

Rufen Sie nochmals an

Das werde ich niemals tun. Wie komme ich dazu, mich nochmals zu melden? Bin ich im Kindergarten, bestimmt nicht. Ich möchte gerne buchen, und wenn das Hotel nicht dazu imstande ist, war es das von meiner Seite aus. Vielleicht finden Sie das zu krass, ich kann Ihnen eines aus meiner Erfahrung sagen, wenn es so anfängt, zieht sich das wirklich wie ein roter Faden durchs gesamte Haus. Wollen Sie sich das tatsächlich antun?

Bevor Sie übers Internet buchen, rufen Sie an

Heutzutage ist es für Profis normal, direkt übers Internet zu buchen. Ich würde empfehlen, vorher direkt im Hotel anzurufen, um die Lage kurz zu checken. Dadurch kann man sich ein Bild machen. Denn das, was häufig im Netz steht, ist so nicht zu halten und oft beschönigt. Lesen Sie auch die Kommentare der Gäste, auf den verschiedensten Bewertungsportalen.

Seien Sie schnell im Handeln

Das möchte ich Ihnen ans Herz legen, dadurch haben Sie die Chance, taff durchs Leben zu gehen und Ihre Erfolge einzufahren. Wenn der erste Eindruck nicht stimmt „Adios.“ Gut, manchmal gibt es Situationen, dass keine anderen Hotels mehr buchbar sind. Da müssen Sie wohl oder übel in den saueren Apfel beißen und da mitmachen. Sie haben jedoch die wunderbare Möglichkeit, dies dann über die verschiedensten Kanäle zu kommunizieren und das macht es ein wenig lustiger und spannender.

Sie finden es frech so zu schreiben

Das kann passieren, dass Sie sich angegriffen fühlen, sich in Ihnen etwas regt, Sie zornig werden. Das Buch in die Ecke werfen oder sofort in den Mülleimer. Es unverschämt finden, dass jemand solch einen Quatsch schreibt, man mir den Mund verbieten müsste. Ich keine Ahnung von dieser schwierigen Branche habe, mich um meinen Mist kümmern soll und weitere nette Emotionen.

Für Sie als Hotelier

Ihnen steht selbstverständlich frei, diese Gedanken zu hegen. Aber bringt Sie das weiter? Es ist nicht mein Anliegen, Sie in irgendeiner Form zu verletzen oder an Ihrer Ehre zu kratzen. Dieses Buch soll dazu dienen, die unzähligen Missstände aufzudecken und Ihnen die Chance geben, das eine oder andere zu ändern, um letztlich mehr Erfolg zu haben. Sie haben es in Ihrer Hand, ich kann Ihnen aber eines versichern, 98% der Hoteliers werden es sowieso ignorieren, weil Sie sofort nach den Göttern in Weiß kommen. Unfehlbar und immer im Recht, na dann ruhig weiter so.

Wobei ich glaube, dass Sie dieses Buch gekauft haben, weil Sie Interesse an dem Thema haben und etwas verändern wollen. Alle anderen Hoteliers tätigen doch niemals solch eine hohe Investition, wie diesen Buchkauf. Da gehören Sie ja direkt zu den Auserwählten. Jetzt geht es noch um das Umsetzen, dies Tag für Tag und natürlich im Hotel auch Nacht für Nacht.

KvP ist das Thema

Kennen Sie KvP? Das ist keine neue Partei, sondern eine echte Lebenshilfe. Seit ich nach diesem Prinzip arbeite, tut sich enorm viel Positives. Berge lassen sich dadurch versetzen und die Freude ist jeweils riesig, die neuen Ergebnisse zu sehen. Fangen Sie ab heute mit dem Mechanismus an zu arbeiten, es verändert Ihre Welt. Vielleicht machen Sie es bereits unbewusst oder gehören zu den Vollprofis, die das seit langer Zeit beherrschen. KvP heißt

„Kontinuierlicher Verbesserungs-Prozess!“

Das ist das Thema heutzutage, denn es gibt von allem ein reichhaltiges Angebot. Mitbewerber ohne Ende, Kunden, die immer kritischer werden und deren Ansprüche zusehends wachsen und wachsen. Da gilt es seine Position einzunehmen und mit Ihrem Hotel, ein Fels in der Brandung des Marktes zu sein.

Es gibt nichts Beständigeres, als die Veränderung

Leider gibt es Menschen, die möchten an den sogenannten guten alten Zeiten festhalten. Diese sind vorbei, die damalige Zeitqualität war auch nicht immer so lecker. Die Welt verändert sich Tag für Tag. Was heute gut war, kann morgen total überholt sein. Nichts ist, wie es einmal war und dadurch wird das Leben täglich seine Veränderungen mit sich bringen. Wir haben zwei Chancen, entweder passen wir uns den neuen Gegebenheiten an, erkennen die daraus neu erwachsenden Chancen und Möglichkeiten, oder wir gehen unter.

Unsere freie Entscheidung ist es, den einen oder anderen Weg zu gehen. Ich bin mir sicher, Sie kennen einige Kollegen oder sogar ganze Gegenden, die sang und klanglos von der Bildfläche verschwunden sind. Das sind all diejenigen, welche den neuen Zeitgeist nicht erkannt haben. Zu welchen gehören Sie, wie sind Sie mit Ihrem Hotel und in Ihrer Region positioniert?

Den Finger auf die Wunde legen

Wir können alles schönreden, aber die Zahlen sprechen eine deutliche Sprache. Ihre Belegungszahlen, Ihre Umsätze und Ihre Gewinne sprechen eine knallharte Sprache ohne „Wenn und Aber.“ Da nützt der Blick durch die berühmte rosarote Brille nichts, es ist, wie es ist. Sie wissen doch, dass bei den Banken die Hotels mit das schlechteste Rating erhalten und das wird bestimmt so bleiben.

Aufwachen ist gefragt

Den Tatsachen und Gegebenheiten klar und deutlich ins Auge schauen, ist das Thema. Ab sofort gilt es Maßnahmen einzuleiten, und das Geschäft wieder zum Erfolg zu führen. Auf was wollen Sie warten? Dass ein Wunder geschieht, wieder alles so wird, wie es einmal war? Wunder geschehen nur für die, die sich auf den Weg machen und bereit sind, Änderungen herbeizuführen. Für all die anderen, kann es keine Wunder geben. Es steht bereits in der Bibel geschrieben

„Suchet und ihr werdet finden!"
„Hilf dir selbst, dann hilft dir Gott!"

Wieso soll gerade bei Ihnen alles anders sein? Träumen Sie nicht mehr, sondern wachen Sie auf und packen Sie es an. Führen Sie Ihr Haus an die Spitze, das ist wesentlich einfacher als die meisten denken, wenn man einige Mechanismen kennt und beherrscht. Anfangen tut es jedoch immer im Geiste, damit im Kopf des Hoteliers und überträgt sich von dort aus auf den gesamten Betrieb.

Werfen Sie das Buch in den Mülleimer

Wenn Sie das alles nicht interessiert und Sie beleidigt ob all der Frechheiten sind, belasten Sie sich nicht länger mit dem Kram. Werfen Sie das Buch in den Mülleimer. Die paar Euro werden Sie verkraften, oder verschenken Sie es an einen Kollegen. Vielleicht kann er damit etwas anfangen. Ihnen wünsche ich alles Liebe, die Ruhe und die Kraft für ein glückliches, zufriedenes Leben. Egal, was Sie denken und glauben, eines sei Ihnen gewiss, Sie werden weder den Markt noch mich ändern. Das Einzige, was Sie ändern können, ist Ihr Leben und damit Ihr Hotel.

Bilden Sie keine Selbsthilfegruppe

Das ist der nächste Schritt, man gründet eine Selbsthilfegruppe gegen die Missstände und hofft in der Gemeinschaft alles zu ändern. Das Einzige, was Sie dabei verlieren, ist Lebensenergie, kostbare Zeit. Das sollten und dürfen Sie sich bitte nicht leisten. Reine Alibiübungen werden da durchgezogen und das Recht auf ein eigenes und selbst bestimmtes Leben, nimmt im Kollektiv rapide ab.

Für Sie als Hotelgast

Sie bezahlen mal mehr mal weniger, je nachdem wo Sie absteigen und wie Ihre Ansprüche sind. Dieses Buch dient Ihnen dazu, klar zu erkennen, wie die Dinge laufen sollten. Als Chance den Durchblick zu haben, machen Sie etwas daraus. Wenn nein, es für Sie ätzend ist, entledigen Sie sich sofort des Buches. Nichts auf dieser Welt ist es Wert, sich unnötig zu belasten und zu quälen. Dazu ist das Leben zu kurz und zu wertvoll.

Nur keine Schadenfreude den Hoteliers gegenüber

Das Ganze ist eine ernste Angelegenheit und da sind viele Menschen mit involviert. Existenzen stehen durch Missmanagement auf dem Spiel. Desweiteren habe ich auch für Sie als Hotelgast ein paar Punkte, die Ihnen bestimmt nicht gefallen werden. Also warten Sie es ab und gelangen Sie am Schluss des Buches zu einer Entscheidung.

Kein Schönschwätzerbuch

Das war in keinster Weise meine Intuition, sondern eine klare und deutliche Kommunikation. Dadurch hat jeder die Möglichkeit, genau hinzuhören, oder das Spiel unverzüglich zu beenden. Freiheit auf allen Ebenen ist das Thema, so macht es auch Spaß und bringt Lebensfreude.

Ein Buch zur Aufklärung

Es war längstens an der Zeit, für Abhilfe zu sorgen und die Dinge klar, konkret, messbar und unmissverständlich beim Namen zu nennen. Wenn beide Parteien die Spielregeln kennen, wird es ein faires Spiel und jeder ist glücklich. Sie schlafen in einem wunderbaren Hotel, mit den besten Gastgebern, die man sich überhaupt wünschen kann, und das Hotel hat die besten Gäste. Das ist doch wundervoll, kann jedoch nur funktionieren, wenn beide sich an die Spielregeln halten und fair spielen.

E-Mail

Die neue Zeit hat es uns möglich gemacht, mit einem der schnellsten Kommunikationsmittel umgehen zu dürfen, Segen und Fluch zugleich. Durch das E-Mail ist alles rasend schnell geworden, jetzt gibt es zwei Möglichkeiten, sich den Gegebenheiten anzupassen oder den Zug zu verpassen. Es gibt in der Tat immer noch kleinere Hotels, die sich nicht darum kümmern, schlicht und einfach behaupten, das wäre unnötig. Nun denn, das gleiche Spiel hatten wir bereits beim Siegeszug des Faxes. Wenn ich da an unser erstes Faxgerät denke, das war ein riesiger Apparat und hat damals über DM 6.000.- gekostet. Was im Umgang mit anderen Menschen gefragt ist und hier in der Businesswelt, davor sollte man sich nicht verschließen.

Für Sie als Hotelier

Unser heutiger Zeitgeist bedingt diese moderne und vor allem rasend schnelle Kommunikationsform. Es ist zum festen Bestandteil in unserem Businessleben mutiert. Wenn man es hat, geht es vor allem um die optimale Nutzung. Da fehlt es oft an der Schnelligkeit der Anfragenbeantwortung und an der berühmten Nettigkeit. Wie lange gewartet wird, oft unfassbar. Wenn man die Antworten betrachtet, noch witziger und unglaublicher.

Schnelligkeit

Die Geister scheiden sich bei diesem Thema. Eine Zeit lang war es absolut Trumpf, sofort zu antworten. Das heißt, permanent online zu sein, kaum kam eine E-Mail rein, sofort Antwort zu geben. Jetzt kommt die Gegenströmung, machen Sie sich nicht zum Sklaven des neuen Kommunikationsmittels. Ab und zu kurz zu antworten reicht völlig aus. Das führt dazu, dass höchstens noch zwei bis drei Mal die Woche, die Mails beantwortet werden. Dies ist tödlich, denn die Kunden erwarten eine prompte Antwort. Jetzt haben Sie als Hotel zwei Möglichkeiten, entweder Sie passen sich an, oder der Kunde wird woanders buchen. Das ist die Tatsache, Kunden warten nicht mehr lange. Da kommt folgender Spruch zum Tragen

„Die Schnellen werden die Langsamen fressen!"

Das hat nichts mit Größe zu tun, sondern ausschließlich mit Kundenfreundlichkeit, Entgegenkommen und dem interessierten Kunden seine Wünsche zu erfüllen. Wenn jemand per Mail anfragt, erwartet er eine schnelle Antwort. Nicht irgendwann, sondern in der nächsten Stunde. Niemand verlangt eine sofortige Antwort innerhalb von wenigen Minuten, aber doch ziemlich zeitnah und das sind maximal 60 Minuten.

Optimale Antwortzeiten

Der Mindeststandard bei Mails, die nachts rein gekommen sind, diese werden kurz nach Arbeitsbeginn beantwortet. Mails, die morgens eingehen, vor der Mittagspause. Nach der Mittagspause diejenigen, die in dieser Zeit eingetroffen sind. Gegen späten Nachmittag, die Mittagsmails und vor Dienstschluss das Finale. Dies ergibt ein optimales Handling und hinterlässt mit Sicherheit einen guten Eindruck. Es gibt natürlich noch die großen Hotels, welche die ganze Nacht eine schlagkräftige Mannschaft am Counter sitzen haben und imstande sind, Mails zügig auch zu nächtlicher Stunde zu beantworten.

Ich habe keine Zeit

„Ich habe keine Zeit, muss arbeiten!" Eine Antwort, die ich leider zu oft höre. Darauf kann ich nur antworten „Machen Sie sich keine Sorgen, arbeiten Sie ruhig weiter. Es gibt genügend Mitbewerber und täglich stehen Neue auf, die Vollgas geben!" Das hat Ähnlichkeit mit der Geschichte von dem Waldarbeiter. Kommt ein Wanderer des Weges und sieht einen Waldarbeiter, der ohne Unterbruch mit seiner Säge mühselig versucht, einen Baum zu teilen.

Worauf der Wanderer sagt „Herr Waldarbeiter, sie müssen ihre Säge schleifen, die ist total stumpf." Worauf dieser erwidert „Sehen Sie nicht, dass ich keine Zeit habe!" Keine Zeit zu haben, Veränderungen vernünftig einzuführen, führt langfristig zum schleichenden Tod.

Beantwortung der Fragen

Ein weiterer grober Fehler, sind die sogenannten standardisierten Antworten. Das Gleiche haben wir auch per Brief oder Fax. Der Kunde hat bestimmte Fragen, auf diese wird meist nicht eingegangen, das ist unhöflich. Es verärgert den Kunden und verlangt von ihm meistens eine nochmalige Anfrage. Und wissen Sie, was dann geschieht, in mehr als 50% der Fälle das Gleiche. Oft mit einem netten Satz bestückt „Das haben wir Ihnen bereits geschrieben!" (mit anderen Worten, sie blöder Kunde, furchtbar solche Kunden wie sie) Wie oft haben wir diese Dinge als Touroperator erlebt und von Kunden gehört. Mit solch lapidaren Auskünften wird alles kaputt gemacht und Sie als Hotelier merken es oft gar nicht. Machen Sie mal Stichproben bei Ihren Mail-Eingängen und -Ausgängen. Ich kann Ihnen garantieren, Sie werden fündig.

Klare Beantwortung der Fragen

Das gebietet der Anstand, dem Kunden seine Fragen, sein Anliegen professionell und exakt zu beantworten. Das Thema ist klar und deutlich, Kundenzufriedenheit zu erlangen und zu halten. Damit der Kunde kommt und zum Repeater wird. Einer der sich gerne in die Reihe der Stammkundschaft einreiht und Ihrem Haus die Treue hält. Gibt es etwas Schöneres?

Höflichkeit

Durch das neue Kommunikations-Zeitalter ging die Höflichkeit leider stark zurück. Da wird anstatt „Sehr geehrte Frau ...., lieber Kunde" gleich mit „Hallo" geantwortet. Nach dem Motto, das ist schick oder so ist es halt in der Szene. Das kann man untereinander machen, die Jugend hat oft diese Umgangsformen von wegen „Hey“ und ähnliche Floskeln, doch niemals im Businessleben. Da müssen die Anstandsregeln zur Geltung kommen. Lieber als Spießer gelten, aber Sie werden langfristig mehr Erfolg damit haben. Denn Anstand und Respekt vor dem Gegenüber, haben sich immer bezahlt gemacht. Dadurch können Sie sich von den anderen Anbietern unterscheiden.

Danke

Für viele mittlerweile zum Fremdwort mutiert. Es ist eine Selbstverständlichkeit, dass man sich beim Kunden für seine Anfrage bedankt. Denn er hätte sich auch woanders hinwenden können. Zum Abschluss sollte man dem Interessenten einen schönen Tag wünschen, alles Liebe und Gute. Persönliche Nähe aufzubauen ist die Feinheit, die in der heutigen oftmals anonymen Welt fehlt. Überprüfen und führen Sie es ein, denn die Beantwortung der Mails ist eine weitere Visitenkarte Ihres Hauses.

Personalisierter Absender

Die nächste Untugend, nicht personalisiert zu antworten, sondern nur mit „Ihr Hotel“ das kann man nicht machen. Der Kunde hat das Recht auf einen Ansprechpartner und nicht die Anonymität eines Hotels als Gegenüber. „Das geht bei uns nicht, weil das Personal wechselt!“ Natürlich kann man es machen, wenn der Gast gerade anruft und der Kollege frei hat oder nicht am Platze ist. Es ist das Mindeste, dass der anwesende Kollege kurz im Rechner nachschaut, um was es geht oder einen Rückruf verspricht. Dieser aber bitte tunlichst einzuhalten ist, sonst haben wir die nächste Nummer und niemals Sprüche wie „Rufen sie später an!“ Das tun immer weniger Kunden, schließlich ist der Kunde kein Bittsteller, sondern Gast, der Geld da lassen möchte.

Schreibsicherheit

Schreiben müsste man können. Was da jedoch oft reingetrudelt kommt, Briefe oder Angebote mit Fehlern über Fehlern. Das hinterlässt einen schlechten Eindruck. Es kann passieren, dass sich ein Schreibfehler einschleicht, sollte jedoch nicht die Regel sein. Früher hat man die Briefe, welche rausgingen, überprüft, d.h., durchgelesen und korrigiert. Heute beim Mailen wird schnell geschrieben, auf den Knopf gedrückt und Adieu. Zwei Minuten der Überprüfung müssen drin sein, sonst zieht irgendwann der Schlendrian ein. Mit der Schreibmoral ist es nicht gerade zum Besten bestellt. Bei Einstellungstests oft eine Katastrophe und dies nicht nur von Haupt- oder Realschülern.

Leute, die es nicht im Griff haben und nicht bereit sind, daran zu arbeiten, haben nichts in einer Abteilung zu suchen, in welcher Deutsch in Wort und Schrift beherrscht werden muss. Überprüfen Sie gleich die letzten Schriftsätze, sei es per Mail oder Post. Machen Sie als Hotelier Stichproben, Sie werden erstaunt sein. Wenn nicht, herzlichen Glückwunsch zu solch einer super Mannschaft. Das heißt für Sie, solche hochkarätigen Leistungen zu loben. Denken Sie daran, es ist keine Selbstverständlichkeit.

Bei Unklarheiten nachfragen

Das ist keine Schande und wird leider zu wenig getan. Kommunikation ist eine komplexe Geschichte und darin liegen Missverständnisse, die Ärger bereiten. Darüber Näheres in einem der nächsten Kapitel. Wenn manche Dinge nicht sofort erledigt werden können, weil Rückfragen zu tätigen sind, teilt man dies dem Kunden mit. Dazu gehört die Zeitangabe, bis wann er mit der Antwort rechnen kann. So sieht er, dass Profis am Werk sind und man um den Gast bemüht ist.

Für Sie als Hotelgast

Sie haben mit Sicherheit bereits manches erlebt. Von Mails, die nicht beantwortet wurden oder einige Zeit später. Von Schreibfehlern, ungenauen Antworten und Weiteres, sodass Sie gezwungen waren, nochmals zu schreiben. In der Regel mit demselben Ergebnis. Der nächste Schritt zu telefonieren, was durch die vorgegebene Situation sicherlich nicht zur Meisterleistung mutiert.

Ziehen Sie sofort die Konsequenzen

Das ist schlussendlich die einzige Möglichkeit. Ich kenne viele Kunden, die ärgern sich dann lieber ein halbes Leben lang, anstatt die Konsequenzen zu ziehen und dem Spuk ein Ende zu setzen. Wieso sollte man sich als Kunde unnötig quälen? Das gibt überhaupt keinen Sinn, außer man ist masochistisch veranlagt. Dann muss man es natürlich zwangsläufig tun.

Geben Sie eine Chance

Das ist die Grundanstandsregel und zeugt von einem hohen Lebensniveau. Fehler können immer geschehen, das ist menschlich. Jedoch bitte kein zweites oder drittes Mal. Beschweren Sie sich, weisen Sie höflich auf die Missstände hin, dann werden Sie ja die Reaktion erleben. Kommt eine Rechtfertigung oder sogar ein Gegenangriff, weil der andere sich angegriffen oder verletzt fühlt, canceln Sie es unverzüglich. Dann hat das Hotel keine Ahnung von Beschwerdemanagement, als die große Chance. Es gibt nichts Besseres, als ein Kunde der sich beschwert. Dadurch hat man die Möglichkeit, die Fehlerquellen, Schwachstellen aufzudecken und unverzüglich zu eliminieren. Wenn dafür aber kein Platz ist, vergessen Sie es. Da wissen Sie, dass das Management zu schwach ist und sich das wie ein roter Faden durch alle Abteilungen zieht. Folglich auch die anderen Bereiche nicht optimal sind.

Sich rechtfertigen für eine Reklamation

Nie und nimmer, lassen Sie sich nicht auf solche Spiele ein. Diese werden nämlich gerne gespielt. Hier ein paar nette Antworten „Ich weiß nicht was sie haben, die anderen Gäste sind zufrieden. Bisher hat sich noch keiner beschwert, sie sind der Erste. Alle haben das Gleiche gegessen und keiner hat etwas gesagt." Solche

Aussagen sind tödlich und zeigen im höchsten Maße die absolute Unprofessionalität.

Denken Sie daran, es ist Ihr Geld

Ich denke oft, dass es die einzige Möglichkeit ist, um den Mut aufzubringen und zu sich zu stehen. Mein Geld und dafür musste ich arbeiten, mal mehr, mal weniger. Folglich habe ich den Anspruch auf eine Topleistung und diese fordere ich ein. Wenn Sie so vorgehen, passt es und Ihnen geht es fortan wesentlich besser.

Per Brief

Es gibt Menschen, die weder einen Computer noch ein Faxgerät besitzen und nicht gerne telefonieren. Diese setzen sich hin und schreiben einen Brief, meistens mit einigen Fragen. Da gilt das gleiche Handling, wie bereits geschrieben. Ausführlich und in Liebe zu den Fragen. Mit einer schönen Einleitung, Bedankung und dem richtigen Hinweis, was der Gast alles erwarten darf. Auch wenn es heutzutage nervt, einen Brief zu schreiben, weil es nicht zeitgemäß ist.

Für Sie als Hotelier

Kommunikation ist das A und O im Business. Vor allem bei so einem engen Kontakt zu den Kunden. Sie müssen eine Bindung aufbauen, eine persönliche, wo sich der Kunde dementsprechend angesprochen fühlt. Wie heißt es treffend

„Was zum Herzen will, muss vom Herzen kommen!"

Wenn Sie dies zu Ihrer Maxime machen, sind Sie auf der reinen Gewinnerseite. Da heißt es klar, weg von den eigentlichen Zahlen, nach dem Prinzip von „Wie viele Paxe hatten wir diesen Monat, dieses Jahr, wie viele hatten wir letztes Jahr und so weiter." Statistik ist eine Sache, der Mensch, welcher dahinter steht, ist nochmals eine andere Angelegenheit.

Richtige Aussagen

„Wir freuen uns sehr, Sie in Kürze bei uns begrüßen und verwöhnen zu dürfen!" Und niemals mit der üblichen Floskel „Wir würden uns freuen.......!" Was soll denn das, „wir würden?" Das ist negativ und hinterlässt ein komisches Feeling. Wir würden, ja hängt das nur davon ab, ob ich als Gast komme oder nicht. Denken wir positiv, ein Mensch fragt bei uns an, ist das nicht klasse. Er hat uns aus etlichen anderen Hotels ausgewählt, in die nähere

Auswahl gezogen. Also ist er nahe dran, und dann mache ich doch diese Stimmung, mit solch einer Aussage nicht kaputt „Wir würden!“ Wir gehen davon aus, dass er zu uns kommen wird, aus dem Grund freuen wir uns und das teilen wir ihm deutlich mit. Verbal durch das geschriebene Wort und nonverbal

„Lieber Kunde, wir freuen uns auf dich, werden es dir gemütlich gestalten, dich verwöhnen!“

Man kann sehr wohl zwischen den Zeilen lesen und jedes geschriebene Wort hat seine bestimmte Schwingung.

Klare Botschaften

Das ist die klare Botschaft, welche das Unterbewusstsein trifft, ihm ein gutes Gefühl hinterlässt. Lassen Sie die zwei unterschiedlichen Aussagen auf Ihrer Zunge zergehen. Wie fühlt es sich an? „Wir würden uns freuen.....“ und

„Wir freuen uns sehr, sie bei uns begrüßen und verwöhnen zu dürfen!“

Wo kommt mehr Feeling rüber, klar bei der letzten Aussage, da fühlen wir uns gut aufgehoben. Der Kunde spürt, dass wir ihn erwarten und verwöhnen werden. Dies ist genau das, was der Kunde sich von Herzen wünscht. Die Nähe, die Sie aufbauen, erleichtert ihm eine klare Entscheidung zu treffen „Ich komme!“ Testen Sie es aus, dies ist der beste und schnellste Weg. Ich war und bin es immer noch, ein ungläubiger Thomas. Das ist weiters auch nicht schlimm, problematisch wird es erst, wenn man sich durch solch ein Verhalten alles verbaut. Deswegen gebe ich mir immer die Chance es zu testen, und danach zu einer fairen Entscheidung zu gelangen.

Der gute Eindruck

Sollte der Anfragende sich nicht für Ihr Haus entscheiden, hat er Sie aber in guter Erinnerung, kommt vielleicht das nächste Mal oder empfiehlt Sie in seinem Bekanntenkreis weiter. Wie Sie sehen, es lohnt sich in jedem Fall richtig zu kommunizieren, den Kunden in den Mittelpunkt Ihres Handelns und Strebens zu setzen. Bekanntlich hat jeder mindestens 600 Menschen, die er in unmittelbarer Nähe kennt. Sie wissen doch selbst, wie die Dinge ablaufen. Wenn man sich geärgert hat, tendiert man dazu, es zigmal schneller an Leute weiter zu geben, als das Positive. Das liegt in der Natur des Menschen. Das Positive wird oft schnell vergessen oder nicht weitergegeben.

Für Sie als Hotelgast

Wenn Sie einen Brief erhalten, hören Sie auf Ihr Bauchgefühl. Wie fühlt es sich an? Ist er persönlich, ansprechend geschrieben? Passt es, freut man sich auf Sie? Oder sind es ein paar höfliche Floskeln? Entscheidend ist, damit Sie sich wohlfühlen, der Servicegedanke des Hotels, der sich hundertprozentig durch das Ganze zieht. Denn hat sich ein Hotel nicht für den Kunden als der wichtigste Mittelpunkt entschieden, haben Sie keine Chance entsprechend behandelt zu werden, sich von der ersten bis zur letzten Minute wohlzufühlen.

Entscheidungen zu treffen

Das ist mit das Schwierigste für uns Menschen, dabei ist es wichtig. Wir schieben lieber alles vor uns her. Sie kennen den vielsagenden Ausspruch

„So wie man sich bettet, so liegt man!"

Das kommt hier zum Tragen, denn Sie werden sich wirklich im Hotel in einem Zimmer betten. Dieser Spruch ist grandios, trifft den Nagel haargenau auf den Kopf, ohne „Wenn und Aber." Hadern Sie nicht, zögern Sie nicht, gehen Sie keine Kompromisse ein und Sie sind auf der Erfolgsschiene. Ist das nicht traumhaft? Halten Sie sich vor Augen, Sie sind der Gast, bezahlen für eine Dienstleistung gutes Geld, das ist Ihre Pflicht. Dafür haben Sie das

Recht, die beste Leistung einzufordern und dies sollten Sie dann auch wirklich tun.

Mündigkeit ist gefragt

Das ist der wunde Punkt. Wenn alle Gäste mündig wären und den Hoteliers klar durch Abwesenheit ihren Missmut kundtun würden, wäre die Landschaft der schlechten Hotels längstens vom Erdball verschwunden. Und so erdulden etliche Gäste lieber ein schlechtes Haus, ärgern sich, anstatt unverzüglich die Konsequenzen zu ziehen.

Überprüfung

Als im Management stehende Person, ist es Ihre Pflicht lieber Hotelier, fürs Kontrolling zu sorgen. Hierzu gehört klar die Korrespondenz. Ohne Kontrolling läuft im Geschäft nichts. Zu viele Fehlerquellen die, wenn man sie nicht bald ausmerzt, zur Katastrophe führen können. Oft nur kleine Fehler, jedoch mit riesiger Wirkung. Ein Gast, der sich beim ersten Kontakt nicht wohlfühlt, teilt dies anderen mit. Unterschätzen Sie bitte niemals den sogenannten Multiplikatoreneffekt. Können Sie sich solch eine negative Propaganda überhaupt leisten? Ich glaube nein, auch wenn Sie jetzt vielleicht sagen „Ach wegen dem einen Gast, auf den kommt es nicht an!"

Für Sie als Hotelier

Hotelier werden ist nicht schwer, aber ein guter und erfolgreicher Hotelier zu sein, ist eine der schwierigsten Aufgaben. Es ist die größte Aufgabe, denn Sie haben es mit vielen Menschen zu tun. Ein Mitarbeiter-Team wartet täglich auf Sie und unzählige Gäste, die tagaus tagein wechseln. Wahrlich kein leichtes Unterfangen, das gestehe ich Ihnen hundertprozentig zu. Frage dabei ist, wie gehen Sie damit um? Was machen Sie daraus, wohin soll Ihre Reise gehen?

Kontrolling, ein dringlicher Akt

Leider vergessen das einige Unternehmer. Diese haben ein gutes Produkt, eine mehr oder weniger gut funktionierende Mannschaft und lassen alles so laufen, wie es läuft, ohne jemals auf den Gedanken zu kommen, das Ganze zu überprüfen. Es ist Ihre Pflicht als Chef des Hauses, permanent zu kontrollieren. Das soll natürlich nicht Ihre Tagesaufgabe sein. Ab und zu Stichproben durchzuführen, ist Ihr Thema. Ab einer bestimmten Größe, hat man als Hotel einen Kontroller. Der alles, aber wirklich alles von A bis Z auf Herz und Nieren kontrolliert und Abweichungen, Mängel sofort verbessert und eliminiert.

Kontrolling Telefon

Hören Sie mit, weisen Sie aus rechtlichen Gründen den Kunden darauf hin, dass das Telefon zu Prüfungszwecken mitgehört wird. Wenn er nicht einverstanden ist, wird das selbstverständlich unterlassen. Dann nehmen Sie sich die Zeit und überprüfen, wie die Gespräche verlaufen. Was sagen Ihre Leute, wie reagieren sie, wie reagieren die Kunden darauf? Nach jedem Gespräch erfolgt gleich die sogenannte Manöverkritik. Diese verläuft stets in einem positiven Rahmen. Der Mitarbeiter wird für die Dinge gelobt, die er klasse gemacht hat und dann nehmen Sie bitte nur eine Sequenz raus, die beim nächsten Gespräch anders laufen muss.

Beim Mitarbeiter Kontrolling Gespräch keine Überforderung

Es ist bedenklich, wenn Chefs loslegen. Da kommt in der Regel eine ganze Litanei zum Tragen, oftmals sogar Dinge, die überhaupt nicht relevant sind und mit der eigentlichen Sache nichts zu tun haben. Mir kommt es da vor, als würden sich die Hoteliers gesund reden wollen. Nach dem Prinzip von „Jetzt habe ich es denen aber gesagt!" Was für ein Schwachsinn, ein Mal gesagt und da haben wir es doch schon. Einmal ist definitiv keinmal, denn bis die Gewohnheiten des Menschen verändert werden, dauert es in der Regel bis zu 200 Mal.

Je länger Dinge in die falsche Richtung gelaufen sind, desto größer ist die Zeitspanne, bis es passen wird. Was braucht es da vom Hotelier? Ist doch klar, Geduld und ein Durchhaltevermögen, bis es endlich fruchtet. Da nützt jegliches Lamentieren und Druck machen nichts, es ist eher kontraproduktiv. Zügig ist man in dem Fahrwasser des Druck Ausübens. Das ist wie ein Bumerang, der über kurz oder lang zurückkommt.

Kontrolling Mails

Früher schrieb die Sekretärin einen Brief, danach wurde er ausgedruckt und Ihnen als Chef zum Unterschreiben vorgelegt, das fällt heute weg. Da werden Sachen geschrieben und auf den Weg gebracht. Wissen Sie als Führungskraft, was da alles abgeschickt wird, ich denke nein. Haben Sie sich darüber jemals Gedanken gemacht? Die wenigsten tun dies, da hat man erstaunlicherweise ein Urvertrauen in dieses Kommunikationsmittel, das hat es nicht verdient. Folglich machen Sie öfters Stichproben, Mails die reinkommen und was verschickt wird. Was haben Ihre Leute geschrieben? Passt es, ist das in Ihrem Stil, oder muss korrigiert werden?

Kontrolling Faxe/Briefe

Es liegt an Ihnen, ausschließlich an Ihnen. Deshalb nehmen Sie sich die Zeit, auch wenn es Ihnen lästig ist. Sie Besseres zu tun haben, wie ich häufig in den Aussagen mitbekomme. Vergessen Sie bitte nie, es lohnt sich ein Unternehmen top zu führen. Wenn Sie keine Zeit oder Lust haben, es wird sich rächen. Mit einem hohen Standard verändert sich Ihr gesamtes Haus und der Gast, vor allem die Stammgäste werden es Ihnen kundtun.

Einmaliges Kontrolling

Denken Sie daran, einmal zu kontrollieren, ist in der Tat keinmal. Sie müssen permanent dran bleiben. Am Anfang täglich, bis Ihr gewünschter Stil angenommen ist, dann mindestens wöchentlich. Ihr Team muss wissen, dass Sie informiert sind, was im Laden geschieht, Sie als Chef hinterher sind. Alte Denkgewohnheiten und Muster haben einen Vorteil, sie sind beständig und vor allem hartnäckig. Durch das erlebbare Kontrolling des Teams, kommt ein völlig anderer Geist zum Tragen.

Alte Muster und Gewohnheiten

Dazu gibt es eine passende Aussage „Es ist leichter ein Königreich umzustoßen, als die Gewohnheiten der Menschen!“ Dieser Satz ist tiefgründig. Gewohnheiten sind machtvoll und dessen sollten Sie sich als Hotelier bewusst sein. Sie haben Ihre Leute seit Monaten oder Jahren walten und schalten lassen, ohne klares Kontrolling und Feintuning. Oder Sie bekommen einen neuen Mitarbeiter, dieser bringt selbstverständlich sein altes Programm mit. Nun ist es Ihre Aufgabe, Ihre Leute zu konditionieren und es auf einen Nenner zu bringen.

Neue Teammitglieder brauchen am Anfang Unterstützung

Das vergessen leider die meisten Chefs, da kommt ein Neuer, man zeigt ihm oder ihr die Abteilung und los geht es. Das ist fatal und führt zu unnötigem Stress für beide Seiten. Vielleicht haben Sie es sich schon einmal überlegt, wieso in manchen Häusern eine große Fluktuation herrscht. Ist doch logisch, wenn die Neuen sich nicht wohlfühlen, sind sie gleich wieder weg. Es liegt an Ihnen als Hotelier, ein Klima des sich Wohlfühlens zu schaffen. Sie benötigen einen klaren Schulungs- und Einarbeitungsplan, damit der Standard Ihres Hauses gehalten wird und sogar verbessert werden kann. Nicht einfach nur „Mach mal........!“

Sie und Ihr Team müssen aus der Komfortzone heraus

Die Komfortzone von uns Menschen ist eine schwerwiegende. Wir tun manche Dinge einfach nicht, weil wir zu bequem und träge sind. Das hat etwas mit der Schwerkraft zu tun, diese zieht uns nach unten. Um jedoch zum Erfolg zu gelangen, müssen wir uns erheben und in Bewegung setzen, anders geht es nicht. Dies ist die große Aufgabe, Tag für Tag aus der berühmten Komfortzone heraus, hinein ins Leben.

Niemals alles auf einmal

Häufig wird der Fehler gemacht, dass alles bemängelt wird. Damit erreichen Sie das Gegenteil, machen den anderen fertig, zerstören seinen Lebensmut und sein Engagement. Fänden Sie das toll, wenn bei Ihnen alles bemängelt würde? Sicher nicht und so sollten Sie bitte auch mit Ihren Leuten umgehen. Step by Step ist die Vorgehensweise. Der Mensch kann sich nur auf eine Sache konzentrieren und diese in Angriff nehmen. Wie heißt es „Wer an allen Fronten angreift, verliert, weil er seine Kräfte verzettelt!"

Die begreifen das nie

Was für eine üble Einstellung. Genauso wie „Es gibt nur blöde Mitarbeiter!" Wenn Sie diese Einstellung haben, schauen Sie in den Spiegel. Wen sehen Sie da? Mitarbeiter sind das Produkt ihrer Vorgesetzten und sollte tatsächlich einer blöd sein, muss man ihn ersetzen. Andere Frage, begreifen Sie alles auf Anhieb? Haben Sie alles im Griff? Tun Sie immer alles, was notwendig ist? Sind Sie völlig integer? Bestimmt nicht, dazu sind wir alle nur Menschen, mit Fehlern, Schwächen aber auch Stärken. Also ist das Thema klar „Geduld, Geduld und nochmals Geduld!"

Loben, loben, loben

Loben ist das „A und O" leider ist für die meisten Vorgesetzten das Wort „Lob" ein Fremdwort. Dabei ist es ein wichtiger Schlüssel zum Erfolg. Sie wollen doch ein Top-Team haben? Aufgestellte Menschen, die sich 100-prozentig in den Dienst am Mitmenschen stellen. Positiv mit dem Team umgehen, ist die hohe Kunst. Wenn jemand sich wirklich nicht an die Spielregeln halten will, muss es Adieu heißen. Denn Sie können es sich nicht leisten, ein schwaches Glied in Ihrer Kette zu halten. Lob ist wie Dünger und das braucht es, um zur Höchstleistung zu gelangen. Ohne Lob verkümmert jeder Mensch, genauso wie eine Pflanze ohne Dünger nicht wächst. Da höre ich oft, wenn ich zu viel lobe, werden die Mitarbeiter träge und denken, alles ist in Ordnung. Das ist völliger Blödsinn und absolut unhaltbar.

Permanentes Training

Wer stets Top sein will und das ist heutzutage nicht mehr die Frage, ob man es will oder nicht. Es gehört zum absoluten Muss, um weiterhin mit Erfolg Geschäfte zu machen. Für Erfolgreiche gibt es nur eine Chance, permanentes Training. Nicht sich mit den Leuten hinsetzen, schnell und kurz erklären „So und so wird telefoniert, ist das klar?“ Dann war es das, es geht um die Entwicklung des menschlichen Seins. Oder gehören Sie zu den seltenen Spezies, Genies genannt, denen man nie etwas zeigen musste, und wenn höchstens einmal, die sofort alles auf Anhieb beherrschen? Wenn ja, herzlichen Glückwunsch. Aber setzen Sie diesen Maßstab nicht auf andere an. Sie werden frustriert sein und verlieren. Siehe hierzu das Kapitel, permanentes Training, wo ich detaillierter auf das Thema eingehe, denn da hakt es bei fast allen Hoteliers. In die Hardware wird oft sehr viel investiert, in die Software, das eigene Team, das wird als nicht nötig erachtet oder lapidar mit der Aussage abgetan „Dafür haben wir jetzt kein Geld!“

Haben Sie die Zeit

Wie oft hören wir die Aussage „Ich habe keine Zeit dafür!“ Das ist weiters nicht schlimm. Über kurz oder lang werden Sie genug Zeit haben, wenn der Laden immer schlechter laufen wird. Das ist eine schleichende Krankheit und in der Regel nicht sofort spürbar. Es ist ein lähmendes Gift, welches einzieht. Denken Sie daran, die Arbeit mit und an den Mitarbeitern, ist eine der wichtigsten. Denn Sie sind in einem absoluten Dienstleistungssektor tätig und da muss es passen.

„Wer sich nicht die Zeit für sein Team nimmt – wird eines Tages viel Zeit haben!“

Möchten Sie dahin kommen? Nein natürlich nicht und was tun Sie dafür, dass es niemals soweit kommen wird? Hier höre ich oft „Ja, ich mache mir mal Gedanken!“ Falsch, falsch und nochmals falsch. Sich Gedanken machen, heißt auf irgendwann zu verschieben, das ist fatal. Sie müssen und das ist wirklich ein „Muss“ eine Entscheidung fällen, jetzt und sofort. Dann gehen Sie dran, sonst wird es nichts und das kennen Sie zur Genüge.

Externe Dienstleister

Dazu gehört nicht nur der Steuerberater, den die meisten haben. Der Anwalt, der Arzt sondern auch Spezialisten, die Ihre Leute schulen und fit machen. Die sogar das Kontrolling durchführen. Sie können nicht alles alleine machen und sind dafür auch nicht geschult oder ausgebildet.

Hier gibt es drei Stufen:

Stufe 1

Sind Sie, Sie machen die klaren Vorgaben, wie es zu laufen hat. Ein Leitfaden, den Sie aufstellen, oder mit Ihrem Team zusammen und noch einen externen Erfolgscoach dazu nehmen. Denn Sie können nicht alles wissen und managen. Ein Erfolgsproduzent hat das Wissen aus vielen Mandaten.

Stufe 2

Kontrolling wird von Ihrem Kader durchgeführt, das heißt, von den einzelnen Abteilungsleitern, die Sie wiederum kontrollieren müssen. Nie zu vergessen auch Kaderleute sind „nur" Menschen. Ich gehe davon aus, dass Sie eine Führungsmannschaft aufgebaut haben. Je größer Ihr Hotel, desto wichtiger, sonst haben Sie keinen Überblick und das ist fatal.

Stufe 3

Sie holen sich einen Erfolgscoach und -produzent, der Ihre Leute regelmäßig trainiert und auf Vordermann bringt. Sie werden in das Training inkludiert, denn nur wenn es wie ein Guss von oben bis ins das letzte Teammitglied hineinwirkt, ist alles stimmig.

Das Thema ist nie abgeschlossen

Viele unterliegen einem schlimmen Trugschluss. Etwas trainiert und kontrolliert hält für alle ewigen Zeiten, das funktioniert nie und nimmer. Es gibt nichts Beständigeres, als die permanente Veränderung, das ist die einzig wahre Größe. Dass was heute gut ist, kann morgen bereits anders sein. Wenn Sie als Chef das Prinzip verstanden haben, können Sie sich danach richten und wissen, was zu tun ist. Ich erlebe das öfters, ich werde als Erfolgsmacher und -coach ins Haus gerufen. Dann fangen wir beim Chef an, bis hin zu jedem einzelnen Teammitglied. Eine geraume Zeit wird trainiert und dann stoppen die Chefs das Ganze. Nach dem freien Motto von „Es läuft jetzt sehr gut – lassen wir es so laufen!" Fatal, fatal, es ist wie wenn die Deutsche Fußballnationalmannschaft ihren Trainer entlässt, weil man die Kosten sparen kann. Die Leute haben genug trainiert oder sogar eine Medaille gewonnen. Wie bescheuert ist denn das, dies würde niemand tun. Denn nach dem Sieg ist zugleich wieder vor dem nächsten Sieg. Also heißt das von vorne anfangen und trainieren, trainieren und nochmals trainieren. Es ist die berühmte „Never ending Geschichte!"

Für Sie als Hotelgast

Vielleicht fragen Sie sich, was hat das mit mir als Hotelgast zu tun. Sehr viel sogar, denn Sie sind auch in das System eingebunden. Sind die maßgebende Person, um die sich alles dreht. Denn wenn Sie nicht als Hotelgast kämen und alle anderen auch nicht, könnte der Laden schließen.

Bringen Sie sich ein

Sie sind nicht zur Untätigkeit oder zum Erdulden erzogen worden, nehmen Sie aktiv daran teil. Ein gutes Hotel hat einen Fragebogen für seine Gäste bereit und das Personal ist stets dankbar für Inputs, die sogleich an die Direktion weiter gegeben werden, um Änderungen zum Wohle der Gäste einzuführen. Ich bin erstaunt, wie wenige den Fragebogen ausfüllen. Das ist schade, Sie sollten dem Hotel unbedingt mithelfen, sich besser zu positionieren.

Loben Sie

Wenn ich die Gäste in den Hotels betrachte, muss ich mich des öfteren fragen, was haben die für eine Kinderstube genossen? Wie kann man so frech und unverschämt sein, das Personal derart von oben herab behandeln? Anstatt dankbar zu sein, dass es diese dienstbaren Geister überhaupt gibt. Oder würden Sie in Zukunft gerne abends selber kochen und am nächsten Tag das Zimmer putzen, bestimmt nicht. Ich bin dankbar, dass die Menschen sich um mein Wohl kümmern und für mich da sind. Das ist ein absoluter Traum, an gelebter Dienstleistung.

Ich bezahle doch dafür

Diese Aussage kommt mir oft zu Ohren. „Was soll der Quatsch?" Es gibt auch noch einen zwischenmenschlichen Bereich. Das sind die Dinge, die uns das Leben auf der Erde erleichtern. Die es lebens- und lohnenswert machen. Wo ist da bloß die Menschlichkeit geblieben? Ein liebes Wort, ein Dankeschön, ein Lob wirkt Wunder und zeigt dem Gegenüber Ihre Wertschätzung. Ihnen fällt bestimmt kein Zacken aus der Krone.

Wertschätzung durch Trinkgelder

Manchmal denke ich, dass die Gäste nicht mehr wissen, was ein Trinkgeld ist. Sie ignorieren es, dabei ist es eine Form der Anerkennung, für eine außergewöhnliche Leistung. Wenn gute Leistung dann Trinkgeld, und wenn die Performance nicht stimmt, kein Trinkgeld. Nicht für eine Abteilung, sondern bitte für alle. Es muss nicht viel sein, auch ein kleines Trinkgeld erfreut. Ideal natürlich am Anfang eines Aufenthaltes, das bewirkt wahre Wunder, auch wenn es davon nicht abhängig sein sollte, ob die Leistung top ist oder nicht. Wir haben es aber mit Menschen zu tun, also liegt es an Ihnen, wie aufmerksam man mit Ihnen umgeht.

Nach der Buchung erfolgt die Bestätigung

Es versteht sich normalerweise von selbst, dass nach der Buchung, unabhängig in welcher Form diese getätigt wurde, sich mit dem Hinweis bedankt wird „Wir freuen uns sehr auf Sie." Zur Buchungsbestätigung gleich einige Informationen mitteilen. Ein paar Tage vorher muss der Kunde angerufen oder angeschrieben werden, um ihm eine schöne Anreise zu wünschen.

Für Sie als Hotelier

Es ist alles nicht so kompliziert, wie es scheint. Es ist sogar einfach, wenn man einige Spielregeln beachtet. Das Problem dabei ist, dass sich die meisten zu wenig Gedanken machen, man sich nicht in den Kunden rein fühlt. Dazu gibt es eine alte Indianerweisheit

„Laufe eine Meile in den Mokassins des anderen!"

Das finde ich prägnant und treffend. Erst wenn wir dies tun, können wir fühlen, wie es dem Kunden geht. Nehmen Sie sich die Zeit, es ist dringlich für Sie, Ihr Geschäft und den gesamten Erfolg.

Die einfachste Variante

Eine kurze Buchungsbestätigung und fertig. Das darf nicht Ihr Ernst sein, wird aber oft so gehandhabt. Wie geschäftsschädigend ist dieser Ablauf. Darauf angesprochen folgt „Wir haben keine Zeit, oder wir möchten den Menschen nicht auf den Geist gehen." Kurz und bündig heißt die Devise! Na klar doch und wieder eine Chance verpasst, sich von den Mitbewerbern abzusetzen.

Treffen Sie das Herz

Was Besseres kann Ihnen als Unternehmer nicht passieren. Sie müssen herausfinden, was hat Ihr Gast für besondere Bedürfnisse. Was sind seine Hotels, wünscht er sich, wofür lebt er, was ist für ihn wichtig? Fragen über Fragen, die Sie beim ersten Kontakt nicht unbedingt gleich wissen. Per Telefon ist es leichter, kurz zu fragen „Auf was legen Sie besonderen Wert lieber Kunde?" Solch eine Frage wirkt wahre Wunder und verändert die Welt. Ich wurde bisher ein einziges Mal auf all meinen Reisen gefragt und war erstaunt, das bleibt mir ewig in Erinnerung.

Beschränken auf das Wesentliche

Darauf beschränken es die meisten Hoteliers. Nutzen ist doch, wenn der Gast bei mir übernachten kann und zu essen bekommt. Fehlt noch die Aussage „Darf!" Genau das ist der springende Punkt, jeder der eine Übernachtungsmöglichkeit anbietet, operiert mit dem Faktor, bei uns kannst du schlafen. Das ist aber zu banal, da muss der Nutzen rüberkommen. Denn je höher der Nutzen, welchen Sie anbieten, desto mehr Erfolg werden Sie haben. Das ist eine simple Grundregel und kein Zauberwerk. Das Einfache wird jedoch öfters nicht erkannt, man ist immer auf der Suche nach der Supersache, aber die gibt es nicht.

Alle Register ziehen

Da ich nicht weiß, worauf der Gast Wert legt, muss ich ihm eine Auswahl an Möglichkeiten anbieten. Bestätigung ist die formelle Geschichte, du hast gebucht und damit sage ich dir, dass es in Ordnung geht. Auf der Bestätigung ist aber noch Platz und den sollten Sie nutzen. Was haben Sie, was andere nicht haben, sind Ihre Alleinstellungsmerkmale? Womit heben Sie sich von den Mitbewerbern ab? Setzen Sie sich hin und denken Sie darüber nach.

Alleinstellungs-Merkmale

Im englischen USP genannt, Dinge, die nur Sie in dieser Konstellation vorweisen können. Siehe hierzu das Kapitel „USP." Erledigen Sie in dem Kapitel die Hausaufgaben, es lohnt sich. Denn der

Kunde wird es zu schätzen wissen, bei Ihnen, in Ihrem Hause Dinge vorzufinden, die seinen Aufenthalt einmalig werden lassen. Jeder Mensch legt Wert darauf, einmalig zu sein und wünscht entsprechend behandelt zu werden. Wer dies am besten trifft, hat die Chance, dass die Kunden in der heutigen sprunghaften Zeit, gerne wieder zu Ihnen kommen, weil sie sich zu Hause fühlen.

Halten Sie die Punkte fest

Ganz wichtig, dass auf der Bestätigung all die Positionen festgehalten sind, die Sie als Besonderheit zu bieten haben. Sei es direkt in Ihrem Hause oder in der Umgebung. Dadurch hat der Gast die Chance, sich im Vorfeld seine Gedanken zu machen. Was noch wichtiger ist, sich darauf zu freuen. Vorfreude ist nach wie vor die größte Freude, welche ein Mensch haben kann. Interessanterweise wird über die Vorfreude wesentlich mehr berichtet, als danach. Dadurch kommen Sie automatisch in den Genuss, einer kostenlosen Mund-zu-Mund-Werbung. Das macht Ihr Haus auch für andere interessant. Die Spannung steigt, und bei der Rückkehr können Sie sicher sein, dass nachgehakt wird. Also doppelte Werbung, ohne einen Euro zu investieren.

Nach besonderen Wünschen fragen

Fragen Sie unbedingt in folgender Form, damit es zu einem unvergesslichen Erlebnis für den Gast wird. „Liebe/r Frau/Herr......., in wenigen Tagen sind sie unser Gast und wir freuen uns sehr darauf, sie bei uns begrüßen und verwöhnen zu dürfen. Als ihr perfekter Gastgeber, bitten wir sie uns mitzuteilen, auf was sie besonderen Wert legen. Herzlichen Dank für ihr Feedback!" Was denken Sie, wie das ankommt? Doch absolut phänomenal und vor allem außergewöhnlich, weil es kaum jemand auf der Welt gibt, der das in dieser Art macht. Die meisten Hoteliers nicht daran denken oder es lästig ist. Der Unterschied macht es jedoch aus und mit solch einem besonderen Service, heben Sie sich von den anderen Mitbewerbern ab.

Wenn Sie mich als Gast nehmen, meine Bedürfnisse sind folgende: Ein großes Bett, am liebsten King Size, eine harte Matratze, vier Kissen und ein ruhiges Zimmer, ein Bademantel für meine Größe (wieso haben die Hotels meist die Einheitsgröße X oder maximal XL), dazu unbedingt Internetanschluss. Kompliziert, eigentlich ja nicht und doch das gleiche Theater immer wieder vor Ort. Bett zu klein, zu laut, Matratze zu weich, da muss ich mir ein Brett reinlegen lassen oder ein anderes Zimmer beziehen. Da sind die Matratzen oft nicht anders, Brett gibt es nicht oder der Hausmeister ist nicht da.

Gastgeber zu sein ist eine Aufgabe

Merken Sie den Unterschied, Gastgeber zu sein ist eine riesige Aufgabe und nicht schnell ein Zimmer anbieten und was zu essen. Die Zeiten sind längstens überholt, wo man froh war, ein Dach über dem Kopf zu haben. Es mag für Sie als Hotelier womöglich komisch anmuten, tun Sie es und Sie brauchen sich niemals mehr Gedanken, um Ihren Erfolg zu machen. Denn eines sei Ihnen gewiss, Ihre Kollegen werden es kaum tun.

Für Sie als Hotelgast

Es geht bei Ihnen als Hotelgast immer um das Gleiche. Fühlen Sie sich gut aufgehoben? Geht es Ihnen gut mit allem? Freuen Sie sich darauf? Was haben Sie für Erwartungen? Wie soll der Aufenthalt für Sie werden? Sie sehen, es sind wiederkehrende Fragen, die Sie und Ihren Aufenthalt betreffen. Je klarer Sie damit umgehen, desto schöner wird Ihr Dasein im Hotel. Welch ein wundervolles und großartiges Gefühl auf Sie wartet, endlich angekommen zu sein.

Erwartungshaltung überprüfen

Ein dringlicher Punkt, welchen die meisten Menschen außer Acht lassen. Sich höchstpersönlich um seine Bedürfnisse und den daraus resultierenden Erwartungen zu kümmern, dies bitte bereits im Vorfeld. Dadurch ersparen Sie sich manches Elend und Enttäuschungen. Ich spreche aus eigenen Erfahrungen und diese waren oft nicht lustig. Seitdem ich genau weiß, was ich will, geht es mir wesentlich besser.

Sie benötigen keine Enttäuschungen

Das ist das Schlimmste, was man sich als Mensch überhaupt antun kann. Man hat Erwartungen oder falsche Erwartungen, welche die anderen nicht erfüllen können. Dadurch werden Sie automatisch enttäuscht und das tut Ihnen nicht gut. Das Leben ist zu kurz, um es mit Frust zu verbringen.

Sprechen Sie Ihre Wünsche aus

Das ist der erste Schritt, um möglichst nie wieder enttäuscht zu werden. Dazu muss ich klar und deutlich wissen

„Was will ich? Was will ich wirklich? Was will ich nie mehr!"

Damit haben Sie eine optimale Ausgangsbasis. Klar, deutlich und vor allem unmissverständlich. Das bürgt für eine hohe Lebensqualität. Nehmen Sie sich die Zeit und überprüfen Sie exakt die einzelnen Punkte. Niemals wieder nach dem Prinzip, wie die meisten Menschen durchs Leben gehen „Ja, ja es passt schon irgendwie." Oder „Es ist nicht alles Gold, was glänzt." Das ist ein absoluter Blödsinn, wenn man mit dieser Art durchs Leben marschiert.

Kommunizieren Sie Ihre Wünsche

Es nützt nichts, wenn Sie die Wünsche für sich behalten und davon ausgehen, dass der andere es merken wird oder wissen muss, das ist Schwachsinn. Die Menschen sind heute alle zu sehr beschäftigt, um mit einem Suchradar den anderen erfassen zu können. Das ist in der Regel auch das Problem bei Beziehungszwistigkeiten. Zu hohe Erwartungen, nichts ausgesprochen und schon haben wir das Problem. In diesem speziellen Fall klären Sie alles mit Ihrem Hotel vor Anreise ab. Überprüfen Sie es als Hotelgast, denn Sie dürfen nicht davon ausgehen, dass das Hotel top trainiert ist und den Servicegedanken hochhält. Leider funktioniert das nur in den seltensten Fällen und das ist in der Tat sehr traurig, geht es doch um die absolute Kundenzufriedenheit, die in jedem Falle eingehalten werden muss.

Überprüfung

Nachdem Sie es ausgesprochen haben, schriftlich oder mündlich, geht es um die Überprüfung der Antworten. Klappt alles, ist es in Ordnung? Sind Unklarheiten, haken Sie sofort nach, überlassen Sie nichts dem Zufall. Dadurch haben Sie die Gewissheit, dass im Vorfeld alles passt. Oder Sie Abstriche hinnehmen müssen, das dann im vollen Bewusstsein Ihrer Kräfte und Ihres Verstandes. Ansonsten begeben Sie sich weiter auf die Suche. Es gibt genügend Hotels, die zur Auswahl stehen und das vergessen anscheinend die meisten Hoteliers.

Nicht hinfahren und vor Ort alles regeln wollen

Das ist das Schlimmste, was Sie machen können. Wenn Sie es vor Ort regeln wollen, sind Sie von den Menschen an der Rezeption abhängig. Da kann ich Ihnen eines versichern, dort sitzen oftmals die absoluten Nichtentscheidungsträger. Was machen Sie da bei folgenden Antworten

„Davon weiß ich nichts................"
„Dazu kann ich nichts sagen......."
„Es ist keiner mehr da................."

und weiterem unkompetenten Schwachsinn. Da haben Sie keine Chance, kein Duty Manager, kein Hoteldirektor, niemand Kompetentes mehr im Hause und Sie müssen mit dem, was vorhanden ist, vorlieb nehmen. Da stehen Sie dann davor und können es nicht fassen.

Alles unnötig

Vielleicht halten Sie das Ganze für unnötiges Getue. Mitnichten, denn es geht um Sie. Also gehen Sie auf Ihre Bedürfnisse ein. Nehmen Sie sich ernst und handeln danach. Lassen Sie nicht locker, wenn die Antworten nicht zufriedenstellend ausfallen. Außer, wenn Sie wie eben beschrieben, jemand absolut Inkompetentes vorfinden, dann haben Sie Pech gehabt.

Welcome vor der Anreise

Einige Tage vor der Anreise gehört es zum besonderen Service, dass wir dem Gast eine gute Anreise wünschen und ihm nochmals mitteilen, wie sehr Sie sich auf sein Kommen freuen. Am besten hat sich die telefonische Kommunikationsform bewährt. Wenn Sie den Gast nicht erreichen, wählen Sie die Form, wie Sie als Hotel kontaktiert wurden. Wenn Sie derart vorgehen, haben Sie einen weiteren Pluspunkt. Alles Punkte, die sich summieren und einen positiven Gesamteindruck hinterlassen, sodass der Gast sich freut zu kommen. Daraus resultierend Wiederholer, ein klares Zeichen, dass Sie richtig gehandelt haben.

Für Sie als Hotelier

Persönliche Betreuung ist nach wie vor das A und O und wird es bleiben. Entscheidungen werden in aller Regel über den Bauch gefällt. Auch wenn es oft rein rational ausschaut. Wenn das Gefühl gut ist, fühlt sich der Gast bereits im Vorfeld gut aufgehoben und es verstärkt sein Bedürfnis zu kommen. Wenn Sie es schaffen, dieses gute Feeling aufrecht zu erhalten, haben Sie einen Stammgast gewonnen. Denken Sie daran, es liegt an Ihnen und Ihrem Team, was aus dem Kunden wird.

Anders als der Mitbewerber

Denken Sie bitte daran, Sie haben jede Menge Mitbewerber. Einige davon werden verschwinden und Neue auftauchen, es ist alles in Bewegung. Also haben Sie nur eine Chance, Sie müssen anders sein, als die anderen. Bieten Sie den besonderen Service, denn das ist das am schwierigsten Kopierbare eines Unternehmens. Seien Sie Ihren Mitbewerbern einen Schritt voraus. Bevor die anderen anfangen zu denken, sind Sie zügig einen Schritt weiter.

Persönliche Fürsprache

Sprechen Sie den Gast direkt an. Teilen Sie ihm mit, dass sein Zimmer auf ihn wartet. Der Hoteldirektor sich sehr freut, ihn persönlich begrüßen zu dürfen. Sein gewünschter Fensterplatz zum Beispiel bereits reserviert ist, der Whisky kaltgestellt, die Süddeutsche organisiert und all die anderen Wünsche, die abgefragt wurden. Geben Sie Ihrem Gast hundertprozentig das Gefühl, das Wichtigste für Ihr Haus zu sein.

Besonderheiten

Teilen Sie Besonderheiten in einem Zweizeiler unbedingt mit. Sei es zum Beispiel der Zirkus, der im Ort gastiert. Sie als Hotelier haben für gute Kunden einige Extrakarten erhalten, die Sie gerne zu besonderen Konditionen weiter geben. Oder ein Konzert, einen Vortrag, eine Sportveranstaltung, die stattfinden. Fast ausnahmslos jeder Mensch freut sich darauf, irgendetwas günstiger zu erhalten. Das ist ein Urrelikt und erfreut die Seele. Zeigen Sie Ihre Wichtigkeit und starke Präsenz am und im Markt. Bei Ihnen laufen die gesamten Fäden zusammen. Sie haben zu Gott und der ganzen Welt einen regen Kontakt, den Sie gerne für den lieben Kunden weiterspinnen.

Beste Anreisezeit

Es gibt örtliche Gegebenheiten, wo der Verkehr sich einem Chaos nähert. Sie kennen es, das sind normalerweise die Zeiten, in denen Sie sich nicht fortbewegen. Ersparen Sie Ihrem Kunden solche Stressmomente. Denn je relaxter er in Ihrem Haus ankommt, desto leichter haben Sie es. Es ist für Sie eine absolute Leichtigkeit, kurz die Stoßzeiten festzuhalten. Wir haben z. B. hier in Bad Dürkheim zwischen 16.30 und 18.30 Uhr das absolute Chaos. Wenn Sie in den Ort reinfahren möchten, von der Autobahn kommend, benötigen Sie mindestens die doppelte, wenn nicht sogar die dreifache Zeit. Dies aus einem einfachen Grund, all die Pendler, die morgens dasselbe Chaos verursachen, haben um diese Zeit Feierabend und kommen aus den Städten Mannheim, Ludwigshafen zurück gefahren. Morgens und abends das gleiche Spiel, teilen Sie es doch als Insider mit. Lassen Sie Ihren Gast daran partizipieren, dadurch wird automatisch seine Wichtigkeit unterstrichen. Er fühlt sich für voll genommen und ist im Kreis der erlauchten Einheimischen, die sich vor Ort auskennen.

Baustellen

Dies ist das nächste ärgerliche Thema. Wie sehr haben es unsere Kunden geschätzt, als wir ihnen mitteilten, nicht die Autobahnabfahrt Grünstadt zu nehmen, weil in einem der Orte, wo der Durchgangsverkehr vorbei zieht, seit Monaten die Straße saniert wird. Das Ganze in einem stop and go Desaster mündet, weil die Ampel jeweils maximal fünf Autos passieren lässt. Das bei einem starken Aufkommen, ergibt jeweils einen Zeitverlust von fast 45 Minuten. Die Kunden sind dankbar dafür, denn time ist nach wie vor money.

Eventuelle Radarkontrollen

Stellen Sie sich vor, Ihr Kunde wird von den sogenannten „Radarfallen und -pistolen“ abkassiert, weil er zu schnell gefahren ist. Was glauben Sie, mit welcher Laune Ihr Kunde einchecken wird? Sicherlich erbost und das hinterlässt einen faden Geschmack. Aus dem Grund teilen Sie es Ihren Kunden kurz mit. „Lieber Kunde, wenn Sie von der Autobahn kommend, Richtung Bad Dürkheim fahren, verengt sich die Autobahn auf eine Spur. Dort herrscht absolutes Überholverbot. Bitte halten Sie sich daran, auch an die Geschwindigkeit, sonst könnten Sie in eine Kontrolle geraten. Dies ist das erste Vergehen, und weil man beim Überholen relativ schnell ist, dort aber die Geschwindigkeit nur 80 km/h sein darf, gibt es für manche Autofahrer ein böses Erwachen. Das lieber Kunde, möchten wir Ihnen unbedingt ersparen. Genauso wie auf der Geraden beim Ortseingang, rechts und links die vielen Autohäuser, in dieser Zone ist 50 km/h, sind oft weitere Kontrollen.

Wir wünschen Ihnen eine gute Fahrt und all das ohne Unannehmlichkeiten!" Was glauben Sie, wie viele Hotels so etwas machen?

Mit dem Zug

Da ist Service, einen Fahrplan vom Ort des Gebuchten zum Ziel, Ihrem Hotel ausdrucken zu lassen. Am besten teilen Sie Ihren Kunden mit, wie sie am Zielbahnhof zurechtkommen. Das ist manchmal echt ein Problem, bis man sich orientiert hat. Vielleicht fügen Sie ihm als besonderen Service, einen Lageplan des Bahnhofs bei, oder haben einen Abholservice mit dem Hotelbus, das wäre der Idealzustand.

Taxi oder Abholung

Teilen Sie mit, ob es diesen Abholservice gibt oder wo die Taxis stehen. Als besonderen Service natürlich, wenn der Kunde mitteilt, wann er definitiv anreist, ein Taxiunternehmen beauftragen. Welches den Kunden bereits am Bahnsteig oder spätestens am Ausgang mit Namensschild in Empfang nimmt. Begrüßung per Handschlag und den netten Worten „Schön, dass sie da sind, Frau/Herr Mustermann. Wir freuen uns sehr auf sie." Das ist Service par excellence und kostet nicht die Welt. Wenn Sie die Kosten nicht übernehmen wollen, teilen Sie Ihrem Kunden mit, zum Spezialpreis wird Sie unser Taxiunternehmen XY direkt am Bahnsteig abholen. Hierzu machen Sie mit einem der örtlichen Taxiunternehmen einen Deal. Er wird bei allen Transfers gerufen und dafür gibt es für Ihre Gäste einen Spezialpreis. Das sind die kleinen Besonderheiten, welche Sie nichts kosten, aber viel bringen.

Kleines Geschenk

Sie wissen doch, kleine Geschenke erhalten die Freundschaft. Was ist es für ein Aufwand, Ihrem Kunden mitzuteilen, dass Sie einen Gutschein für einen Entspannungs-Tee in der Lounge reinlegen. Gutschein kurz entwerfen und schon können Sie ihn jederzeit mitschicken, mailen oder faxen, ohne großen Aufwand. Wenn der

Gast in der Lounge sitzt, ist die Wahrscheinlichkeit groß, dass er sich wohlfühlt und ein weiteres Getränk bestellt. An einem Gutschein für einen Tee, werden Sie nicht bankrott gehen.

Hand aufs Herz lieber Hotelier, ein wenig Wasser und einen Teebeutel reingehängt, das kann nicht so kompliziert sein. „Aber das Personal...!“ Tja, wenn Sie so knapp bemessen sind, ich bin der Meinung, lieber eine weitere Person, als eine zu wenig. Selbst wenn das oft anders gesehen wird. Zur Not können Sie einen Samowar aufstellen, da haben Sie keine Arbeit, ist aber nicht das Gleiche.

Das ist zu aufwendig

Ich bin mir sicher, beim Lesen dieser Inputs, dass der Gedanke in Ihnen aufkam. Wie soll das alles gehen, der hat gut reden, hat keine Ahnung. Wer soll das bezahlen? Das ist unmöglich, können wir nicht tun und weitere Negationen. Bevor Sie es niederschmettern, überprüfen Sie es im Detail. Selbstverständlich ist es mit Aufwand verbunden. Natürlich müssen Sie sich Gedanken machen und vieles ist Ihnen fremd, ungewohnt. Der Aufwand lohnt sich jedoch, weil Sie sich klar und deutlich von Ihren Mitbewerbern absetzen und um das geht es letzten Endes.

Gehen Sie nicht über den Preis

Etliche Hoteliers haben sich auf den ruinösen Preiskampf eingelassen. Dieser ist tödlich, wenn Sie anfangen müssen, über den Preis zu operieren, setzen Sie die eigene Todesspirale in Gang. Die Vergangenheit hat es gezeigt und bewiesen. Packen Sie lieber kleine Guddis drauf und verlangen dafür ein wenig mehr, dass Sie nicht drauflegen müssen. Der Gast wird es Ihnen danken und honorieren, in dem er die Preise bezahlt und gerne wieder kommt.

Für Sie als Hotelgast

Honorieren Sie die Häuser, die diesen besonderen Service anbieten, wenn es Ihnen das wert ist. Ansonsten gibt es zusehends weitere Hotelgruppen, die ihren Service fast auf null runtergefahren haben. Zimmer alle fast spartanisch eingerichtet, dafür ist der Preis niedriger. Ich denke jedoch, dass Sie nicht zu dieser Kategorie Mensch gehören.

Permanente Wiederholung

Womöglich denken Sie nun, was diese Wiederholungen sollen. Es hat einen simplen Grund, denn

„Permanente Wiederholung schafft Wirklichkeit!"

Wer es kennt, weiß, wieso Wiederholungen für den Erfolg wichtig oder sogar elementar sind. Leider ist das Thema sich wehren und zu sich stehen, bei den meisten Menschen nicht sehr ausgeprägt, deshalb muss es trainiert werden.

Nur mündige Hotelgäste helfen den Hotels

Wenn alle Hotelgäste endlich mündig sind, funktioniert das Spiel in jeder Form. Um das geht es schlussendlich, einer der was anzubieten hat und der andere, der es annimmt oder ablehnt. Sollte es nicht angenommen werden, hat der Gegenüber eine Chance, es nachhaltig zu ändern. Dies natürlich stets zum Wohle aller, d.h., der Dienstleister Hotel hat Spaß und Lebensfreude, an seinen Aufgaben und die Gäste ebenfalls.

Der Tag des Eincheckens

Wenn Sie bisher alles supergut gemacht, den Kunden mit Ihrer besonderen Art berührt haben, wird er positiv und voller Erwartungen anreisen. In der Hoffnung, eine tolle und schöne Zeit bei Ihnen zu erleben. Sie haben es in Ihrer Hand, ob der Auftritt hundertprozentig gelingen wird. Der große Moment, wenn der Gast vor dem Hotel steht und die Türe sich öffnet.

Für Sie als Hotelier

Der erste Akt liegt hinter Ihnen. Sie haben es geschafft, dass der Gast anreist. Herzlichen Glückwunsch, das ist eine Meisterleistung. Außer zu Messezeiten oder Anlässen, da kommen die Menschen eh. Wir sprechen jedoch das ganze Jahr über von einer guten Belegung, das muss Ihr Ziel sein. Eine hohe Belegungsrate zu erreichen und zu halten.

Begrüßung das „A und O"

Der Kunde betritt Ihre Hotelhalle oder den Empfang, wie oft hat er da eine Wartezeit? Bevor Sie jetzt losschießen mit „niemals" haben Sie es überprüft? Es ist für mich erstaunlich, dass je nach Hotel die Rezeption manchmal sogar verwaist ist. Oder die Damen und Herren beschäftigt sind. Sei es mit anderen Kunden, dann könnte man noch Verständnis haben. Oft jedoch mit irgendwelchen Geschäftigkeiten. Telefonierend oder die Krönung, mit einem Kollegen in der Geschwätzigkeit zu sein. Das darf und kann aber nicht wahr sein, denn in dem Moment, wo ein Kunde das Haus betritt, hat er absoluten Vorrang.

„Der Kunde ist unverzüglich zu begrüßen, das zeigt ihm klar auf, hier bist du willkommen!"

Und sollte gerade ein anderer Gast da sein, kann man sich kurz entschuldigen und grüßt freundlich den Neuankömmling, mit folgenden Worten „Herzlichen Willkommen in unserem Hause. Es dauert einen kleinen Moment, dann bin ich gerne für sie da." Das gibt Wärme und Nähe, anstatt den Gast rumstehen zu lassen, da können Minuten oft zu Stunden werden. Je nachdem, welche Anreise er hatte, oder was der Gast gerade erlebt hat.

Souveränität am Counter

Dort braucht es unbedingt Menschen, welche fit sind. Die Sprachen beherrschen und mit einer Souveränität ihre Aufgabe erledigen. Dazu gehört, dass das Team sich im Hotel und in der Umgebung auskennt. Wie oft habe ich mitbekommen, dass die Mitarbeiter nicht genau wissen, was im Hause abläuft. Aus dem Grund ist es für Sie als Hotelier unerlässlich, dass Sie Ihre Leute einmal selbst zwei bis drei Tage Gast, im eigenen Haus sein lassen. Damit sie von Anfang an erkennen, wie es sich von der anderen Seite aus anfühlt. Das gibt eine gänzlich andere Perspektive und ist eine der besten Investitionen, die Sie tätigen können.

Die Umgebung kennen

Fatal, wenn die Leute sich in der Umgebung nicht auskennen. Ich erinnere mich noch an die Antwort auf meine Frage „Was gibt es im Ort für Besonderheiten, welche man gesehen haben muss!" „In diesem Kaff gibt es nichts!" Das war natürlich genial und ich fragte mich, wieso kann man da ein Hotel hinbauen und was mache ich hier überhaupt? Leider trifft das häufig zu, dass die Mitarbeiter keine Ahnung haben. Genauso intelligent ist folgende Aussage „Ich habe gehört, da und da soll es ganz nett sein." Ja, wieso beschäftige ich mich nicht selbst damit? Warum schaue ich mir die Sache nicht an? Wieso habe ich so wenig Interesse an meinem Beruf, im Dienst am Kunden? Oder dann „Es gibt ein nettes Museum!" Wieso diese Einschränkung, ein nettes....! Entweder es ist klasse, dann kann ich meinen Kunden hinschicken, oder ich lasse es lieber.

Es liegt am Chef

Es ist Ihre Aufgabe als Chef dafür Sorge zu tragen, dass Ihre Leute sich top auskennen. Jetzt denken Sie vielleicht, das ist Aufgabe der Mitarbeiter sich darum zu kümmern. Dies ist die einfachste Variante, die anderen sind zuständig, sollen schauen. Wem gehört der Laden? Doch Ihnen, also sind Sie derjenige, den es in erster Linie angeht und niemand anderes. Sie haben dafür Sorge zu tragen, dass sich Ihre Leute bestens auskennen. Von alleine wird es nicht unbedingt hinhauen, also müssen Sie nachhelfen. Hierzu gibt es einfache Möglichkeiten.

Hausaufgaben geben

Sie geben Ihrem Team Arbeitsmaterial in die Hand, welches diese durchzuarbeiten haben. Sie überprüfen das selbstverständlich und danach geht es in die Praxis. Das heißt, vor Ort werden die wichtigsten Stationen abgeklappert, damit man sich das fest einprägen kann, jeder in der Tat weiß, um was es geht. Was glauben Sie, mit welcher Motivation Ihre Leute in Zukunft auf Fragen antworten? Sie wissen Bescheid, können anders antworten und wie genial ist es, wenn Ihre Leute sagen können „Lieber Kunde, da war ich, das ist echt klasse, sollten sie sich unbedingt anschauen, lohnt sich." Merken Sie, was für eine Menschlichkeit da rüberkommt? Das hört sich total anders an, Ihr Kunde fühlt sich sofort wesentlich besser aufgehoben und kann mit der Aussage etwas anfangen.

Joint Venture mit anderen Dienstleistern

Ihr Team sollte die Sehenswürdigkeiten und Locations besucht haben. Dies empfehle ich allen Hoteliers und da höre ich meist „Ja, was mich das alles kostet!" Wo ist das Problem, Sie machen als Hotelier mit den einzelnen Dienstleistern ein Joint Venture, welches folgendermaßen aussieht:

- Sie laden die Leute zum Übernachten oder für ein Essen ins Hotel ein

- Im Gegenzug wird Ihr Team eingeladen

Merken Sie, wie simpel das Spiel im Grunde ist und jetzt sagen einige „Wieso soll ich die anderen einladen?“ Tja, aus zwei einfachen und doch dringlichen Gründen. Ihr Personal lernt alles kennen, die Gegenseite lernt Ihr Haus kennen und wird in Zukunft bei der Frage von Fremden „Wo kann man denn übernachten?“ Ihr Haus empfehlen und damit ist allen gedient. Was dagegen spricht, ist der sprichwörtliche Geiz von etlichen Hoteliers. Dabei muss ich mich als Erfolgsproduzent und -coach ernsthaft fragen, gibt es eine schnellere Möglichkeit, sich bekannt zu machen und das Team zu schulen? Ich kenne keine andere und sich auf die Selbstmotorik der einzelnen Teammitglieder zu verlassen, würde ich niemals tun. Denn die Wahrscheinlichkeit, dass es nicht gemacht wird, oder eben nur halbherzig, ist relativ groß.

Erstklassige Höflichkeit

Da hapert es meistens, man ist nett, aber nicht besonders höflich. Dabei zählt in der Dienstleistung nur eines, die besondere Höflichkeit und damit verbunden, das Entgegenkommen dem Gast gegenüber. Da reicht ein gemurmeltes „Guten Tag“ oder noch fataler „Hallo“ nicht aus. Da muss ich mich des Öfteren fragen

„Welche Kinderstube mancher wohl genossen hat?“

Bestimmt keine Gute und diese Menschen lassen Sie als Chef auf Ihre Kunden los? Wissen Sie nicht, dass Ihnen solche Leute mehr kaputt als gut machen? Nun, vielleicht sind Sie auch solch ein Stoffel? Sollten Sie sich angegriffen fühlen, ist etwas Wahres dran, oder? Denn wenn Sie keiner sind, könnten Sie ohne Weiteres nicken und das bestätigen. Es liegt ausschließlich an Ihnen, ob Sie solch ein Verhalten tolerieren.

Begrüßungs-Drink

Der Kunde reist an, manchmal ein kurzer Weg, oft jedoch eine stundenlange Anfahrt. Er ist abgespannt und muss häufig warten, bis er zum Einchecken an der Reihe ist. Danach geht er auf sein Zimmer, schließt die Türe und das war es dann. Sie verpassen als Hotelier die Chance, es Ihrem Gast zu ermöglichen, mit Ihrem Haus Kontakt aufzunehmen. Sich bereits am Empfang auf die Atmosphäre einzustimmen. Wieso bieten Sie ihm nichts zu trinken an? Der Kommentar darauf „Dafür haben wir keine Zeit. Das ist nicht vorgesehen, nicht im Preis drin und weitere Entschuldigungen!“ Eine Antwort klüger als die andere. Es muss ja nicht Champagner sein. Es reicht ein Glas frisches Mineralwasser und Apfelsaft. So kann der Gast seinen Durst stillen und lernt bereits beim Einchecken, Ihre besondere Gastfreundlichkeit kennen. Wenn Sie in der Nähe einen Samowar stehen haben, wo der Gast kostenlos einen Tee genießen kann, ist das Glück des Kunden perfekt.

Kostenloses Getränk

Ich erlebe Hoteliers, die behaupten „Wenn ich dem Gast gratis etwas gebe, macht er keinen weiteren Umsatz. Er trinkt nichts aus der Minibar oder geht nicht an die Hausbar und konsumiert dort etwas!“ Es ist nachgewiesen, dass Gastfreundlichkeit den Kunden animiert, im Hause zu bleiben und da sein Geld auszugeben. Haben Sie überprüft, wie viele Gäste, die nicht Halbpension gebucht haben, Ihr Haus verlassen, um außerhalb das Abendessen einzunehmen? Wieso verlässt ein Gast das Haus? Es gibt einige, die haben außerhalb einen Termin oder sind verabredet. Die anderen fühlen sich nicht wohl, weil die Atmosphäre nicht stimmt. Dadurch haben Sie Abend für Abend einen Verlust, der sich über das Jahr zu einer erheblichen Summe multipliziert. Fangen Sie den Gast am Empfang auf, zeigen Sie ihm von der ersten Minute an

„Hallo lieber Gast, wir sind glücklich, dass du unser Haus gewählt hast, bei uns bist. Mache es dir bei einem Begrüßungsdrink gemütlich“

Sehen Sie, ein total anderes Feeling. Wenn Sie dem Gast die Chance geben, dass er sich bei Ihnen wohlfühlen kann, wird er das dankend annehmen und Ihre Gastfreundschaft genießen.

Koffer-Service

Das ist die nächste leidige Geschichte und wird von den meisten Hotels außer Acht gelassen. Die Gäste reisen an und können ihren Koffer durch die Flure schleppen. Oft gibt es nicht einmal einen Lift. Was ist das für ein Service, wo bleibt da der Kundengedanke? Wie hieß es von manchem Hotelier diesbezüglich, „Wir leben heute in einer anderen Zeit, das können wir uns nicht leisten."

Kleiner Service, mit großer Wirkung

Dabei sind es kleine Dinge, welche die Freundschaft zu den Gästen aufbauen und halten. Es muss doch machbar sein, in einem Hotel jemanden Professionelles abzustellen, der imstande ist, die Gäste in ihr Zimmer zu begleiten. Der kurz alles erklärt, den Vorhang auf die Seite schiebt, die Aussicht zeigt und was man sieht. Das sind kleine Handreichungen mit großer Wirkung. Die leider in der heutigen Anonymität so gut wie untergegangen sind. Sie müssen deswegen nicht extra einen Portier anstellen, es genügt einen Mitarbeiter anzubeamen, der im Hotel sonst seinen Aufgaben als Kellner oder Ähnlichem nachgeht.

Dienstleistung ist durch nichts zu ersetzen

Dies je nach Größe des Hotels, ansonst heißt es für die Dienstleistung lieber noch jemanden engagieren. Ich weiß, das hören meine Hoteliers bei den Erfolgscoachings nicht gerne, weil sie an die Kosten für einen neuen Mitarbeiter denken. Da wir ja teilweise mit einer speziellen Gesetzgebung in Ländern leben, viele Rechte für den Arbeitnehmer und wenige für den Arbeitgeber, kann diese über sogenannte Freelancer oder mit minimal Beschäftigten gehändelt werden. Ein weiterer spannender Punkt sind Praktikanten, es gibt jede Menge Lösungen.

Trampelpfade verlassen und quer denken

Man muss imstande und bereit sein, die Trampelpfade von „Das haben wir schon immer so gemacht, das geht nicht anders" zu verlassen, quer zu denken und nach anderen ganzheitlichen Lösungen suchen. Es gibt derer genug, und wenn man eben in seinem Dunstkreis oft vor lauter Bäumen den Wald nicht mehr sieht, holt man sich einen Erfolgsproduzenten und -coach, der alles aus der ganzheitlichen Sicht sieht. Aufgrund seiner jahrzehntelangen Erfahrung und im Umgang mit 1.000-enden von Hotels sich auskennt und weiß, wie man es anders und besser machen kann.

Endlich Schluss mit dem Minimalismus

Endlich weg von der weitverbreiteten Meinung, der Gast soll nicht über Gebühr stören und Sonderwünsche äußern. Er hat sein Zimmer zu beziehen, seinen Mund zu halten, am nächsten Tag abzureisen und das Ganze für möglichst viel Geld. Diese Zeiten sind längstens vorbei und werden nie wieder kommen. Also heißt es, entweder ich passe mich dem neuen Zeitgeist an oder ich werde massive Probleme bekommen.

Besichtigung des Hotels

Kurze Besichtigung des Hauses auf dem Plan oder in Realität. Das ist das Mindeste, was ich als Hotelier für den Gast tun kann. Wie oft habe ich erlebt, dass manche Gäste nicht einmal bis zum Schluss alle Möglichkeiten kannten. Aus dem Grund kann ich doch den Gästen eine kleine Führung anbieten oder ihnen auf einem anschaulichen Plan erklären, wo sich was befindet und was genutzt werden kann. Dieser Akt entfällt bei Stammkunden, denn diese kennen sich bestens aus. Aber die armen Neukunden, wie sollen die zurechtkommen? Man spricht doch von Gastlichkeit und -freundschaft, also empfangen wir den Kunden entsprechend.

Sie sind der Gastgeber, oder

Sie sind für ihn da und tun alles, damit er sich wohlfühlen kann. Je besser er sich im Hause zurechtfindet, desto gelungener ist sein Aufenthalt. Er fühlt sich schneller Zuhause und das ist genau das, was es unbedingt zu erreichen gilt. Wie machen Sie es, wenn Sie zu Hause in den eigenen vier Wänden Gäste empfangen? Denen zeigen Sie doch auch alles und erklären, wo sie was finden.

Der Gast wird begleitet

Stellen Sie sich vor, Sie gehen mit Ihrem neuen Hotelgast durch das Haus. Dabei begegnen Ihnen einige Mitarbeiter, welche Leichtigkeit kurz zu sagen „Hier haben wir Sybille, eine unserer netten Zimmermädchen, die für sie da ist und für den erstklassigen Service die Verantwortung trägt.“ Das kommt doch klasse rüber, dadurch gewinnen Ihre Leute sofort eine andere Einbindung. Sie fühlen sich angenommen und das ist in der heutigen Zeit wichtig. Aufgenommen zu werden, Mensch sein zu dürfen und sich wie zu Hause zu fühlen. Wenn Sie Mitarbeiter haben, die nett zurückgrüßen und den Gast durch Ihre kurze Vorstellung herzlich per Name begrüßen, ist es perfekt. Da ist der Gast nicht einer von vielen, sondern eine personifizierte Person.

Weisen Sie auf Ihre Profitcenter hin

Ein leichtes Unterfangen, Sie sind mit Ihren Gästen unterwegs und laufen durchs Hotel. Dabei zeigen Sie die einzelnen Profitcenter wie Bar, Restaurant, Boutique und Beauty&Wellnessabteilung. Zu jedem Center verlieren Sie ein paar Worte. Was passiert, der Gast hat Zeit, sich damit zu identifizieren und klarzukommen. Es ist ihm auf alle Fälle nicht mehr fremd und löst den Wunsch aus, das eine oder andere zu besuchen oder zu buchen.

Frage nach Wünschen

Wir sprechen von Gastfreundschaft, da gehört es dazu, nach speziellen Wünschen zu fragen. „Was dürfen wir zusätzlich für sie tun?“ Wie umschmeichelt komme ich mir dabei als Gast vor? Da ist jemand, der sich nach mir erkundigt, auf mich eingeht, es gut mit mir meint, der will, dass ich zufrieden bin. Hier bin ich die Hauptperson.

Anders und besser sein, als die Mitbewerber

Das ist nicht schwierig, einfach ein paar andere Ideen und deren tatkräftige Umsetzung. Wenn Sie als Hotelier den Begriff Gast wieder für sich finden, wissen Sie, was zu tun ist. Ein Gast wird als Freund behandelt und ist etwas Einmaliges. Ihm gehört die absolute Aufmerksamkeit. Der Dank und die Treue seien Ihnen gewiss. Der Aufwand, welchen Sie für neue Gäste betreiben, fällt bei den Stammgästen weg. Diese erhalten neue Aufmerksamkeiten, die es für sie spannend machen, in Ihrem Hotel zu nächtigen.

Für Sie als Hotelgast

In der Wiederholung liegt die Kraft. Deswegen passen Sie auf, fühlen Sie sich rein. Wenn etwas nicht passt, sagen Sie es. Nützt es nichts, ziehen Sie die Konsequenzen. Ich gehe davon aus, dass Sie für Ihr Geld eine Leistung erbringen mussten. Folglich ist Geld für Sie kostbar und entsprechend sollten Sie damit umgehen.

Wie geht es Ihnen, nachdem Sie alles gelesen haben

Wie fühlt sich das für Sie an? Ist Ihnen überhaupt bewusst, wie wundervoll das Ganze ist? Welche Großartigkeit da an den Tag gelegt wird? Ich bin begeistert davon und wenn es von den Hoteliers richtig umgesetzt wird, ist es paradiesisch.

Sich endlich als Gast fühlen

Das ist Ihr gutes Anrecht und das sollten Sie einfordern. Im Gegenzug sind Sie ein wundervoller und dankbarer Gast, der die Rechnung gerne bezahlt und die außergewöhnlichen Leistungen des Teams honoriert. Dann passt es für jeden, alle sind glücklich und zufrieden, das ist die Ausgangsbasis.

Freundlichkeit und Lachen

Oft eine Katastrophe, was da abgeht und alles andere als lustig. Hier ist es für Sie als Hotelier Ihre Pflicht, für Ordnung zu sorgen und Sie sind dabei natürlich mit inkludiert. Denn viele Hoteliers beherrschen das Lachen und die Freundlichkeit auch nicht unbedingt. Sie sind und bleiben ein Vorbild und das sollten Sie nach außen verkörpern. Ihr Team ahmt es nach, ob Sie das wollen oder nicht.

Für Sie als Hotelier

Gehen Sie mit gutem Beispiel voran, achten Sie peinlichst darauf, dass Ihre Leute mitspielen und mit viel Herzblut bei der Sache sind. Dadurch erreichen Sie ein wesentlich größeres Momentum und damit auf der gesamten Linie Erfolg. Denken Sie daran

„Was zum Herzen will, muss von Herzen kommen!"

Es ist Ihre Aufgabe als Gastgeber, die Gäste durch eine außergewöhnliche Dienstleistung zu verzaubern.

Die meisten gehen zum Lachen leider in den Keller

Wie oft habe ich das erlebt, mit finsterer Miene sitzen die Leute hinter der Rezeption und absolvieren ihren Dienst. Das ist nicht lustig, weder für die arme Frau oder den armen Mann, aber noch weniger für die Gäste. Das geht nicht, dass Sie als Chef es zulassen, dass sogenannte Trübsalblaser dort sitzen. Die Rezeption und alle anderen öffentlichen Bereiche sind ausschließlich für Frohnaturen vorgesehen. Das heißt, für Menschen, die an der Arbeit Spaß haben, ein Lächeln im Gesicht und nicht anders durch die Welt gehen können.

Finsterminen gehören aus dem Publikumsverkehr gezogen

Alle Finstermienen in den Hintergrund verbannen, hoffentlich haben Sie dann überhaupt noch Mitarbeiter? Vielleicht finden Sie das frech, das macht nichts. Es ist wirklich und im wahrsten Sinne meines Namens, mein voller Ernst. Beobachten Sie Ihr Team, wie oft lachen diese? Im Übrigen, lachen kostet nichts.

Höflichkeit, Freundlichkeit und ein Lachen kosten nichts

Führen Sie sich das permanent vor Augen. Es ist eine völlig kostenlose Angelegenheit und bringt dermaßen viel, ohne Aufwand in diese Bereiche hineinzugehen. Das Gegenteil ist sogar der Fall, anstatt es Geld und Energie kostet, bringt es Geld und Energie zurück, was für ein tolles Geschäft.

Austausch an Energie

Der Mitarbeiter lacht und ist sehr freundlich in Ihrem Hotel. Die Kunden nehmen das zur Kenntnis und sind in der Regel dadurch zufriedener und zugänglicher. Es fließt mehr Trinkgeld und die Kunden werden zu Repeatern, weil es bei Ihnen so freundlich ist, in Ihrem Hause gelacht wird und die Stimmung, sich supergut verhält. Gibt es etwas Schöneres, ich kann es mir nicht vorstellen. Darum nutzen Sie für Ihr Hotel diese Mechanismen, es ist leichter, als Sie denken.

Freundlichkeit und Lachen ziehen sich durch das gesamte Hotel

Sie kennen es sicherlich, 10 gute Dinge und 1 Negatives, was wird überwiegen? Ist doch logisch sagen Sie sich, klar das Negative bleibt am längsten haften. Also nützt es nichts, wenn fast alle in Ihrem Hotel sehr nett, höflich und mit einem Lachen im Gesicht unterwegs sind und ein einziger Mitarbeiter zieht missmutig seine Bahnen. Da müssen Sie sofort Einhalt gebieten. Ich erlebe das oft im Hotel, zu häufig beim Frühstücksteam, da wird irgendwie an den Leuten gespart.

Grundstrukturen und Training

Dies ist das spannende Thema, es geht um klare Grundstrukturen.

Mit anderen Worten, die gewisse Grundhöflichkeit muss vorhanden sein und das sogenannte Grundlachen. Wenn das nicht gegeben ist, nützt jegliches Training nichts. Wer kein heiteres Gemüt hat, sollte aus der Hotellerie entfernt werden. Dienstleistung wird groß geschrieben und gehört zum täglichen Programm.

Regelmäßiges Training und Kontrolling

Das ist ein wesentlicher Faktor, dass jeden Tag trainiert wird. Es ist die Aufgabe des Abteilungsleiters, die jeweilige Mannschaft zusammen zu nehmen und auf die Arbeit einzustimmen. Konzentration auf das Wesentliche, ist die Aufgabe und dadurch schafft man es mit Bravour. Ich vergleiche das gerne mit den berühmten Sportmannschaften. Diese werden auf das kommende Spiel eingestellt und motiviert. Denn es geht auch bei Ihnen im Hotel jedes Mal, um den berühmten Sieg. Nur wenn alle mitspielen, wird der Gast zufrieden sein, nein sogar glücklich.

Externes Training

Das ist ein weiterer Punkt, denn wenn man sich meist nur aus sich heraus verwaltet, kann es nicht weiter gehen. Deshalb würde eine Sportmannschaft niemals einen Trainer aus den eigenen Reihen nehmen. Sie holen sich einen externen Trainer und genau das sollte bei Ihnen der Fall sein. Jemand der von außen kommt, hat nicht die Betriebsblindheit und das hilft ungemein.

Für Sie als Hotelgast

All die Dinge, die ich eben aufgezählt habe, gelten auch für Sie als Hotelgast. Wenn ich manche Gäste anschaue, muss ich mich des Öfteren fragen „Wo sind diese aufgewachsen?“ Die beherrschen nicht einmal die primitivsten Grundanstandsregeln. Kaum zu fassen, dass solche Menschen durchs Leben kommen.

Grundanstaltsregeln

Es gibt ein paar Grundanstaltsregeln, die gehören dazu und ohne diese funktioniert das Zwischenmenschliche schwer. Nachfolgend die wichtigsten Regeln

- Danke
- Bitte
- Begrüßung

Danke
Ich bin tief erschüttert, wie wenig Menschen überhaupt imstande sind, sich zu bedanken, das darf nicht wahr sein. Das Wort „Danke" hat etwas mit Wertschätzung, dem Menschen gegenüber zu tun.

Bitte
Da verhält es sich genauso, wie mit dem Wort danke. Wieso kann man nicht bitte sagen, das hängt mir zu hoch, verstehe ich leider nicht. Man vergibt sich doch dabei nichts.

Begrüßung
Das gleiche Spiel, den Mitmenschen zu begrüßen, ist die leichteste Übung, und wenn es mit einem netten Lächeln verbunden ist, kommt das zurück. Dies ist die Basis für ein gutes Auskommen.

So wie du bist gegangen – so wirst du empfangen

Da sagen mir etliche Gäste „Wieso, ich bezahle doch.....!" Tja, mit Geld ist nicht alles getan, es gehört auch die Menschlichkeit dazu. Das darf niemals vergessen werden, denn jeder Mensch hat eine Seele und Empfindungen. Da kann man nicht wie die Axt im Walde darauf herumhacken.

Merken Sie was, jetzt geht es bei Ihnen los

Womöglich fanden Sie es die meiste Zeit relativ lustig, wie ich mit den Hoteliers ins Gericht gegangen bin. Es braucht aber immer den Gegenspieler und das sind in dem Fall klar Sie, als Hotelgast.

Sie spielen in dem Ensemble mit. Manche Hotelgäste dürfen sich nicht wundern, wenn die Mitarbeiter sich manchmal unfreundlich verhalten, selbst wenn das nicht angebracht ist.

Sie haben es in Ihrer Hand

Denken Sie daran, Sie haben es in Ihrer Hand, können es durch Ihr Auftreten und Verhalten steuern. Ihnen schadet es nicht, wenn Sie höflich, mit einem Lachen daher kommen. Es tut Ihrem Gemüt gut und hebt insgesamt die Stimmung. Testen Sie es das nächste Mal und Sie erleben Wunder.

Jeder trägt die Verantwortung für ein besseres Leben auf Erden

Das ist für mich eine klare Botschaft, dass jeder Einzelne aufgefordert ist, seinen Teil dazu beizutragen. Lachen und Höflichkeit kosten nichts, aber es kommt viel zurück. Ich erlebe es oft, wenn ich wieder irgendwo hinkomme, dass sich die Leute gerne an mich erinnern und mir sofort ein freundliches Hallo schenken, mit einem wundervollen Lachen. Häufig sogar „Schön, dass sie uns wieder besuchen, wie geht es ihnen?“ Ich genieße das und weiß es zu schätzen, es ist aber keine Selbstverständlichkeit.

Ihre Profitcenter im Hotel

Das ist leider etlichen Hoteliers nicht bewusst, wie wichtig es ist, dass es außer Übernachtungszahlen noch andere Profitcenter im Hotel gibt. Unterschätzen Sie niemals diesen Faktor, denn diese bringen Ihnen zusätzliche Einnahmen, die Sie sonst nicht hätten. Es ist die hohe Kunst, alle Bereiche in einem Hotel abzudecken und mit Erfolg zu führen. Also freuen Sie sich auf weitere wunderbare Ausführungen und seien Sie bitte unbedingt offen dafür.

Für Sie als Hotelier

Da graut es mir als Erfolgscoach und –produzent davor. Jedes Hotel muss einige Profitcenter haben, doch ich treffe etliche Häuser an, die das Thema nicht beherrschen und das finde ich fatal. Da sind Gäste im Hause, diese haben eine Brieftasche mit Bargeld und Kreditkarten dabei. Sie sind weg von zu Hause und das Geld sitzt lockerer. Aber wenn Sie als Hotelier keine Reize und Impulse setzen, wird in der Regel nichts daraus und das ist echt schade, finden Sie nicht auch?

Außer Sie wollen keine zusätzlichen Einnahmequellen

Das kann natürlich gut sein, dass Sie sich als Hotelier sagen „Wir verdienen genug, das reicht. Wieso noch mehr, das bedeutet nur unnötige Arbeit.“ Das ist auch möglich, dass Sie solch eine Denke an den Tag legen. Aber eines sei Ihnen gesagt, kaufmännisch ist das Harakiri. Derart sollten Sie niemals ein Hotel führen, denn jeder Tag, welcher vorbei ist, an dem Sie Ihre Profitcenter nicht ausgeschöpft haben, ist ein verlorener Tag. Wenn ich das auf meinen Vorträgen und Coachings sage, höre ich meist „Wissen sie bei uns ist alles anders........!“ Welch ein Schwachsinn, Profitcenter und Kunde bleibt immer das Gleiche, egal, wo Sie sich auf dieser Welt befinden.

Schauen wir uns die Profitcenter an

Wie viel besser fühlen sich Ihre Kunden aufgehoben, wenn Sie in allen Bereichen eine andere Performance an den Tag legen. Das ist eine total andere Ausgangsbasis, für eine höhere Zufriedenheit des Gastes. Schauen wir uns die einzelnen Profitcenter an, die sich wie folgt aufteilen

- Bar
- Restaurant
- Beauty&Wellness
- Boutique
- Mini-Bar

Bar

Mamma Mia, wenn ich da in einigen Hotels die verwaisten Bars anschaue, ein Graus und ich frage mich, was ist da los? Die Bar gehört von den frühen Nachmittagsstunden, bis tief in die Nacht belebt. Diese muss mit einem oder mehreren Barkeepern besetzt sein, die das Metier beherrschen und Spaß am Beruf haben. Sie sind doch ein Vollprofi lieber Hotelier, oder? Machen Sie einmal die Rechnung und überprüfen, wie viele von Ihren anwesenden Gästen in der Bar verweilen und was konsumiert wird. Das ist leicht auszurechnen und da werden Sie sich unter 10% finden. Das ist schlecht, Sie verlieren Tag für Tag Geld. Können Sie es sich als Kaufmann leisten? Im Kapitel Bar Näheres darüber.

Restaurant

Da ist es ähnlich wie an der Bar, rechnen Sie aus, wie viele Gäste im Restaurant essen. Erschreckende Zahlen, weil die Gäste lieber außerhalb Essen gehen. Woran liegt das? Ich kann es Ihnen sagen, es liegt an Ihnen als Hotelier. Denn Sie haben es im Griff, ob Ihre Gäste in Ihrem Hause essen. Aber da müssen die Angebote passen und es macht den Gästen sicherlich keinen Spaß, in einem halb leeren Restaurant, mit unmotivierten Mitarbeitern zu speisen.

Beauty&Wellness

Das ist die nächste Katastrophe, wie wenig da los ist. Es wird kaum gebucht und im Schnitt sind es weit unter 10% der Hotelgäste, die sich verwöhnen lassen. Wobei wir zwischen Stadthotels und reinen Wellnesshotels unterscheiden. Dort schaut es natürlich anders aus, es sind aber meist noch genügend Kapazitäten vorhanden, das kann und darf nicht sein. Denn die Beauty&Wellness-Abteilung hat ja bekanntlich Behandlungsräume und Liegen. Diese müssen permanent belegt sein, genauso wie die Hotelzimmer, es ist dasselbe Spiel. Sie kennen als Hotelier das Spiel, eine Nacht ein Zimmer nicht belegt, das holen Sie nie wieder auf. Genauso verhält es sich mit der Beauty&Wellness-Abteilung. Darum ist es Ihre Aufgabe und Pflicht darauf zu achten, dass alle Liegen belegt sind. Weitere Infos finden Sie im passenden Kapitel.

Boutique oder Vitrinen

Da dümpelt alles vor sich hin und wartet darauf, gekauft zu werden. Das ist tragisch, denn manchmal sind da wunderschöne Dinge, die auf einen neuen Besitzer warten. Auch jetzt machen Sie bitte die Rechnung, Hotelgäste und Ihre Verkäufe im direkten Vergleich. Diese Bilanz schaut sicherlich fatal aus. Sie dürfen nicht warten und hoffen, dass die Gäste vielleicht etwas kaufen werden. Es ist Ihre Pflicht darauf zu achten, dass die Gäste aktiv in den Prozess mit hineinbezogen werden. Näheres darüber in einem der nachfolgenden Kapitel.

Mini-Bar

Das ist spannend, falls es überhaupt eine gibt, ist diese häufig minimalistisch bestückt. Wenn man ein paar Tage länger in dem Hotel bleibt, wird diese oft nicht aufgefüllt. Wie bescheuert ist denn das? Es ist Ihre Pflicht, da ein anderes Management einzuleiten und dies bitte ab sofort. Wenn ich abends auf dem Zimmer arbeite, nasche ich gerne etwas und was finde ich vor? Wenn ich Glück habe, ein paar Erdnüsse, Chips und diese Milka-Schokolade. Ich kann es nicht verstehen, das törnt jeden Schokoladenliebhaber ab. Milka hat gute und tolle Produkte, wieso muss da die einfachste Schokolade gekauft werden? Mehr darüber im Kapitel Mini-Bar.

Zimmer-Service

Gibt es bei Ihnen einen Zimmer-Service? Viele Häuser bieten das nicht an und die, wo es anbieten, da dauert es Stunden, bis jemand kommt. Wie wird das Essen serviert? Wenn ich die billigen Plastikhauben sehe, muss ich an ein Krankenhaus denken und bin bedient. Das kann man gepflegter und appetitlicher machen. Ein reichhaltiges Angebot sollte vorhanden sein. Es müssen keine riesigen Abfolgen von Menüs sein, aber für jeden etwas.

Was denken Sie nun

Womöglich, ja, ja der hat gut reden, wenn er unser Haus und unsere Personalsituation kennen würde, würde er nicht so sprechen. Ich muss lachen, denn das ist meist das Gegenargument. Es ist egal, wo Sie sind und Sie haben nur die Mitarbeiter, welche Sie eingestellt haben. Darum lieber Hotelier, beklagen Sie sich nie wieder über Ihr Team. Sie sind der Master of Desaster und nicht Ihre Leute. Sie haben es in der Hand, die Dinge zu ändern oder zu lassen. Ich hoffe, dass Sie erkannt haben, wie viel Potential in Ihrem Laden vorhanden ist.

Für Sie als Hotelgast

Wie ergeht es Ihnen, wenn Sie unterwegs sind, sicherlich genau so, wie ich es beschrieben habe. Das ist traurig, denn es geht auch anders in dem Showgeschäft. Sie haben Anspruch auf eine maximale Dienstleistung und die muss in jeder Hinsicht passen. Dadurch ist es gewährleistet, dass Sie zufrieden, glücklich sind und die Wahrscheinlichkeit ist hoch, dass Sie wiederkommen werden.

Was können Sie als Hotelgast tun

Tja, das ist die Frage, was Sie verändern könnten, wenn Sie solche

Missstände vorfinden? In der Regel wenig, weil den Hotelier oder den Direktor werden Sie kaum zu Gesicht bekommen und die Mitarbeiter zucken oft nur mit den Schultern, wenn man sie darauf anspricht. Vielleicht kommt lapidar „Ich weiß, aber was soll ich machen? Ich würde es anders machen.“ Letztlich ein Blabla, was Ihnen nicht weiterhilft.

Hoteliers sind häufig beratungsresistent

Hoteliers sind besondere Menschen und was ich schlimm finde, dass diese beratungsresistent sind. Das ist schrecklich, da gibt es Möglichkeiten der Veränderung und die Damen und Herren sind völlig immun dagegen. Das kann nicht wahr sein, aber so ist meist die Realität. Deshalb werden Sie als Gast wenig ausrichten können. Ob Sie sich nun engagieren, um sich dann irgendwelche dummen Rechtfertigungen anzuhören, das lassen Sie lieber. Einfachste Variante, Sie wechseln das nächste Mal das Hotel und damit hat es sich. Sie glauben gar nicht, wie oft ich als reiner Hotelgast und nicht als Erfolgscoach und -berater etwas gesagt habe. Oder sogar mir die Mühe gemacht habe, der Direktion zu schreiben, in der Regel keine Resonanz.

Überall 100% Auslastung

Na, wie hört sich das für Sie an? Traumhaft und wissen Sie was, es ist möglich, mit der richtigen Manpower und dem Wissen dazu, bekommen Sie es hin. Es ist Ihre Pflicht als Unternehmer darauf zu achten, dass Sie auf dieser Ideallinie schweben, dadurch haben Sie absolut zufriedene Gäste. Wenn die Gäste nicht hundertprozentig zufrieden wären, gäbe es keine 100%-Auslastung.

Für Sie als Hotelier

Als Hotelier haben Sie nur vier Aufgaben, wenn Sie diese explizit kennen, funktioniert Ihr Laden einwandfrei. Dann gehören Sie bald zu den Top-Hoteliers, bei denen es brummt und die einen Zulauf ohne Ende haben. Das ist die Messlatte und darunter sollten Sie nicht gehen. Selbst wenn sich jetzt womöglich der innere Schweinehund bei Ihnen meldet, und versucht zu insistieren. Geben Sie ihm keine Chance, denn es tut Ihnen nicht gut.

Schauen wir uns die vier Bereiche an

Vier ist eine gute Zahl und leicht zu überblicken. Wenn man sich erstmals damit beschäftigt, denkt man häufig, dass das völlig absurd ist und nicht sein kann. Es ist aber so und je leichter Sie dran gehen, desto besser funktioniert es. Nachfolgend die vier Bereiche

- Ihre Software
- Ihre Hardware
- Ihre Kunden
- Ihr Profit

Ihre Software

Vor allem anderen geht es immer um die Software, denn wenn diese nicht stimmt, können Sie alles vergessen. Es sind Ihre Leute, ist Ihr Ensemble, welches spielt. Sie sind als Hotelier der Dirigent, damit das Orchester spielen kann, müssen alle konzentriert dabei sein. Das schafft man definitiv nur durch ein permanentes Training. Genau da hapert es teilweise in den Hotels, denn für Fort- und Weiterbildung ist kein Budget vorgesehen.

Ihre Hardware

Sie haben es sich eingeprägt, vor der Hardware kommt die Software. Ich habe tolle und großartige Hotels auf der Welt erlebt, die hatten eine gigantische und perfekte Hardware, aber die Software war eine Katastrophe. Also zuerst Ihr Team und dann Ihr Hotel. Da erlebe ich oft einen Reparaturstau ohne Ende, das darf nicht sein, dürfen Sie niemals zulassen lieber Hotelier. Es muss immer einen Reinvest geben. Sonst können Sie die Burg eines Tages abreißen, dann ist Reparaturstau ohne Ende.

Ihre Kunden

Wenn die Software und Hardware stimmig ist, folgen erst die Kunden. Jetzt geht es darum, dem Kunden der Gastgeber zu sein, wie er es noch nie in seinem Leben erlebt hat. Der berühmte Wow-Effekt kommt zum Tragen und den sollten Sie für sich nutzen. Bieten Sie den Kunden mehr als andere Kollegen und in einer total anderen, ganzheitlichen Performance.

Ihr Profit

Zum Schluss kommt Ihre vierte Aufgabe, das ist Ihr Profit. Dieser steht niemals an erster Stelle. Das sehen leider die meisten total falsch und dürfen in der heutigen Zeit nicht erstaunt sein, dass die Kunden wesentlich mündiger geworden sind, das Hotel ziemlich schnell abstrafen und dann weg sind.

Welch ein Feeling haben Sie als Hotelier

Gibt es erneut ein paar „Ja-abers...!“ Das wäre nicht außergewöhnlich und beinahe normal, aber denken Sie daran, mit „Ja-aber“

kommen Sie nicht weiter. Also lassen Sie es bitte und entscheiden Sie sich in diesem Moment, für ein neues Leben und eine andere Vorgehensweise. Ich kann Ihnen eines versichern, die Dinge werden sich verändern und dann stimmt auch Ihr Benefit.

Für Sie als Hotelgast

Vielleicht können Sie erkennen, dass es nicht leicht ist, ein Hotel professionell, mit der nötigen Grandezza zu führen. Zuerst kommen die Mitarbeiter, welche den Servicegedanken in sich tragen. Dann das Hotel, welches auf einem guten Niveau, egal wie viel Sterne, gehalten wird. Danach folgen Sie als Gast, dem mit einem hohen und guten Service aufgewartet wird. Zu guter Letzt begleichen Sie die Rechnungen des Hotels, weil es in alle Richtungen gepasst hat mit dem Vermerk, dass Sie wieder kommen werden.

Belohnung und Bestätigung durch folgende Parameter

Wenn Sie als Hotelgast in den Genuss von einer guten und großartigen Performance kommen, ist es Ihre Pflicht für ein Feedback zu sorgen, welches in der Regel folgendermaßen ausschaut.

1. Dankeschön
2. Lob
3. Trinkgeld
4. Repeater
5. Weiterempfehlung

Dankeschön

Ich bin entsetzt, wie die meisten Gäste kein Dankeschön über die Lippen bringen. Da frage ich mich, wo haben diese ihre Kinderstube gehabt? Kein Anstand, das ist unglaublich derart durchs Leben zu gehen. Es gehört zu den Grundregeln, das Wort „Bitte und Danke." Also lieber Gast, sollten Sie auch zu diesen komischen und unanständigen Spezies gehören, ändern Sie es bitte.

Lob
Das ist die nächste Geschichte, ich lobe gerne die Menschen und freue mich über das Strahlen meines Gegenübers. Das ist jedes Mal ein Traum, denn das Strahlen kommt auf mich zurück, bereichert und beglückt mich. Loben ist wie düngen und Sie wissen doch, eine Pflanze, die man nicht düngt, verwelkt.

Trinkgeld
Für einen guten Service sollte es ein Trinkgeld geben. Wissen Sie wie wenig Trinkgeld es gibt? Ich bin darüber erstaunt, denn kleine Geschenke wie ein Trinkgeld, schaffen eine andere Ausgangsbasis. Der Tenor von manchen Gästen „Für was ein Trinkgeld, die bekommen doch Lohn?" Das ist richtig, es geht aber um die Anerkennung für eine super Leistung.

Repeater
Ich bin dankbar, wenn ich mit einem Haus sehr zufrieden war, da gehe ich gerne wieder hin. Denn das ist für mich, wie ein nach Hause kommen. Ich kenne die Leute und fühle mich wohl.

Weiterempfehlung
Das gehört für mich absolut zum Programm dazu. Gute Dinge trage ich in die Welt hinaus und freue mich darüber, anderen Menschen etwas Gutes weiter zu geben. Genauso kommuniziere ich weniger schöne Dinge, damit andere das nicht erleben müssen.

Kommen Sie als Gast und führen Sie sich als Gast auf

Wow, das hört sich wirklich gut an, wir könnten daraus sogar ein Knigge für die Gäste machen. Das hätte was und würde bestimmt Freude bereiten, was meinen Sie? Also, es ist sicherlich nicht so schwierig, derart unterwegs zu sein. Wer als Gast kommt, sich wie ein Gast aufführt, wird auch als Gast behandelt. Das sind traumhafte Werte für ein wunderbares Zusammenspiel.

Privat- und Business-Gäste

Natürlich ist das ein Unterschied und gehört anders behandelt. Wir wollen uns im Einzelnen diese vier Typen von Gästen expliziter anschauen. Wenn Sie es schaffen, alle zufriedenzustellen und glücklich zu machen, haben Sie gewonnen und das sollten Sie in der heutigen Zeit tun.

Für Sie als Hotelier

Das ist oftmals keine leichte Aufgabe, denn die beiden Gästestrukturen haben jeweils andere Bedürfnisse. Je besser Sie auf diese eingehen, desto mehr gehören Sie zu den Gewinnern, zu denen man gerne zurückkehrt, denn die Mitbewerber sind häufig so etwas von schlecht, das gibt es fast nicht mehr.

Schauen wir uns die vier Bereiche an

Bei den Business-Gästen geht es um Schnelligkeit und kein langes Rummachen. Bei den Hotel-Gästen eher um Langsamkeit und eine optimale Betreuung. Welche Hotelstruktur haben Sie? Sind Sie mehr auf Business oder Privat ausgerüstet? Der Business-Gast

- Der Seminar-, Tagungs- oder Kongressgast
- Der Durchreisende
- Der Privat-Gast

Der Business-Gast

Entweder sind es reine Seminargäste, die extra zu einem Seminar, zu einer Tagung oder Kongress angereist sind. Oder die sogenannten Durchreisenden, die in der Stadt Termine haben und danach weiter ziehen.

Der Seminar-, Tagungs- oder Kongressgast

Schnelles Einchecken, kurze Erklärung, wo das Ganze stattfindet.

Die Eckdaten für Frühstück, eventuell Abendessen, Bar, Fitness und was es sonst noch Nettes in der Stadt gibt. Ob eventuell ein gemeinsamer Treffpunkt vereinbart ist.

Der Durchreisende

Er kommt in der Regel abends spät ins Hotel und hat zwei Wünsche, schnell einchecken, eine Dusche nehmen, etwas zu Abendessen, einen Drink an der Bar und ab ins Bett. Am nächsten Morgen unkompliziertes Auschecken und kein langes dafür Anstehen müssen. Schönes, schnelles Frühstück und weg.

Der Privatgast

Entweder ist er eingeladen worden, um einen Besuch abzustatten und anstatt ihn in den eigenen vier Wänden zu beherbergen, lieber im Hotel nächtigen zu lassen. Oder es sind Erholungssuchende oder Stadtbesichtiger. Den Letzteren ist beides gemein, dass Sie etwas erleben wollen, unternehmungslustig sind. Jetzt obliegt es Ihnen als Gastgeber, möglichst spannende und wichtige Informationen bereitzuhalten. Was man unbedingt gesehen haben muss und bitte ein paar Insidertipps dazu. Das macht es spannend, denn jeder Gast möchte individuell behandelt werden.

Für Sie als Hotelgast

Ihnen kann ich ans Herz legen, kommunizieren Sie klar und deutlich, was Ihre Präferenzen sind und was Sie sich wünschen. Das ist eine wichtige Voraussetzung, um schnell und gut zu nächtigen, mit allem was dazugehört. Dazu der passende Spruch

„Sag, was du willst – damit du das bekommst, was du willst!"

Wer das beherrscht, dem geht es gut, fühlt sich super in seiner Haut. Nicht lange rumbasteln, sondern wissen, was die genauen Wünsche sind.

Teilen Sie Ihre Wünsche im Vorfeld mit

Das hat sich bewährt, und wenn Sie es in schriftlicher Form machen, sind Sie nahe an der Ideallinie. Sollten Sie direkt über ein Online-Portal gebucht haben, mailen Sie trotzdem nochmals das Hotel an. Zeigen Sie Flagge, wie es heißt. Sie müssen sich folgendes Szenario vorstellen. Da hat ein Hotel zum Beispiel 100 Zimmer und bei Vollauslastung 200 Gäste. Da kann man sich in der Regel keinen merken, es steht nur die Zahl von 200 Personen im Raum. Wenn Sie jedoch vorher Flagge zeigen, in dem Sie alles kommunizieren, hat man Sie auf dem Radar und es läuft anders ab.

Bitten Sie um eine Bestätigung

Das ist ein dringliches Prozedere, denn in der heutigen Flut von E-Mails geht manches unter. Also klares Kommunizieren, Rückbestätigung abwarten und dann könnten Sie sich in Sicherheit wiegen, dass alles klappen wird. Dem ist aber leider nicht so, denn da wo Menschen am Werk sind, lauert die Fehlerquelle und dies nicht zu knapp. So würde ich zwei Tage vor Anreise erneut kurz hinmailen und mitteilen, dass Sie anreisen, sich auf das Haus freuen und höflichst um die folgenden Parameter bitten. Das wären bei mir

1. Ein ruhiges Zimmer
2. Fenster zum Öffnen
3. Ein Kingsize Bett
4. Ein großes Bad mit Badewanne und Dusche
5. Ein großer Schreibtisch
6. Zimmer mit W-Lan
7. Kostenloser Zugang
8. Vier Kissen
9. Tee-Kocher
10. Schöner Ausblick
11. In der Nähe vom Spa

Das ist meine Kommunikation und diese Punkte sind absolut klar, konkret, messbar und unmissverständlich. Vielleicht lachen Sie nun darüber, ich kann Ihnen aber eines sagen, wenn Sie die Wünsche aufführen, werden Sie sich wohlfühlen. Schließlich geht es um Sie als Gast und Sie sind einige Stunden in dem Hotel. Meine Devise lautet

„Keinesfalls schlechter, als zu Hause!"

Damit fahre ich super und fühle mich gut aufgehoben. Nun gibt es einige, die sagen „Ach wegen der einen Nacht!" Was für ein Blödsinn. Sind Sie es sich nicht wert, dass Sie sich das Beste gönnen? Ich denke schon und das sollten Sie bitte so leben und einhalten.

Im Übrigen ist es ein super Training für Sie

Das kommt als schmückendes Beiwerk dazu. Die meisten Menschen haben nie gelernt, eine klare Sprache zu sprechen. Das kann man aber üben, und je öfters Sie es tun, desto mehr wird sich Ihr Leben verändern und zwar zum Positiven. Es geht um Ihre Lebensqualität, dafür sind Sie verantwortlich.

Freundlichkeit und Lachen

Was eine Selbstverständlichkeit für beide Parteien sein sollte, ist weit davon entfernt. Die meisten gehen zum Lachen leider in den Keller und sind erstaunt, dass es dort unten trübe und unschön ist. Mit lauter Muffelköpfen unterwegs und zusammen zu sein, ist keine schöne Ausgangsbasis, für ein glückliches und harmonisches Leben. Das müssen Sie dringend ändern.

Für Sie als Hotelier

Womöglich denken Sie jetzt, wieso kommt der schon wieder mit dem Thema, das ist doch eine Selbstverständlichkeit. Dem ist nicht so, leider kann ich dazu nur sagen. Das Leben könnte schöner und gigantischer sein, wenn jeder diese Dinge beachten würde.

Haben Sie es als Chef im Griff

Wenn ja, herzlichen Glückwunsch, da gehören Sie zu den berühmten 5%, die es intus haben. Die meisten Chefs sind nicht besonders freundlich und das Lachen haben sie im Sack versteckt oder gehen dazu in den Keller.

Sie als Chef sind integer

Das ist die Ausgangsbasis, danach geht es an Ihr Team. Wichtig ist für Sie, dass Sie solche Leute beschäftigen, die eine Frohnatur besitzen. Wenn man es den Leuten erst beibringen muss, wird es schwierig, um nicht zu sagen ein fast unmögliches Unterfangen.

Trainings gehören dazu

Das ist der nächste Punkt, ohne Training keine Chance auf nachhaltige Veränderung. Dabei sollten Sie Wert darauf legen, dass Ihr Team regelmäßig trainiert wird. Wir sprechen klar von einem internen und externen Training, denn ohne Training geht einiges verloren. Es geht nicht nur um ein sogenanntes Grundlachen, sondern um die richtigen Worte und Gestiken.

Weg mit dem Druck

Viele Chefs haben leider nur eines im Kopf, Druck, Druck und nochmals Druck. Das ist keine gute Variante und diese sollte man sich schenken. Mit Druck erreicht man definitiv das Gegenteil. Ohne Druck und dafür mit Liebe, mit den passenden Parametern funktioniert es wesentlich besser. Also denken Sie darüber nach, wir sind in einem Dienstleistungsbetrieb und nicht in der Kaserne.

Für Sie als Hotelgast

Die Angestellten des Hotels sind keine Leibeigenen, sondern Wesen mit einem Herz, einer Seele und mit Gefühlen, wie Sie auch. Deswegen möchte ich Sie in aller Deutlichkeit darum bitten, dass Sie offen, mit einer Freundlichkeit und einem strahlenden Lachen durchs Hotel und Ihr Leben gehen.

Grausam diese Gesichter

Ich bin häufig auf Reisen und wenn ich die Menschen im Flieger, im Zug, im Bus oder auch beim Warten beobachte, muss ich feststellen, dass etliche schreckliche Dinge erlebt haben müssen. So finster, wie die meisten dreinschauen, ist es fast gruselig. Da leidet das eigene Gemüt darunter. Folglich heißt es, als Frohnatur durch die Welt zu ziehen.

Helfen Sie mit Ihrem Verhalten mit, dass sich alle wohlfühlen

Wenn jeder etwas dazu beitragen würde, wäre die Welt um ein Vielfaches reicher. Aber das Leben ist eben kein Selbstbedienungsladen, sondern ein höchst aktiver Prozess. Jeder Einzelne ist gefragt mitzumachen, die Welt einen Tick schöner und lebenswerter zu gestalten.

Reise durchs Hotel

Ich lade Sie auf eine gemeinsame Reise durch das gesamte Hotel ein. Erleben Sie mit mir zusammen Ihr Hotel als Hotelier und als Gast. Es ist spannend, was man alles vorfindet und wie leicht es im Grunde genommen ist, zum Wohle aller Veränderungen einzuleiten. Das ist die hohe Kunst, dass sich alle wohlfühlen.

Für Sie als Hotelier

Haben Sie Ihr Haus von außen betrachtet? Aus der Sicht des Gastes alles aufgenommen? Wohl kaum, sonst hätten Sie längstens einiges zum Positiven verändert. Leider ist es so, dass man im Laufe der Zeit unter einer großen Betriebsblindheit leidet. Das hat mitunter fatale Auswirkungen, die man nicht bemerkt.

Wir schauen uns jeden einzelnen Fleck an

Dadurch verschafft man sich eine höhere Transparenz und in allen Bereichen ein besseres Feeling. Daher machen Sie einen Rundgang durch das gesamte Hotel und betrachten Sie es aus der Sicht des Gastes, der zum ersten Mal da ist und sich alles anschaut.

Holen Sie sich einen Hoteltester

Dazu gehören Video-Clips und Fotos, die ich am Ende des Tests in einer Besprechung per Beamer an die Wand werfe. Die erstaunten Gesichter, der anwesenden Hoteliers und des Führungsteams begeistern mich immer wieder aufs Neue. Ich finde es spannend, dass die Leute, die jeden Tag im Hotel unterwegs sind, einige Ecken nicht kennen und entsetzt sind, wie es da ausschaut.

Betriebsblindheit ist ein schrecklicher Begleiter

Sie kommen an einem externen Berater und Erfolgscoach nicht vorbei. Da stöhnen die meisten Hoteliers, jammern über die hohen

Kosten, die durch einen Tester entstehen. Was für ein Blödsinn, es kostet Sie weitaus mehr, wenn Sie alles beim Alten lassen. Denn es wird bekanntlich nicht besser, sondern schlimmer.

Ohne Investition mittel- und langfristig keine Chance

Über eines sind wir uns im Klaren, die Mitbewerber rüsten auf. Da gibt es fähige Leute auf dem Markt, die mit einem Elan unterwegs sind. Jede Menge neuer Pläne, die an den Start gehen, von denen weiß man nichts. Folglich heißt es für das Hotel aufzurüsten. Bei spannenden Projekten, bieten wir einen kostenlosen Besuch und Test an. Dadurch brauchen Sie nicht die berühmte Katze im Sack zu kaufen. Sie erhalten einen 2-Tagestest gratis, wenn das Projekt zu unserem Thema passt. Die Hoteliers sind begeistert davon.

Für Sie als Hotelgast

Sie als Hotelgast haben erneut, ein Pflichtpaket zu absolvieren. Nicht hingehen und übernachten, sondern die Augen aufmachen. Kommunizieren Sie ehrlich die Situation, welche Sie vorgefunden haben. Es gibt den einen oder anderen Hotelier, der es dankend annimmt, den anderen ist eh nicht mehr zu helfen.

Machen Sie ein paar Fotos oder drehen Sie einen Video-Clip

Ich kann Ihnen eines sagen, es ist eine spannende Angelegenheit und im heutigen Zeitalter vom I-Phone kein Problem. Da zücken Sie Ihr Handy und schon können Sie filmen. Dann zeigen Sie das dem Hotelier. Wenn er sich auf stur stellt, haben Sie ja die Wahl es bei Youtube und anderen Chanels hochzuladen.

Vielleicht finden Sie das gemein

Ich finde das in Ordnung, schließlich haben Sie gutes Geld für Ihren Aufenthalt bezahlt und da muss es passen. Wenn nicht, bewahren Sie andere Menschen vor diesem Desaster. Dies ist nicht böswillig, es ist eine Hilfe für die Hoteliers, dass sie aufwachen.

Anfahrt und Ausschilderung

Wie ist die Anfahrt zum Hotel und die Ausschilderung? Findet man das Hotel oder muss man in der Gegend rumkurven? Manchmal finde ich es verheerend, wenn es keine direkte Zufahrt gibt oder in das Navigationsgerät eine andere Straße eingegeben werden muss. Vor allem in der Stadt ist das manchmal spannend und zugleich Nerven aufreibend. Das sollte man sich durch eine vernünftige Anfahrtsbeschreibung und eine gute Ausschilderung vor Ort erleichtern.

Für Sie als Hotelier

Für Sie als Hotelier ist das kein Problem, Sie kennen die Strecke in- und auswendig. Wissen genau, wie man dahin kommt und wo man zu parken hat. Sehen Sie es bitte aus der Sicht des Kunden, wie geht es diesem? Wie kommt dieser klar und wie muss er sich dabei fühlen? Wichtig als Hotelier ist immer, die Sicht des Kunden in Augenschein zu nehmen. Das ist die halbe Miete der angestrebten Veränderung.

Laden Sie einen Ortsunkundigen ein, Sie zu fahren

Das ist eine gute Variante, wenn Sie sich von einem Ortsunkundigen zu Ihrem Hotel fahren lassen. Dabei seien Sie bitte still und achten darauf, wie Ihr Fahrer zurechtkommt. Das gibt erste Aufschlüsse und natürlich unter Einbezug eines Hoteltesters, der das in seinem Test unbedingt mit aufnehmen muss.

Schilder aufstellen

Oft sind die Hotelhinweisschilder so klein, mitten in einem Friedhof an Schildern begraben, dass man diese nicht erkennt. Da muss man als Hotel frühzeitig mit Schildern auf sich aufmerksam machen und die Leute lotsen. Die Gemeinde oder die Stadt werden davon nicht begeistert sein. Das bedeutet für Sie, sich zu wehren, dann funktioniert das auch. Hartnäckigkeit macht sich bei dieser Sache bezahlt.

Für Sie als Hotelgast

Fragen Sie nach Hinweisschildern und der Route. Selbst wenn Sie jetzt denken, dass es lästig ist. Viel lästiger ist nachher, womöglich im Berufsverkehr das Hotel zu suchen und zig Mal daran vorbei zu fahren. Ein paar Kluge sagen jetzt „Ha, dafür habe ich ein Navi!" Da kann ich Ihnen entgegen halten, herzlichen Glückwunsch, dass Sie so ein perfektes Navi besitzen.

Kommunizieren Sie es

Kommunikation ist nach wie vor das „A und O." Wenn Ihr Gegenüber komisch oder nicht darauf reagiert, wissen Sie ja, wessen Geist in dem Haus vorherrscht. In einem Top-Hotel nimmt man Kundenwünsche und -hinweise ernst und bedankt sich dafür. Wenn nicht, können Sie sofort erkennen, welchen Stellenwert der Kunde hat.

Außengelände und Gebäude

Wie schaut das Außengelände aus, ist es schön angelegt, gibt es Pflanzen und sonstige Nettigkeiten? Oder ist alles öde und funktionell? Das sind Themen, die es zu beachten gilt. Denn der erste Eindruck ist durch nichts zu ersetzen. Dann geht es um das Gebäude, wie schaut dieses aus? Alt und herunter gekommen, oder erstrahlt es im frischen Glanz?

Für Sie als Hotelier

Sie sollten die gesamte Anlage inklusive Bau, aus der Sicht des Kunden ansehen und sich reinfühlen. Leider haben wir oft eine Betriebsblindheit, die an den Tag gelegt wird. Das ist schade, denn das sich Wohlfühlen für den Gast, fängt bereits in der ersten Sekunde an, genau in dem Moment, wo er den Komplex sieht.

Wichtig ist der sogenannte Wow-Effekt

Sicherlich kennen Sie das, Sie kommen irgendwo hin und sind über die Schönheit, die Ihnen entgegen strahlt, erstaunt. Das erfreut das Herz von Anfang an. Dies ist die halbe Miete für das, was danach folgt und ist durch nichts zu ersetzen.

Lassen Sie einen Landschaftsarchitekten darauf schauen

Manche Dinge können Sie nicht alleine bewerkstelligen, da fehlen schlicht und einfach die Ideen, die Inspirationen. Darum finde ich es dringlich, dass Sie von außen Spezialisten darauf schauen lassen. Bei diesem Vorschlag höre ich meist das Jammern, was das alles kostet und dafür hat man kein Geld. Oh wie arm, wo geht das gesamte Geld hin, welches eingenommen wird? Vielleicht für das Privatvergnügen des Hoteliers, ein schickes Auto, tolle Urlaube, fürs Golfspielen und die Freundin? Frech, nein nur grundehrlich.

Es muss nicht teuer sein, es braucht Ideenreichtum

Natürlich habe ich Verständnis dafür, dass es dem einen oder anderen nicht gut geht. Das kann man ja ändern und ich sehe es meist, wo ich hinkomme, wie viel Potential in jedem Hotel vorhanden ist. Ressourcen, die nicht genutzt werden, weil man vor Betriebsblindheit buchstäblich erschlagen ist. Darum ist ein Erfolgsproduzent von Nöten, der neue Ideen ins Haus bringt und darauf achtet, dass diese schnell umgesetzt werden.

Hier ein Input, aus meiner Schatzkammer

Ihre Anlage sieht ein wenig öde aus, seit Jahren oder Jahrzehnten unverändert. Änderung tut not, nur wie vorgehen? Sie haben verschiedene Möglichkeiten. Sie setzen sich mit Ihren Leuten an einen Tisch und basteln was. Zweite Variante, Sie holen sich Spezialisten. Ich bin für den berühmten Königsweg, der kostengünstig ist. Bieten Sie Studenten, welche das Fach studieren, die Möglichkeit, an einem Wettbewerb teilzunehmen.

Wettbewerb für Studenten

Studenten freuen sich und gehen mit Begeisterung ans Werk. Engagieren Sie mehrere Studenten und wer gewinnt, bekommt den Auftrag, es in die Praxis umzusetzen. Wer auf Platz 2 und 3 landet, erhält von Ihnen ein Wochenende mit Begleitperson inklusive Abendessen. Die anderen Teilnehmer erhalten jeweils ein Abendessen. Sie werden erstaunt sein, mit welch kreativen Ideen junge Menschen ans Werk gehen. Ich bin immer fasziniert und derart günstig, kommen Sie nie mehr zu einigen Plänen. Ihre Aufgabe ist es zu entscheiden, welche der Ideen Sie annehmen.

Sie können die Geschichte durch den Bürgermeister toppen

Sie wissen ja selbst, mit der Gemeinde oder der Stadt sollte man sich gut stellen. Ich würde hingehen und den Herrn oder die Frau Bürgermeister in die Jury einladen. Das macht sich gut, die Herrschaften fühlen sich geehrt und Sie haben eine weitere Meinung.

Weitere Jurymitglieder

Das Spiel geht noch weiter, machen Sie einen Wettbewerb für Ihre gesamten Kunden, mit ein paar Fragen. „Hallo lieber Stammgast, wir sind gerade dabei, unsere Außenanlage neu zu gestalten und würden Sie gerne als unseren Gast mit involvieren. Wir freuen uns sehr über ihre Ideen. Sie können dabei folgendes gewinnen.........!“ Dies ist ein kleiner Einblick, Sie glauben ja gar nicht, wie gerne die Stammgäste mit dabei sind und sich freuen, ein paar schöne Preise zu gewinnen. Die drei Besten laden Sie in Ihr Haus ein und dann tagt die Jury.

Nehmen Sie Ihr Team mit dazu

Da das gleiche Spiel, wie bei den Kunden. Das hilft Ihnen in zweifacher Hinsicht. Erstens bekommen Sie neue Ideen aus Ihrem Team, die das Haus gut kennen. Zweitens hilft es Ihnen zu erkennen, wer wirklich mit Herzblut dabei ist und am Hotel, an seiner Betriebsstätte Interesse hat. Ich kann Ihnen eines versichern, Sie werden erstaunt sein. Von den Menschen, wo Sie es nie erwartet hätten, kommen wunderbare Vorschläge. Von denen, wo Sie sich sicher waren, kommt nichts oder wenig. Ein spannendes Experiment, ich erlebe das oft und es hilft Ihnen als Chef, die Weichen neu zu stellen. Es geht nichts über eine hohe Loyalität der eigenen Firma gegenüber.

Es macht Spaß und bringt Lebensfreude

Ich hoffe, Sie können beim Lesen dieser Zeilen den Spirit erkennen und spüren. Das gibt eine andere Bindung an Ihr Haus, Sie können es auch über Newsletter kommunizieren. Je intensiver wir unsere Gäste mit involvieren, desto größer die Bindung. Beschreiten Sie deshalb öfters neue Wege. Machen Sie es anders als bisher und Sie haben dadurch mehr Lebensfreude und –spaß.

Mit dem Gebäude dasselbe Thema

Lassen Sie das Gebäude in neuem Glanze erstrahlen. Das ist mit wenigen Mitteln zu bewerkstelligen und bringt ein total anderes Aussehen. Gehen Sie da vor, wie beim Außengelände. Ein Hauch neue Farbe, neue Beleuchtung und es passt. Lassen Sie Ihr Haus aufblühen und seien Sie bitte kreativ.

Lassen Sie sich helfen

Das ist das Thema, lassen Sie sich helfen. Alles alleine machen zu wollen ist töricht, kostet unnötig Zeit und Energie. Denn Sie können nicht den Blick wie Spezialisten, von außen haben. Nehmen Sie noch einen externen Berater dazu. Ich erlebe das oft, da werden für die Infrastruktur Millionen ausgegeben und für einen Erfolgsproduzenten ist kein Geld vorhanden. Nach dem Motto von „Alles unnötig, brauchen wir nicht!" Ein Erfolgsproduzent, der sich auf Hotels spezialisiert hat, kennt 1.000-ende von Hotels, die er im Laufe seines beruflichen Lebens begleitet hat. Dieser kann Ihnen Perspektiven aufzeigen, die helfen, dass Ihr Haus eine wesentlich bessere Auslastung erreicht.

Für Sie als Hotelgast

Tja, was haben Sie lieber Hotelgast damit zu tun? Das ist die Frage, Sie könnten es wiederum kommunizieren, wie Sie das Ganze sehen würden. Vielleicht haben Sie ja ein paar Ideen, dann teilen Sie es dem Hotel mit, was man ändern könnte. Ob es etwas hilft, weiß man natürlich nicht. Wichtig ist dabei, dass Sie nicht enttäuscht sind, wenn es nicht klappt.

Möchten Sie sich die Zeit nehmen

Ich bin gut 80% meiner Zeit unterwegs und damit auch in Hotels. Einmal in den Häusern, die ich betreue und zu noch mehr Erfolg führe. Manchmal aber als normaler Gast und da sage ich in der Regel nichts, weil sich doch niemand angesprochen fühlt.

Eingangshalle und Rezeption

Diese beiden Komponenten fasse ich zusammen. Der Gast fährt vor, oder hat sein Auto geparkt, jetzt betritt er die heilige Halle. Ich hoffe, es sind heilige Hallen, durch einen Wow-Effekt. Kennen Sie den berühmten Wow-Effekt? Du kommst rein und siehst die Pracht, das Wohlfühlambiente, dass du sagst „Da lasse ich mich häuslich nieder, hier fühle ich mich wohl."

Für Sie als Hotelier

Keine leichte Aufgabe für Sie als Hotelier, das alles zu managen, im Blick zu haben und daraus eine Meisterleistung zu machen. Nachdem es bis hierher überall gestimmt hat, von der Buchung bis zur Anfahrt, muss es nun weiter gehen. Lassen Sie bitte Ihre Gäste nicht im Stich, durch eine öde, einfältige Hotelhalle mit Rezeption. Es gibt keine zweite Chance, für den ersten Eindruck.

Viele Hallen haben den Charme einer Bahnhofshalle

Kalt und öde präsentiert sich die Lobby, mit einer oftmals halb verwaisten Rezeption. Ich frage mich, wer konnte so etwas planen und noch schlimmer, wer hat dafür Geld freigegeben? Geschmäcker sind sicherlich verschieden, aber manche daneben.

Wie sieht es bei Ihnen aus

Haben Sie einen Vergleich mit anderen Hotels gezogen? Sie sollten sich stets an den besten Ihrer Sternegruppe messen. Niemals an den schlechteren, darauf höre ich leider die Aussage „Tja, wenn ich da andere anschaue, ist es bei uns richtig schön." Das ist eine schlechte Ausgangsbasis und derart darf man nicht operieren. Orientieren Sie sich stets nach oben, da liegen Sie richtig, haben den nötigen Sog, um eine Änderung einzuleiten.

Kann man sich in Ihrer Lobby überhaupt aufhalten

Das ist eine gute Frage, denn in den meisten Lobbys ist es äußerst unangenehm, klein und womöglich nur mit ein paar Stühlen versehen und kalt. Eine Lobby sollte eine bestimmte Größe haben, wo man sich für einen längeren Zeitraum hinsetzen und sich wohlfühlen kann. Die Lobby ist ein Ort des Treffens, der Kommunikation und da sollte es passen.

Wie schaut es mit Ihrer Rezeption aus

Da gibt es wunderschöne Rezeptionen, mit traumhaftem Ambiente. Sind einige Mitarbeiter hinter dem Tresen und sorgen für einen schnellen, reibungslosen Ablauf. Das Gegenteil davon ist, eine kleine Rezeption, eine Person und bei zwei drei Hotelgästen fängt die Warterei an. Das darf heutzutage nicht mehr sein. Die Rezeption muss groß sein, dass mehrere Leute bedient werden können und das Team muss vorhanden sein.

Einige von Ihnen werden behaupten, ich habe gut reden

Natürlich habe ich gut reden, weil ich oft herumkomme und einiges in meinem Leben gesehen habe. Schöne Dinge, wunderschöne aber auch erschreckende, so schlimm sogar, dass ich da in meinem Leben nie wieder hin muss.

Möchten Sie so zu Hause leben, lieber Hotelier

Wenn Sie diese Frage mit „Ja" beantworten können, herzlichen Glückwunsch. Entweder haben Sie ein tolles Hotel oder vielleicht auch keinen Geschmack. Ich vergleiche die Lobby und Rezeption, mit einem großen Wohnzimmer. Das muss Behaglichkeit ausstrahlen und der Gast muss sich wie in den eigenen vier Wänden fühlen. Wenn es so schön ist, dass die Gäste in der Lobby verweilen, kann man sagen das Hotel lebt.

Haben Sie ein taffes Team an der Rezeption

Menschen, die zügig sind, Spaß an der Arbeit haben und Ihre Gäste lieben? Menschen, welche die Sprache beherrschen und in den verschiedensten Situationen cool und souverän bleiben? Wenn ja, herzlichen Glückwunsch, denn die Rezeption ist die Visitenkarte des Hauses. Andernfalls müssen Sie unverzüglich eine Änderung einleiten.

Bereiten Sie jedem Gast einen herzlichen Empfang

Das ist das Mindeste, was man erwarten kann und was da passiert, ist oft das Gegenteil davon, der Gast als störendes Element. Das macht sich nicht gut und da ist es für Sie als Hotelier erforderlich, dass Sie die besten Leute im Rezeptionsdienst einsetzen. Keine Aushilfe oder sogar einen Lehrling, in den ersten Tagen seiner Ausbildung. Das kann nicht gut ausgehen, denn spätestens, wenn der Gast ein paar außergewöhnliche Fragen und Wünsche hat, war es das. Inkompetenz lässt grüßen! Wie oft haben Sie sich schon über Inkompetenz geärgert?

Trainieren Sie Ihre Rezeptionsleute

Man kann wirklich sagen, dass die Crew an der Rezeption einiges abbekommt. Die Gäste, die anreisen, teilweise sogar Stress während der Autofahrt hatten, in der Firma, beim Kunden, zu Hause, mit all diesen Dingen wird Ihre Mannschaft konfrontiert. Hinzu kommen die Gäste, welche bereits im Hause sind, wo vielleicht eine gewisse Unzufriedenheit sich breitmacht. Da gilt es eine hohe, soziale Kompetenz an den Tag zu legen und stressresistent zu sein. Sonst geht man in der Position zügig baden.

Für Sie als Hotelgast

Wie geht es Ihnen, wie fühlen Sie sich, wenn Sie anreisen? Haben Sie ein heimeliges Gefühl oder ist es eher mühsam? Es ist einfach, da wo Sie sich wohlfühlen, werden Sie verweilen. Wo das Gegenteil der Fall ist, werden Sie lieber abreisen. Stehen Sie in erster Linie zu sich, das ist in jeder Hinsicht wichtig und elementar. Das gibt Ihnen ein sehr gutes Gefühl und eine innere Zufriedenheit.

Buchen Sie nur noch da, wo Sie sich wie zu Hause fühlen

Ich bin ein absoluter Gegner der Meinung, ach ich schlafe doch eh nur im Hotel, da spielt es keine Rolle. Das Gegenteil ist der Fall, Sie müssen sich absolut wohlfühlen, es muss Ihnen supergut gehen, mein Tipp dazu

„Es muss mir sogar besser gehen, als zu Hause!"

Das ist die optimale Ausgangsbasis, dass ich mich in meiner Haut wohlfühle. Folglich darf ich nichts dem Zufall überlassen.

Hotelkorridor

Welch ein Graus, oft lange und schmale Flure, dunkel, fast zum Gruseln. Nach Möglichkeit, mit dunklem Teppichboden und seit geraumer Zeit keine frische Farbe gesehen. Da kommen tolle Heimatgefühle auf. Man ist als Gast heilfroh, so schnell wie möglich vom Lift ins Zimmer eilen zu können, um schleunigst die Türe hinter sich zu schließen. Das kann nicht Sinn der Sache sein, es soll ein Wohlfühlhotel und nicht ein Fluchthotel sein.

Für Sie als Hotelier

Was haben Sie vor? Wo soll es mit Ihrem Hotel hingehen? Was sind Ihre Intentionen? Danach richtet sich das Engagement. Ich habe öfters erlebt, dass Hoteliers sich bitterlich beklagen, weil es nicht läuft. Bei näherem Betrachten sind diese selbst schuld, weil ihr Produkt nicht stimmt. Wenn Sie jetzt hingehen und sagen, ich lasse das Hotel ausbluten, wäre es Blödsinn, weiter Geld reinzubuttern. Da schöpft man ab, was geht und Schluss. Soll der Laden weiterhin Bestand haben, muss man dranbleiben. Da lohnt es sich bereits, im Kleinen anzufangen.

Flure aufpeppen

Wenn Sie kritisch betrachtet eine ähnliche Situation bei sich vorfinden, müssen Sie nicht alles auf einen Schlag ändern. Der erste Schritt ist, es zu erkennen. Danach folgt die Planung, wann was gemacht wird. Es müssen nicht Handwerks-Firmen vor Ort sein. Oft lohnt es sich, Allrounder als Handwerker einzustellen und sukzessive alles zu renovieren. Ein neuer Farbanstrich, eine andere Beleuchtung und ein neuer Boden, ergibt ein total anderes Bild.

Kleine Tische

Lange und schmale Flure müssen mit kleinen, netten Tischen oder

Bildern unterbrochen werden. So kommt dieses Tunnel-/Flucht-syndrom nicht auf. Die Stopper können Tagesnews, Zeitungen und Blumen enthalten. Vielleicht ein paar Nüsse oder frische Äpfel, das macht es familiärer. „Wir sind ein reines Businesshotel und haben mit Familien nichts am Hut" ist ein gerne verwendetes Argument. Ich dachte bis dahin immer, dass Geschäftsleute auch Menschen sind. In diesem Falle sind das wohl eher Leute, die man schnell melken kann. Frage ist, wie lange noch?

Wandmalereien oder Bilder

Da gibt es tolle Künstler, die Wände verschönern oder Bilder bei Ihnen ausstellen. Das muss kein Vermögen kosten. Geben Sie einem Nachwuchskünstler die Chance, sich bei Ihnen zu verwirklichen. Wo steht es geschrieben, dass alles auf rein monetärem Weg zu geschehen hat? Nirgendwo, oder? Künstler sind froh, wenn sie ihre Bilder oder sonstige Kunstwerke ausstellen dürfen. Geben Sie den Leuten eine Chance und machen Sie daraus gleich eine Vernissage, sodass zusätzlich Bewegung rein kommt und Sie eine gute Presse haben.

Lichtquellen

Düster und dunkel ist der Eindruck. Da wird mit reiner Dunkelheit gearbeitet. Strom kostet ja immens viel Geld, folglich sparen wir an der Beleuchtung. Ist weiters nicht tragisch, wenn der Gast im Halbdunkeln rumfummeln muss, bis er den Schalter gefunden hat. Ein wenig besser die Bewegungsmelder, aber was nützt es, wenn diese so kurz eingestellt sind, dass sie gleich wieder ausgehen. Gast öffnet seine Zimmertüre, ist noch nicht richtig drin, geht draußen im Flur das Licht aus. Da lassen wir es doch bitte ein wenig länger brennen. Wieso müssen es die billigsten Lampen sein. Ein kaltes Licht macht es nicht behaglicher. Hier gibt es Lichtstudios, welche Sie gerne beraten. Das sind teilweise richtige Lichtspezialisten, die sich super auskennen.

Holen Sie sich die Spezialisten ins Haus

Anstatt alles auf dem vermeintlich billigsten Weg, in diesen unpersönlichen Märkten einzukaufen, lassen Sie es von einer Firma bringen, testen Sie es vor Ort. Dadurch können Sie sofort erkennen, ob es passt. Denn diese ewige Sparerei, weil da eine Lichtquelle etwas billiger ist, bringt nicht unbedingt eine hohe Wohnkultur und schon gar keine Gemütlichkeit. Letztlich zählt nur das Wohlfühlambiente für den Kunden.

Für Sie als Hotelgast

Was sind Ihre Ansprüche? Wo fühlen Sie sich wohl? Ist es für Sie eklig, sogar gruselig? Wie lange bleiben Sie im Hotel? Wieso gehen Sie dahin? Fragen, die helfen es deutlich zu erkennen und seine Bedürfnisse abzuklopfen. Wir sind uns gegenüber verpflichtet, möglichst genau auf die eigenen Ansprüche einzugehen. Tun Sie es und Sie werden in Ihrem Leben glücklich und zufrieden sein.

Ich habe Hotels, wo ich nie mehr in meinem Leben hingehe

Da können Sie 1.000%-ig sicher sein, nicht einmal gratis. So bin ich mir hundertprozentig sicher, dass Sie auch solche Momente in Ihrem Leben kennen. Da bin ich aber erstaunt, mit welch stoischer Ruhe viele Menschen nach wie vor an denselben Ort des Schreckens zurückkehren. Diese beklagen sich fürchterlich, und wenn ich sie frage, wieso dasselbe Hotel. „Tja, wo sollen wir sonst hingehen, hier kennen wir uns aus!“ solchen Menschen ist definitiv nicht zu helfen.

Denken Sie an sich

Das kann ich Ihnen als Hotelgast nahe legen, denken Sie bei allem was Sie tun, an Ihren Wohlfühlfaktor. Wenn ich irgendwo hingehe und mich wie zu Hause oder noch besser fühle, geht es mir gut, bin ich in Harmonie und dadurch leistungsfähiger. Egal, wieso Sie ins Hotel müssen, ob beruflich oder privat, wenn es eine Oase der Ruhe ist, passt es.

Die Zimmer

Was für eine Katastrophe, einige sind in einem Zustand, das gibt es fast nicht. Runtergewohnt, Flecken auf alten Teppichen, diese wiederholen sich auf dem Stuhl, auf Sesseln. Ecken von Möbeln abgeschlagen und als Krönung durchgelegene Matratzen, die das Wort Schlafstätte nicht verdienen. Im Bad der blanke Wahnsinn, halb blinde Spiegel, Toiletten mit Urinstein, verkalkte Fliesen, Stockflecken an den Wänden. Abgescheuerte Badewannen und Duschkabinen, zu allem Elend oft verkalkt. Hier soll der Gast wohnen? Sich wohlfühlen, zufrieden sein und möglichst wieder kommen?

Für Sie als Hotelier

Wenn das bei Ihnen nicht der Fall ist, herzlichen Glückwunsch, dann haben Sie als Hotelier alles richtig gemacht. Gehören Sie zu den Innovativen, die stets etwas in ihr Haus investieren. Sie kennen sich aus und wissen um die Materie. Renovierungs-Stau ist für Sie ein absolutes Fremdwort, Sie reinvestieren permanent. Bevor Vater Staat Geld bekommt, wird lieber ins Hotel investiert. Das kommt zigfach auf Sie zurück. Aber leider checken das einige Hoteliers nicht und deswegen stehen im ganzen Land Ruinen herum, die darauf warten, eines Tages geschlossen zu werden.

Die Lage

Die Lage der Zimmer gleicht oft einer reinen Katastrophe. Es gibt tatsächlich Zimmer, die liegen über der Küche und da direkt an der Abzugshaube. Oder im Hof sind die Mülleimer für die Küchenabfälle. Welche wohlriechenden Düfte da ins Zimmer strömen, zuzüglich des Lärms, wenn zu später Abendstube die Mülleimer gelehrt werden. Zimmer, die auf den Parkplatz hinausgehen. Andere direkt über dem Restaurant mit Terrasse, auf der man es mit der Sperrstunde nicht genau nimmt.

Alles wunderbare Dinge, damit der Gast sich wohlfühlen kann. Natürlich gibt es solche Zimmer, die kann man sicherlich nicht schließen. Frage an Sie lieber Herr Hotelier „Haben Sie Ihre Gäste bei der Buchung darauf aufmerksam gemacht, um welche Zimmer es sich handelt?“ Ich glaube wohl kaum, nach dem Motto „Wir können es ja versuchen, die meisten Gäste sagen eh nichts!“ Diejenigen, die den Mund aufmachen, nun denn, die werden wir in ein anderes Zimmer umquartieren. Diese Politik wird leider oft gefahren. Denken Sie daran, die Mehrzahl der Menschen ist es noch nicht gewohnt, sich zu beschweren. Also erdulden sie das Ganze und kommen nie wieder.

Die Größe

Klar ist meistens alles drin. Ein Bett, ein Stuhl, ein Schrank und das war es oftmals. Gerade so, dass Sie als Gast mit Mühe reinpassen. Das war früher sicherlich kein Problem. Da waren die Menschen dankbar, überhaupt auf Reisen zu sein und froh eine Bleibe über Nacht gefunden zu haben, diese Zeiten sind längstens vorbei. Sollten Sie lieber Hotelier noch im Besitz von solchen Besenkammern sein, teilen Sie das bitte Ihren Gästen bei der Anfrage mit. Das ist fair, auch mit der Lage, verärgern Sie nicht Ihre Gäste.

Die Ausstattung

Aus diesem Jahrhundert, dem letzten oder neuzeitlich? Oft nicht definierbar, nur dass die alten Klamotten schon ewig da sind und somit die schlimmsten Stilrichtungen. Diese billigen und schäbigen Spannlakendinger, oft in einem erbärmlichem Zustand. Würden Sie so wohnen lieber Hotelier? Ich glaube nicht, wieso Ihre Gäste? So verhält man sich nicht, wenn man zum Erfolg gelangen will. Für die Gäste ist das Beste gerade gut genug, dies ist die Ausgangsbasis. Und wenn nein, gebietet es der Anstand, die Kunden hinzuweisen. Langfristig gesehen, wird das ein unrühmliches Ende nehmen. Denn neue Mitbewerber stoßen auf den Markt und betreiben eine klare Politik der Marktverdrängung.

Blumen

Was ist das? Völlig unnötig und was bringt es überhaupt, außer Dreck und zusätzlich einen Haufen Arbeit? Darauf wollen wir lieber verzichten. Schade, Blumen sind Leben und es gibt nichts Schöneres, als in einem Zimmer zu leben, wo buchstäblich Leben herrscht. Der Horror sind Hotels mit Plastikblumen. Das ist mit die größte Verfehlung, die man sich denken kann. Mit wie wenig Mitteln, man eine blumige Oase schaffen kann, beweist ein Hotel hier in der Nähe. Eine Pracht an Pflanzen und schlussendlich nicht teuer zu Händeln.

Eine Aussage hierzu „Blumen und die Pflege sind zu teuer“ das stimmt nicht. Dieser besagte Hotelier hat zu seinem angestammten Geschäft, einen Blumengroßhandel angemeldet und kommt dadurch in den Genuss von günstigen Einkaufspreisen. Dann beschäftigt er einen Nachmittag lang, jede Woche eine Floristin, die im Mutterschaftsurlaub ist. Ihr macht es Spaß im Beruf zu bleiben, nebenbei etwas zu verdienen und das Hotel ist wunderschön dekoriert. Mit ein wenig Kreativität und Inspiration lässt sich einiges bewerkstelligen. Wie heißt es „Einfach nur tun!“

Das Mobiliar

In der Einleitung haben wir das Thema bereits gestreift. Es gibt in der Tat Möbel und Möbel. Solche, in denen es Spaß macht zu wohnen und solche, na ja....! Klar kann man nicht immer alles neu möblieren. Aber es gibt eine simple Regel, nach einigen Jahren sind diese Einrichtungen amortisiert und weisen Gebrauchsspuren auf. Folglich sollte man von jeder Übernachtung einen minimalen Betrag auf einem Extrakonto anlegen, damit man Erneuerungen vornehmen kann, das wird leider verpasst. Da wird lieber drauflos gelebt, ohne daran zu denken, dass man der Kuh, welche man permanent melkt, ab und zu etwas zu fressen geben muss, sonst funktioniert es nicht. Ihre Kunden müssen sich wohlfühlen können, denn sie verbringen einige Stunden im Zimmer.

Teppiche

Oder ähnliches, Gebrauchsspuren ohne Ende. Nicht unbedingt anmachend, darauf mit nackten Füssen zu laufen. Wer weiß, wann der Teppich das letzte Mal schamponiert wurde? Schade, denn hier kann man nachhelfen. Los geht es mit einer qualitativ hochwertigen Ware. Dieser unempfindliche und hochwertige Teppich gehört gepflegt und dadurch hat man Jahre Freude daran. Aber irgendwann ist die Lebensdauer zu Ende und es muss ein neuer Belag her. Hinzu kommt der hygienische Aspekt, welcher nicht außer Acht gelassen werden darf.

Betten

Im Grunde genommen eines der größten Dramen. Der Mensch verbringt gut ein Drittel seiner Zeit im Bett. Genau für das wird am wenigsten ausgegeben. 98% der Menschheit klagen über Rückenschmerzen und kommen selten auf die Idee, dass das mit der Schlafstätte zusammenhängen könnte. Die Nacht ist zur Regeneration da, das ist die Hauptausgangsbasis und danach sollte sich jeder richten. Was die Menschen Zuhause machen ist eine Sache, wichtiger ist es, was Sie im Hotel machen, Ihren Gästen anbieten. Wenn Ihr Gast ruhig schläft, sich dabei regeneriert, morgens fröhlich zum Frühstück erscheint, ist das bereits die halbe Miete.

Die Grundregel für Betten

Die Grundregel für ein Bett, es braucht eine Mindestgröße und da hapert es häufig. Betten mit einer Länge von 1,80 Meter oder 1,90 Meter sind eine Frechheit. In unserem heutigen Zeitalter, wo die Menschen immer größer werden, die Männer fast alle sich über 1,80 Meter bewegen. Da bleibt nichts anderes übrig, als die Füße über den Rand hängen zu lassen oder sich einzukringeln. Das scheitert oft an der Breite des Bettes. Da wird noch mit den Maßen 80/90 cm operiert. Die Zeiten, wo man halbsitzend geschlafen hat, gehören zum guten Glück der Vergangenheit an.

Wir sind doch nicht im Lazarett

Müssen wir das unseren Gästen antun? Dann zur Qualität der Matratze, weich, durchgelegen, ein Hauch von nichts. Wenn jemand ein wenig schwerer ist, die Tendenz ist steigend, liegt er fast unten auf dem Lattenrost. In dieser durchgelegenen, zusammenkauernden Stellung, soll sich Ihr Gast erholen? Das kann nicht Ihr Ernst sein? Erste Priorität, Ihre Gäste müssen eine vernünftige Unterlage haben. Kreuzlahme Gäste werden kaum zu Wiederholern werden. Da sagt mir mancher Hotelier „Ich verstehe das nicht, ich habe Zuhause dieselben Betten!" Nun denn, wenn einem das nichts ausmacht, ist es eine Sache. Hier geht es jedoch um die Gäste. Mit Sicherheit haben nicht alle schlechte Matratzen.

Alle paar Jahre eine neue Matratze

Das ist das Mindeste und da bin ich meist erstaunt. Die Menschheit gibt für alles Geld aus, nur für das Bett, wo man einen Teil seiner kostbaren Lebenszeit verbringt, da scheint nichts übrig zu sein. Da wird lieber alle paar Jahre ein neues Wohnzimmer gekauft. Genauso machen es einige Hoteliers, da sind noch Matratzen aus dem letzten Jahrhundert vorzufinden.

Eine härtere Matratze

Das ist der absolute Trend und diesem sollten Sie sich bitte anschließen. Die Menschen werden schwerer und da braucht es stabilere Unterlagen. Sonst haut das nicht hin und sollte man tatsächlich zu geizig sein, was häufig vorkommt, halten Sie wenigstens ein paar Bretter bereit. Diese können Sie dem armen Gast zur Verfügung stellen. Aber bei einigen funktioniert noch nicht einmal das. Eine völlige Ignoranz, mit oftmals blödem Lachen der Leute an der Rezeption. „Wie ein Brett, für was denn........., sind Sie ein Fakir?" Hahahahahah............! Wie witzig, oder? Nein ich bin kein Fakir, ich bin ein normaler Mensch, der in Ruhe und Frieden erholsam schlafen möchte.

Hotelketten sind besser

Das erlebe ich oft, dass manche Hotelketten anders vorgehen und in der Regel einen höheren Standard haben. Darum fragen Sie ruhig bei der Reservierung nach, wann die Zimmer das letzte Mal renoviert und die Matratzen ausgetauscht wurden? Das wird spannend und dies kann ich den Buchenden nur ans Herz legen. Tja, lieber Hotelier, ich denke Sie werden mich immer inniger lieben und schätzen, kann das sein? Es ist aber höchste Zeit, dass solch ein Werk auf den Markt kommt, um endlich für Aufklärung zu sorgen. Sie haben es buchstäblich in Ihrer Hand, zu welcher Gruppe Sie gehören möchten.

Stoffe

Welch schöne und harmonische Farben gibt es da. Wie verheerend schaut es oft aus? Stoffe und deren Farben, die kaum zusammenpassen. Anstatt Wärme und Nähe zu vermitteln, Eiseskälte. Alles düster in düster, wenn ich da an manche Tagesdecken denke, grau oder ein undefinierbares Grün. Wo kommt dieser Geschmack her? Auch das mag zu Beginn der Hotellerie, nach dem zweiten Weltkrieg, in den Sechzigern, wo langsam das Reisen aufkam, nicht von großer Bedeutung gewesen sein. Heutzutage ein Ding der Unmöglichkeit und da höre ich häufig

„Bis jetzt hat sich noch keiner unserer Gäste beschwert!"

Was glauben Sie, wie viel Gäste den Mut und die Muße haben, den Mund diesbezüglich aufzumachen? Sie nehmen es zur Kenntnis und das war es. Daraus resultierend die klare Konsequenz, sich so etwas nicht mehr geben zu müssen.

Hilfe holen

Wenn ich als Hotelier mit dem feinen Geschmack Probleme habe, ist das nicht tragisch. Man kann nicht überall gleich gut sein. Das wäre die reinste Katastrophe, wenn alle Menschen dasselbe Feeling hätten. Ihre Aufgabe ist es doch als Hotelier, zur absoluten

Kundenzufriedenheit beizutragen, da haben Sie genug zu tun. Für das Innenleben gibt es erstklassige Dekorateure, die ihr Handwerk verstehen. Das ist sinnvoller, als irgendwas zusammenzustellen.

Die Ehefrau oder Mitarbeiter

Oder was oft gemacht wird, da wird die Ehefrau damit beauftragt. Nichts gegen die Ehefrau, nur die klare und berechtigte Frage, ist das überhaupt ihr Beruf? Hat sie davon eine Ahnung und vor allem das ästhetische Empfinden? Die wenigsten Resultate sprechen davon. Wenn die Ehefrau keine Lust hat, wird oft irgendein/e Mitarbeiter/in beauftragt. Lassen Sie die Leute in ihren Positionen, die sie hoffentlich hundertprozentig beherrschen. Wenn jemand meint, er hätte einen guten Geschmack und es würde ihm Spaß machen, heißt das noch lange nicht, dass dem auch so ist. Sie können das jedoch zügig überprüfen, besuchen Sie denjenigen einmal in den eigenen vier Wänden.

Es gibt Spezialisten

„Einen Innendekorateur zu beauftragen, ist teuer." Woher wollen Sie das wissen? Haben Sie schon welche beauftragt? Leider ein Gerücht, das sich hartnäckig hält. Es gibt junge und dynamische Leute, die sich mit großem Engagement reinknien und das zu erschwinglichen Preisen. Auch hier die Möglichkeit, einen Wettbewerb für Innenarchitekten ins Leben zu rufen oder mit Studenten zusammenarbeiten. Darüber mehr in unseren Top-Schulungen für die Hotellerie oder im Coaching.

Bäder

Bäder oder eher Zumutungen, schwer zu sagen. Aber die Bäder von früher entsprechen nicht dem Stil von heute. Dies gilt es zu erkennen und danach zu handeln. Denn im Bad halten sich die Menschen am zweitlängsten auf. Fliesen, welche eher an einen Schlachthof erinnern, sind sicherlich nicht zeitgemäß. Damals war man glücklich, Räume richtig fliesen zu können. Den Boden und die Wände bis unter die Decke, dies war das Thema, es war schick und verkörperte einen gewissen Reichtum. Da gab es wenig Farben und am besten alles einfarbig. Am Schlimmsten, wenn Linoleum an die Wände und auf den Boden geklebt wurde.

Badewannen

Badewannen, in denen viele gebadet haben, vor lauter gründlicher Reinigung, gelbe Flecken vorhanden sind und dazu abgesplittertes Emaille, dass es fast Selbstüberwindung kostet, da einzusteigen. Ein weiteres Problem sind die zu kleinen Wannen. Wer eine Größe von über 1,60 Meter hat, muss den Oberkörper oder die Füße und Beine beim Baden über den Wannenrand hängen. Ist ja weiters nicht schlimm, spart eine Menge Wasser, und ob sich der Kunde beim Baden erholt, scheint zweitrangig zu sein.

Duschvorhänge

In einigen Häusern, über die alte Badewanne einen Duschvorhang gezogen und wer ein wenig moderner ist, ein paar Glaselemente, ruckzuck ist die Dusche fertig. Die billigsten Duschvorhänge, die es gibt und die sich beim Duschen wunderschön um den Körper schmiegen, das hat doch was. Nun denn, zum Waschen reicht es. Aber ein Erlebnis ist es sicherlich nicht und das ist schade. Ich weiß, was jetzt einige Hoteliers denken „Der hat keine Ahnung, was eine Badrenovierung kostet!“ Natürlich weiß ich das und Sie müssen ja nicht alle auf einen Schlag renovieren. Sondern Bad- oder Etagenweise, aber Sie sollten damit anfangen.

Produkte

Zum Duschen und zur Pflege noch ein paar Kleinigkeiten. Je nach Hotel gibt es verschiedene Lösungen. Meistens ist es die einheitliche Brühe zum Duschen und Haare waschen, vielleicht noch eine Lotion. Das ist zu wenig, es gibt traumhafte Produkte auf dem Markt, beschreiten Sie neue Wege. Zeigen Sie eine höhere Wertschätzung Ihren Kunden gegenüber. Beispiel, reine zertifizierte

Naturkosmetik-Produkte, sind ein super Alleinstellungsmerkmal. Etwas, womit Sie wiederum gut in die Werbung gehen können. Ideal, wenn das mit den Produkten aus Ihrer Wellness- und Schönheitsfarm korrespondiert. Das hebt Sie von all den anderen Hotels ab, ist nicht der Riesenakt, wie häufig angenommen. Wenn Sie die Produkte anbieten, welche es in fast allen Hotels gibt, ist das bereits erneut ein Punkt, wo Sie austauschbar sind.

Eigene Naturkosmetikprodukte

Auch „White Labeling" genannt, wir statten Hotels mit unserer hochwertigen, reinen und zertifizierten Crameri-Naturkosmetik-Serie von Kopf bis Fuß aus. Da kommt das Etikett des Hotels darauf und es passt. Was haben Sie als Hotelier davon, wenn Sie irgendein billiges Produkt nehmen. Nichts und sollten Sie ein Markenprodukt nehmen, genau so wenig, weil es kaufmännisch unklug ist. Ihr Kunde benutzt das Produkt, ist begeistert davon und kauft es vielleicht bei Ihnen im Hotelshop, falls es überhaupt einen gibt. Er wird aber nie wieder in seinem Leben bei Ihnen nachkaufen, weil Produkte von der Stange, wird er überall auf der Welt finden. Wenn Sie aber Ihre eigene Naturkosmetik-Serie haben, wird er die Produkte nur bei Ihnen beziehen können. Merken Sie, wie Sie mittel- und langfristig eine wesentlich höhere Wertschöpfung erreichen? Folglich seien Sie ein Kaufmann und handeln klug und vernünftig, es kostet weniger als Sie denken.

Mini-Bar

Das große Geschäft oder? Wenn für eine Flasche Wasser ein hoher Preis verlangt wird, ist das leicht problematisch. Wieso können die Grundgetränke nicht günstiger sein? Es gibt eine Hemmschwelle, über die die meisten Kunden nicht hinausgehen. Genauso mit der Schokolade, den Erdnüssen oder sonstigen Naschereien. Muss jetzt tatsächlich ein kleines Päckchen Erdnüsse € 2,50 kosten? Ich glaube nicht, denn das Spiel ist einfach, Salziges macht Durst und was passiert dann? Klar, es wird getrunken, und schon passt es wieder. Sie geben in der Bar doch auch Erdnüsse kostenlos zum Drink. Wieso nicht auch in der Mini-Bar eine Packung zum Selbstkostenpreis? Wie oft höre ich da „Ich verschenke nichts, muss doch Geld verdienen." Das ist völlig legitim, nur kommt man mit kleinen und sinnvollen Geschenken wesentlich weiter. In diesem Fall würde es allzumal aufgehen. Denn wenn jemand eine große Packung Erdnüsse isst, und nicht die Babytüten, wird er zwangsläufig Durst bekommen und Ihr Minibar-Umsatz steigt.

Auswahl in der Mini-Bar

Hier kommen mir fast die Tränen, das kann ich Ihnen sagen. Wie armselig die Mini-Bar bestückt ist. Einfallslos bis zum Anschlag, ein Bier, ein Wein, ein Sekt, eine Cola, ein stilles und ein sprudelndes Wasser. Vielleicht noch ein Bitter Lemon, das war es meist. Ein paar Chips, wenn überhaupt, Erdnüsse, eine eklige Schokolade und neuerdings diese Napolitaner-Waffeln. Da vergeht einem im Vorfeld die Lust und sollte man tatsächlich noch etwas Kleines naschen wollen, ist schnell ausgenascht.

Ihre Minibar muss zum Profitcenter werden

Eigentlich bräuchten wir zum Thema Mini-Bar eine eigene Rubrik, das würde aber den Rahmen des Buches sprengen. Darum nachfolgend ein paar Inputs, und wenn Sie Näheres wissen möchten, wie man aus der Mini-Bar ein echtes Profitcenter macht, kontaktieren Sie uns. Ein paar Tipps vorweg, erhöhen Sie unbedingt die Getränkeauswahl und teilen Sie mit, wenn einige Getränke ausgehen, selbstverständlich rund um die Uhr für Nachschub gesorgt ist. Dann stellen Sie bitte einen Korb mit lauter süßen Naschereien und Salzigem hin. Sie werden es erleben, alleine durch diese simplen Maßnahmen wird sich einiges ändern.

Feinheiten

Es sind die kleinen Dinge, die schlussendlich eine große Wirkung haben. Ich erinnere mich an ein süßes kleines Hotel im Süden von

Deutschland. Im Bad standen auf dem Wannenrand eine Gruppe von Enten und ein kleiner Zettel lag da „Wenn Sie baden, nehmen Sie die Entengruppe mit ins Wasser, Ihre Seele wird sich erfreuen und es wird Ihnen gut tun!" Mein erster Gedanke war exakt der, den Sie aller Wahrscheinlichkeit nach auch gerade hegen „Was soll der Quatsch!" Ich habe mir das Badewasser eingelassen, bin eingestiegen und es dauert nicht lange, da war die Entenfamilie bei mir im Wasser. Und wissen Sie was? Es war echt cool, ich fühlte mich in meine Kindheit zurückversetzt und habe mich dabei herrlich entspannt.

Nicht lachen, sondern tun

Bevor Sie das kategorisch ablehnen, testen Sie es. Was soll dabei passieren? Sie können nur gewinnen, und wenn man Mut gefasst hat, macht es Spaß und Freude. Übrigens die kleinen Entlein durfte ich mit nach Hause nehmen. Eine kleine, feine Geste vom Hotel. Dieser Akt kostet wahrlich keine Unsumme. Weitere Inputs zur Angebotserweiterung erfahren Sie in unseren Sonderlehrgängen für die Hotellerie. Verlangen Sie nähere Informationen unter: Tel. 06322-5734 oder crameri@crameri.de.

Fernseher

Das ist die nächste Kiste. Ich sehe kein TV, weil es mich nicht interessiert und für mich eine Zeitverschwendung ist. Ich muss aber schmunzeln, wenn ich diese alten Röhrenfernseher sehe, die es teilweise noch gibt. Da stellt sich mir die Frage „Pennt der Hotelier, hat er kein Geld? Ist er ein Geizkragen?" Das können Sie nicht bringen, heutzutage wo jeder Mensch einen Flachbildschirm besitzt. Und wenn es solch ein Gerät gibt, hat es die Bildschirmgröße von einem Notebook, das ist gewollt und nicht gekonnt.

Musik

Früher gab es diese Kästen direkt am Bett, wo man die Knöpfe drücken durfte. Das ist längstens überholt, wo leben wir denn?

Eine vernünftige Musikanlage gehört heute in jedes Hotel und eine Beschallung im Bad. Was gibt es Schöneres, als bei Musik zu entspannen und sich frisch zu machen. Es braucht eine Auswahl an Sendern oder CD´s, damit jeder Gast sich wieder finden kann.

Für Sie als Hotelgast

Diese Punkte ziehen sich teilweise bis in den fünf Sterne Bereich hinein. Es reicht doch, wenn das eine oder andere nicht stimmt, wirkt belastend. Man kennt es zur Genüge, zehn positive Dinge und ein Negatives, was bleibt hängen, klar doch, das Negative.

Wehren Sie sich

Aus dem Grund lieber Gast, wehren Sie sich mit Händen und Füßen gegen solche Überrumpelungstaktiken. Haben Sie den Mut sofort zu intervenieren. Der Gastgeber ist verpflichtet und es gehört zum guten Berufsethos, Sie als Gast davon sofort in Kenntnis zu setzen, was Sie erwarten wird. Dadurch haben Sie die Chance zu entscheiden, ob Sie damit leben können. Aber doch bitte niemals vollendete Tatsachen, das ist übel.

Fragen Sie nach

Nehmen Sie sich die Zeit nachzufragen. Werden Sie sich im Vorfeld klar darüber, was Sie benötigen. Ab wann es Ihnen in einem Zimmer gut geht. Nach wie vor glauben einige Gäste, ein Zimmer wäre ein Zimmer. Je klarer, desto ruhiger können Sie anreisen, weil Sie die Bestätigung erhalten haben, dass alles stimmt.

Fragen Sie bei der Buchung nach dem Zimmer und der Lage

Oft werden Sie die Antwort erhalten, das können wir nicht sagen. Hotels lassen sich das gerne bis zum Schluss offen, so können sie jonglieren. Und wenn Sie womöglich als letzter Gast anreisen, kann nicht ausgewichen werden, weil häufig alles ausgebucht ist. Bestehen Sie daher darauf, bei der Buchung ein Zimmer zugeteilt zu bekommen. Das geht, genauso wie es in der Schiffsfahrt möglich ist, direkt bei der Buchung, die Kabinen-Nummer zu erhalten. Also bleiben Sie dran und Sie werden mehr Freude erleben.

Fotos oh je, oh je

Ich bin erstaunt, im Internet, in den Prospekten sind natürlich die schönsten Zimmer abgelichtet. Alles aus der besten Perspektive und wenn Sie vor Ort sind und danach suchen, werden Sie es oft nicht finden. Nun denn, passen Sie gut auf sich auf. Oder Sie gehören zu den Menschen, denen alles egal ist, das wäre auch eine Variante.

Restaurant

Restaurants, die den Namen echt verdienen, wo man sich wahrhaftig als Gast fühlen darf. Dann solche, wo es wohl oder übel etwas zu essen gibt. Häufig habe ich erlebt, dass die Gäste abends lieber auswärts essen gehen, weil es nicht nur ungemütlich, sondern das Essen förmlich ungenießbar ist. Hinzu kommt manchmal die Unhöflichkeit des Personals.

Für Sie als Hotelier

Sie haben sich mit einer der schwierigsten Berufe ausgesucht. Fast alle anderen Berufe verlangen nicht diesen Allrounder, welcher in allen Sparten sehr gut sein muss, nun ist es aber so. Sie können nichts daran ändern. Jetzt liegt es an Ihnen, eine Meisterleistung zu machen. Mit Herz und Verstand bei der Sache zu sein, die Dinge mit der nötigen Vehemenz anzugehen und jede einzelne Abteilung zum Erfolg zu führen.

Einrichtung

Wir haben in der Tat alle Facetten. Von gemütlich, urig, kalt, unpersönlich, modern, alt, themenorientiert, ländlich, rustikal und weitere Stilrichtungen. Wie schön, wenn es zum Gesamtbild des Hotels passt, alles aus einem Guss, sodass man sich darin wohlfühlen kann. Aber bei manchen Lokalitäten muss ich mich fragen, wer hat das entworfen?

Raumtemperatur

Von überwärmt, da im Sommer keine Kühlmöglichkeiten, bis hin zur Unterkühlung im Winter. Da werden Lokale gebaut und aus Spargründen verzichtet man auf den Einbau von Klimaanlagen. Zur Lüftung werden die Türen und Fenster in unregelmäßigen Abständen aufgerissen, na bravo, intelligent gelöst. Das Thema wiederholt sich, wenn sich Ihre Gäste nicht wohlfühlen, werden sie woanders hingehen. Genauso die Lokalitäten, wo die Türe direkt ins Freie führt. Das ist klasse, jeder Gast, der kommt oder geht, bringt einen frischen, kalten Luftzug mit. Das Einzige, was man als Gast tun kann, ist zu hoffen, dass wenig los ist.

Der Lärmpegel

Eine Bahnhofhalle ist manchmal angenehmer zu ertragen, weil man irgendwann in den Zug einsteigt und entschwindet. In einem Restaurant verweilt man aber eine geraume Zeit. Wieso ist man nicht imstande, eine Schalldecke einzuziehen. Es kann nicht sein, dass es durch die Hallen schallt. Da geht die Gemütlichkeit rasch verloren. Im Übrigen ist es eine Körperverletzung für die Mitarbeiter, die das aushalten müssen. Als Chef nicht weiters tragisch, da man sich wenig im Lokal aufhält.

Tische

Da gibt es Tische mit Platz, dann Katzentische, wacklige und stabile. Solange es passt, ist das nicht tragisch, aber sauber sollte es sein. Wenn Tischdecken, bitte ohne Löcher, das macht sich nicht gut. Was ich den Hammer finde, Tische werden oft schmuddelig abgewischt. Das heißt, die Reste der Vorgänger sind noch vorhanden. Wie oft ich darum bitten muss, vor dem Bedienen den Tisch zu wischen. Das klappt meist nicht, weil die Reste teilweise verkrustet sind.

Stinkende Putzlappen

Das finde ich die Krönung, haben Sie keine Hygienevorschriften in Ihrem Hause? Höchstwahrscheinlich nicht, sonst würden die eklig riechenden Putztücher nicht über Tage verwendet werden. Ich finde es den Oberhammer, da sitzt du am Tisch, musst die Bedienung darum bitten, den Tisch abzuwischen. Dann kommt diese mit einem Putzlappen, der meilenweit gegen den Wind stinkt. Wenn sie weg ist, ist der Gestank auf dem Tisch. In der Regel gehe ich oder sage ein paar Worte. Nur das fruchtet nichts, hier heißt es leicht eingeschnappt „Der Putzlappen ist frisch!" Jetzt schlagen Sie sich mit dieser Person herum, die keine Soft Skills aufweist, weil der Alte diese auch nicht hat. Wenn es nicht anders geht, gehe ich aufs Klo, hole mir Papiertücher, falls vorhanden. Ich mache diese mit Flüssigseife nass und wische meinen Tisch, unter den erstaunten Blicken der Gäste und des Personals.

Putzlappen für Tisch und Stühle

Da könnte ich auf gut Deutsch die Chefs eine Runde schütteln, dass vielleicht der Verstand zurückkommt. Verzeihen Sie mir diese Ausdrucksweise. Folgendes Spielfeld, der Kellner wischt den Tisch mit dem Putzlappen, mit dem gleichen die Stühle und die Bank ab. Jetzt sagen Sie nicht, dass es das nicht gibt. Ich kann Ihnen ein paar Dutzend Lokalitäten nennen. Ist das nicht eine riesen Schweinerei? Auf dem Tisch sind Fettflecken, diese werden auf den Sitzflächen verrieben. Du kommst als Gast mit einer hellen Hose und hast nachher Flecken am Hintern, wegen der Sauerei. Oder der Gast war, wer weiß wo mit seinem Hintern, dann hast du das nachher auf dem Tisch. Bon Appetit kann ich dazu sagen. Also liebe Hoteliers, zur Not, wenn es so schlimm um Sie bestellt ist, verlangen Sie lieber pro Gast 10 Cents mehr und kaufen dafür ein paar Putzlappen.

Stühle

Einige haben diese Bezeichnung nicht verdient, eher Rückenkiller. Diese sind eine arge Belastung und tragen nicht dazu bei, die Kunden am Platz zu halten. Wenn es unbequem ist, merkt sich der Kunde das und vermeidet das Lokal. Wo sitzen Sie lieber, sicherlich bequem und in Ruhe. Stühle mit einer kurzen Sitzfläche sind ein Graus, vor allem für große oder korpulente Menschen.

Büffet

Traumhaft bis zu gruselig reicht die Palette. Manche Essenswarmhalter sehen dermaßen eklig aus, verdreckt und total verschmiert. Lassen Sie unbedingt einen externen Prüfer zu, der das Ganze in Augenschein nimmt. Der Gast merkt es, ob es sauber und aufgeräumt ist. Die Auswahl von exquisit bis hin zu, na ja ein Magenfüller halt. Den Hammer finde ich die Locations, wo jeden Abend das Gleiche aufgelegt wird. Auf die Frage, was die Nummer soll „Ach wissen sie, für die Küche ist das leichter zu Händeln, vom Einkauf bis hin zur Verarbeitung. Dadurch weiß jeder, wie es abzulaufen hat." Klasse und was ist mit dem Gast? Wohl essen und Klappe halten.

Essen, eine Zelebration

Essen ist weitaus mehr als ein wenig Nahrungsaufnahme, es ist ein Teil des Lebens. Mahlzeiten gehören auf hohem Niveau kultiviert. Das fängt mit der Zubereitung an und zieht sich über die Location, bis hin zum Service. Integres und nettes Bedienungspersonal, welches den Gast als Gast sehen lässt und folglich so mit ihm umgeht. Alles andere kann man vergessen. Denn oft hat man als Gast das Gefühl, dass man stört. Das erlebe ich häufig und vor allem, wenn man abends ein wenig später kommt.

Morgens beim Frühstück Muttis, die das eher lustlos machen. Wenn diese in zweifacher Ausführung auftreten, ist das Bild vollendet. Es wird nicht nur vor dem Kunden gejammert und eine entsprechende Visage gezogen, nein es wird auch gegenseitig das Leid geklagt. Wie kommt das rüber? Furchtbar und ekelhaft, da bin ich als Gast im Hause, habe mit mir zu tun, bin in Gedanken, was ich heute bewältigen muss und dann kommt ein negativer Schwall rüber. Das Gegenteil muss der Fall sein, die Leute müssen fröhlich sein, dass es mich ansteckt, ich dadurch anders und beschwingt in den Tag gehen kann.

Für Sie als Hotelgast

Wenn Sie anreisen, lassen Sie sich nach dem Einchecken das Restaurant zeigen und suchen Sie sich den schönsten Platz aus. Diesen lassen Sie reservieren, entweder beim Service-Personal, falls es noch nicht da ist, an der Rezeption. Das ist Ihre einzige Chance, vorab einen guten Platz zu ergattern, um nicht an einem Katzentisch, nach Möglichkeit noch von Gruppen umgeben, zu sitzen.

Ihr Abendessen

Das dauert in der Regel mindestens eine Stunde und sollte zum Relaxen und Entspannen dienen. Mit Sicherheit meint jetzt der eine oder andere von Ihnen, das kann man nicht machen. Da haben Sie natürlich völlig recht. Sie bekommen ja als Gast alles geschenkt. In solch einem Fall darf man die Ansprüche nicht so hoch schrauben. Was für ein Blödsinn, also tun Sie es. Selbst wenn man Sie dabei ein wenig komisch anschauen wird. Ein gutes und vernünftiges Hotel hat damit überhaupt keine Probleme. Im Gegenteil, Sie werden sogar gelobt.

Als Gast sollten Sie genau wissen, was Sie wollen

Wenn Sie wissen, was Sie wollen, desto klarer können Sie kommunizieren. Eine klare Kommunikation ergibt ein klares Ergebnis, dass was klar ist, führt zum Erfolg. Dies so, dass Sie von sich sagen können „Ja, ich bin sehr glücklich, es geht mir gut!“ Das ist die Mindestanforderung, die Sie an sich stellen sollten.

Ich hasse Katzen- und Durchgangstische

Noch schlimmer als die Katzentische, finde ich die sogenannten Durchgangstische. Da rennen den ganzen Abend die Kellner an Ihnen vorbei, die Gäste strömen rein oder aufs Klo. Je nachdem, wo Sie sitzen, akzeptieren Sie nie so einen Tisch. Hier heißt es dann „Alle anderen sind besetzt.“ Gut dann stehen Sie auf, gehen oder warten, bis etwas frei wird. Ich will mich doch rundherum wohlfühlen und nicht zur reinen Nahrungsaufnahme erscheinen.

Sauberkeit

Was ist denn das? Wir müssen sparen und können nicht extra eine Putzkolonne abstellen, war die Aussage von einem Hotelier. Wieso muss es sauber sein, es ist, wie es ist. Wir müssen alle sparen und Abstriche machen. Wir putzen regelmäßig, ja natürlich lieber Hotelier. Wir könnten alles filmen und bei Youtube hochladen, was halten Sie davon? Mit dem Betreff, Sauberkeit im Hotel XY. Da bin ich mir sicher, dass wir eine hohe Zugriffszahl hätten.

Für Sie als Hotelier

Die Sauberkeit hat in etlichen Häusern stark nachgelassen. Begründung klipp und klar, Personal zu teuer. Man kann es sich fast nicht mehr leisten. Also lässt man eben alles langsam aber sicher zudrecken. Sauberkeit ist das „A und O" zumal täglich Menschen, mit unterschiedlichen Sauberkeitsempfindungen verkehren. Sauberkeit ist keine Tugend, sondern ein absolutes Muss.

Kein Sauberkeitsempfinden

Manche Menschen haben kein Empfinden für Sauberkeit, sehen es nicht. Die laufen vorbei, erst wenn sie darauf hingewiesen werden, nehmen sie es zur Kenntnis und anstatt es sich zu merken, sehen sie es das nächste Mal wieder nicht. Da bleibt nur eines übrig, jemanden der die Sensibilität hierfür hat zu engagieren, die anderen kontrolliert und stets hinterher ist. Oder eben zu wechseln, das ist der nächste gangbare Weg.

Junge Menschen

Schlimm, manche junge Mädchen, die nicht wissen, wie man einen Staubsauger bedient. Dank der modernen Erziehungsmethode werden die Töchter geschont, die Kinder sollen es besser haben. Wer wohl damals auf diese kluge Idee kam und die verbreitet hat? Wenn alle Ideen solch ein Tempo vorlegen würden, das wären traumhafte Werte. Dadurch geschieht es dann, dass wir bald niemanden mehr haben, der dieses Metier richtig beherrscht. Leihfirmen sind auch nicht immer das gelbe vom Ei. Es gibt wohl nur noch eine Chance, so lange zu suchen, bis man jemanden gefunden hat. Diesen hoch zu dotieren und ihn sofort als Kontrolleur einzusetzen, der eine Armada an Menschen kontrolliert, die es mit Putzen versuchen. Mit dieser Vorgehensweise könnte man es langfristig in den Griff bekommen.

Nehmen Sie die Sauberkeit ernst

Lassen Sie es nicht schleifen oder ignorieren Sie es bitte nicht. Das ist die Schlussfolgerung hierauf. Nach dem Motto „Es ist halt, wie es ist!" So darf man nicht durchs Leben gehen. Es gibt Punkte, die sind äußerst wichtig und müssen angegangen werden. Denken Sie daran, Ihre Hotelgäste haben viel Zeit sich umzuschauen. Da höre ich oft „Wenn sie wüssten, wie schwer das ist. Das ist nicht einfach!" Gegenfrage, was ist einfach? Das sind für mich reine Opferstorys. Denn es gibt Hotels, wo man buchstäblich vom Fußboden essen kann.

Sauberkeit in den öffentlichen Bereichen

Unterschätzen Sie Ihre Gäste nicht, die schauen sich hundertprozentig um. Denn es gibt für einen Gast immer Momente der Zeit, wo er warten muss und da lässt er seinen Blick schweifen. Putzen gehört in die höchste Kategorie eines Hotels. Da möchte ich besonders die Scheiben ansprechen. Glasflächen, die vor Dreck nur so strotzen. Viele handhaben es, wie manche Hausfrau. Einmal im Frühjahr und einmal zum Winter hin. Das mag für die eigenen vier Wände zu Hause angehen, aber bitte nicht in einem Hotel.

Sauberkeit in den Zimmern

Oberflächlich haut es als hin, wenn man aber in die Schränke oder unters Bett schaut, wird es einem anders. Wenn ich die Zimmermädchen darauf anspreche, heißt es „Ich habe pro Zimmer nur ein paar Minuten, da schaffe ich das nicht."

Sauberkeitskontrolleur

Es geht nicht ohne Kontrolle, da schätze ich in den internationalen Häusern die Kontrolle, wo vor jedem Gast das Zimmer inspiziert wird. Es gibt Checklisten, welche dem Zimmermädchen und dem Kontroller oder der Gouvernante genannt helfen, es zu überprüfen. Ich weiß, was Sie jetzt am liebsten sagen würden „Kein Geld!" Das ist die größte Lüge, die man in den Mund nehmen kann. Am Personal, am Team zu sparen und dadurch eine schlechtere Qualität an den Tag zu legen, ist echt von übel.

Für Sie als Hotelgast

Toll, wenn man schmutzige Räume vorfinden darf. Noch schöner, wenn auch die Zimmer schmutzig sind. Da können Sie sich niemals wohlfühlen und sei das Hotel noch so günstig. Sauberkeit ist in der Tat das „A und O." Wer dies in den öffentlichen Räumen nicht beherrscht, da können Sie sicher sein, dass es in den anderen Bereichen auch nicht stimmt. Beschweren Sie sich sofort, wenn etwas nicht stimmt. Wenn Sie beim Personal nicht weiterkommen, verlangen Sie die Geschäftsführung.

Stehen Sie zu sich

Selbst wenn das der eine oder andere Hotelier für unmöglich hält, was ich schreibe, dass ich Sie auffordere, sich zu wehren. Tun Sie es, geben Sie dem Hotelier die Chance, es zu ändern, in dem Sie ihm die Möglichkeit bieten, es in Ordnung zu bringen. Manche bekommen es in Griff, andere nicht, weil das Team dermaßen unqualifiziert ist. Das ist aber nicht die Schuld der Leute, sondern der Direktion. Mancher Chef kommt sich nach wie vor, wie der Gebieter vor. Nach dem Prinzip von „Ich teile die Zimmer zu und der Gast kann froh sein, eines zu bekommen!" Muffig, alt und verstaubt, nur ekelhaft und im höchsten Maße unqualifiziert.

Bleiben Sie bei allem als Gast fair

Das möchte ich Ihnen mit auf den Weg geben. Es gibt Spezies, die es sich zur Gewohnheit gemacht haben, sich über alles und jeden zu beschweren. Die reiten mit der Masche, um möglichst etwas geschenkt zu bekommen. Dagegen wehre ich mich klar und deutlich, das tut man nicht. Sie bezahlen gutes Geld und dafür bekommen Sie eine gute Leistung.

Die Mitarbeiter nicht anraunzen

Das gebietet die gute Kinderstube. Sagen Sie es sachlich, was Sie stört. Danach sehen Sie, ob der Gegenüber darauf reagiert. Wenn nicht, verlangen Sie die nächst höhere Instanz. Da kann es passieren, dass in einem kleineren oder Familienhotel niemand da ist. Bestehen Sie darauf, dass der Chef angerufen wird. Die Leute haben immer die Handynummer des Vorgesetzten. Da kommt nicht selten „Oh, da darf ich nur in dringenden Notfällen anrufen!" „Klasse, sehen sie, und genau das haben wir jetzt." „Nee, wegen dieser Geschichte darf ich nicht anrufen, ach Gott das gibt Ärger." „Dann lösen sie bitte das Problem!" „Das kann ich nicht, ich darf das nicht." „Dann rufen sie jetzt bitte an und zwar sofort!" „Nein, ich bitte um ihr Verständnis, ich handle mir sonst Ärger ein." „Ja und was ist mit mir als Gast, ist ihnen das egal?" „Nein, aber was soll ich denn machen?"

So ähnlich läuft es ab, danach kommt die nächste Stufe, die Sie als Gast einleiten müssen. „Mir reicht es langsam aber sicher, sie rufen unverzüglich an!" „Nein, ich habe es ihnen bereits gesagt." „Geben Sie mir den Hörer, ich rufe selbst an!" „Nein, ich darf ihnen die Nummer nicht geben." „Dann wählen sie sofort die Nummer und geben mir den Hörer!" Wenn Sie es mit der nötigen Härte in der Stimme und der entsprechenden Körperhaltung tun, kommt rasch Bewegung rein. Kleinlaut wird die Nummer gewählt, sich beim Chef entschuldigt, dass da ein Gast ist und er gezwungen wurde anzurufen, dann dürfen Sie ans Telefon.

Wenn Sie an Ihr Ziel kommen möchten, seien Sie nett und höflich. „Hallo Frau Müller, das ist aber nett, dass ich sie am Telefon habe. Vielen Dank, dass sie sich kurz die Zeit nehmen." Damit entwaffnen Sie den Gegenüber. Denn mit solch einer Nettigkeit hat er nicht gerechnet. Durch die eigene Adrenalinausschüttung, weil er gestört wurde, dann kommen Sie mit Ihrem Charme. Erklären Sie kurz Ihr Anliegen und bitten um Behebung der Problematik. Oft heißt es „Ich kann jetzt nichts tun!" Dann insistieren Sie, geht es in die Verhandlung, von wegen Preisminderung oder Umbuchung in ein anderes Hotel. Die Verhandlung wird ein paar Minuten Zeit in Anspruch nehmen, es lohnt sich aber, wenn Sie dran bleiben.

Sollte sich der Gegenüber nicht bewegen, teilen Sie ihm lapidar mit „Gute/r liebe/r Frau/Herr ich nehme das zur Kenntnis, sie werden auf alle Fälle von mir hören, das akzeptiere ich nicht. Ich werde es dem Anwalt übergeben, in den Hotelbewertungsportalen und über meine Social Media Kanäle verbreiten. Jetzt werden wir ein paar Video-Clips über die Missstände im Hotel drehen. Ich wünsche ihnen einen super Tag und vielen Dank für das nette Gespräch." Entweder hat der Gegenüber längstens aufgelegt und Sie machen sich ans Werk oder er lenkt ein. Wenn ich das manchen Leuten die unzufrieden sind, empfehle, sagen diese mir „Das kann man nicht machen!" Oh Mann, wie kann man so devot durchs Leben rennen?

Das Personal

Wie heißt es „Das Personal, ist so gut wie der Chef!“ Aber da hapert es häufig. Es liegt am Management, da liegt die Steuerung. Mitarbeiter sind die berühmte Software eines Hotels. Mit ihnen steht und fällt die Geschichte. Darum heißt es aufpassen, damit es funktioniert, denn es ist von allen Seiten ein hoher Anspruch, welcher zu bewältigen ist.

Für Sie als Hotelier

Gutes Personal ist das A und O. Leider wird oft behauptet, es gibt kein gutes Personal. Das ist falsch, es gibt gute Leute auf dem Markt, diese gilt es zu finden, auszubilden, zu engagieren und bei Laune zu halten. Wahrlich kein leichtes Unterfangen. Ich behaupte, es gibt kaum gute Chefs, darin liegt das Hauptproblem. Selbst wenn jetzt der eine oder andere die Hände über dem Kopf zusammen schlägt, wegen der Frechheit, die ich geschrieben habe. Wenn Sie in die Tiefe gehen, erkennen Sie das auch.

Alleine das Wort Personal ist haarsträubend

Personal, wie hört sich das an? Ähnlich wie Leibeigene, die immer zu Diensten stehen müssen. Ich tausche das Wort Personal mit dem Begriff Mitarbeiter aus, noch besser Mitdenker oder Teammitglieder. Ein Mitarbeiter ist einer der mitschafft, ob er dabei mitdenkt, steht in den Sternen. Darum sind mir die reinen Mitdenker und Mitmacher lieber. Wir sind im Hotel ein Team und es gilt für jeden Einzelnen, voll und ganz dabei zu sein. Alles, was dazu dient, den Gast zufriedenzustellen, in die Tat umzusetzen.

Manchmal fraglich

Der Erfolg steht und fällt mit dem Team. Da sind wir mitten beim größten Thema. Was gibt es für Spezies? Teilweise unglaublich, dass Hoteliers diese Leute auf die Menschheit loslassen. Manch einer gehört ins Gruselkabinett oder sonst wohin auf dieser Welt, möglichst fernab. Es gibt Mindestkriterien, die zu erfüllen sind. Sie dürfen niemals als Hotelier eine Ausnahme machen. Das soll keinesfalls diskriminierend sein, sondern die Augen öffnen. Denn wenn der Gast unzufrieden ist, ist er schnell weg und das spricht sich rum. Vor allem in der heutigen Zeit des Internets.

Anlage vorhanden oder nicht

Wie oft höre ich „Das wird schon werden!" Eben nicht, entweder sind bestimmte Anlagen vorhanden oder nicht. Nachträglich diese zu trainieren, ist fast ein aussichtsloses Unterfangen. Es kostet Zeit, Kraft, Mühe und der Gegenüber fällt meist wieder in sein altes Muster zurück. Dies ist das Problem, die Macht der Gewohnheit, das Rennen können Sie niemals gewinnen.

Freundlichkeit ist das Mindeste

Mehr als 80% haben es nicht im Griff. Und wenn, dann oft auf Schmalspur. Wieso kann man den Gästen nicht ein Lächeln schenken und auf sie eingehen? Der Kommentar von den Hoteliers, wir finden keine anderen Leute, ist nicht richtig. Es gibt Menschen, die haben es von Natur aus in sich. Dann gibt es eine zweite Gruppe, diese kann man schulen und die dritte Gruppe, da ist es hoffnungslos, die sind so strukturiert, werden permanent zurückfallen. Es geht schon bei der Einstellung los, jetzt sind Sie als Hotelier gefragt. Wer beim Vorstellungsgespräch nicht imstande ist, bei der Begrüßung zu lächeln, den lassen Sie am besten, wo er ist. Wir sprechen von einem offenherzigen, ehrlichen Lachen, welches von Herzen kommt und direkt zum Herzen des Kunden geht.

Wie wundervoll ist es, von einem Strahlen umhüllt zu sein

Alle Teammitglieder strahlen, sind sehr nett und höflich. Was für eine wundervolle Oase wir da antreffen. Und wie schaut es in den meisten Häusern aus? Genau das Gegenteil ist der Fall, da spricht man als Gast am besten niemanden an. Das würde sofort als Störung, Belästigung betrachtet werden. Die Blicke, die man als Gast durch dieses unflätige Verhalten erntet, sind meist strafend. Lieber Hotelier, schaue dir einmal deine Leute genauer an.

Die Kleidung

Da streiten sich die Götter. Es gibt Hotels, die plädieren für eine einheitliche Kleidung, die vom Hotel zur Verfügung gestellt wird. Der Trachtenlook oder das obligatorische Schwarz/Weiß. Auf alle Fälle sollte es pfiffig sein und angelehnt an die Farb- und Stilberatung. Sicherlich haben Sie davon schon gehört. Jeder Mensch ist von Natur aus einer Jahreszeit zugeteilt. Da gibt es Farben, die lassen die Augen leuchten und andere bewirken das Gegenteil, dazu passend der Stil. Ein Beispiel anhand von Rüschenblusen. Bei einigen Frauen sieht es süß aus und bei anderen lächerlich. Farb- und Stilberatung hilft, den Typ besser herauszuheben.

Kleine Nuancen in der Kleidung verändern einiges

Oft sind es kleine Nuancen, die viel bewirken. Ein passendes Halstuch, als Grenze zur übrigen Kleidung, lässt Gesichter erstrahlen. Und was gibt es für Kunden Schöneres, als in solche Gesichter zu schauen und von diesen bedient zu werden? Lassen Sie sich hierzu unverbindlich aus unserem Hause beraten. Wir bieten seit über 25 Jahren Farb- und Stilberatung an. Wir gehörten zu den Ersten in Deutschland, die das direkt aus Amerika importiert haben. Denken Sie bitte daran

„Kleider machen Leute“

da liegt Wahrheit drin. Sie können das Ganze unterstützen. Aber wie manche in der Gastronomie rumlaufen, das geht nicht, ist ein Ding der Unmöglichkeit.

Das passende Schuhwerk

Wie der Name es sagt, sollte es sich um ein Schuhwerk handeln und nicht um irgendwelche Schlappen. Dass Schuhe sauber zu sein haben, versteht sich von alleine, die Realität sieht anders aus. Hier gehen die Meinungen stark auseinander. Schuhe sollten nicht nur für das Auge da sein, sondern im wahrsten Sinne für die Füße. Was nützt es, wenn Ihre Mitarbeiter durch das Stehen und Laufen fußlahm werden? Nichts, im Gegenteil, durch falsche Schuhe, d.h., nicht Fuß angepasste, kann es zu dauernden Schädigungen der Füße und damit des gesamten Menschen führen. Siehe hierzu mein Buch „Wie gehen Sie mit ihren Füßen um?"

Die Fußstatik geht durch falsche Schuhe kaputt

Durch eine veränderte Statik geht der Druck auf die Knie, auf die Hüften, in den Rücken und schlussendlich ist der Nacken dran. Verbunden mit rasenden Gelenkschmerzen, Füße brennen, sie schwellen an, Knie werden dick, Hüfte schmerzt. Rückenprobleme, was sowieso das Sorgenkind von fast allen Menschen ist, zum Schluss Kopfschmerzen. Die Schuhe müssen vorne breit sein und hinten schmal. Genau, wie der Fuß gebaut ist. Haben Sie Ihre Füße mal angeschaut? Die sind hinten an der Ferse schmal und vorne zu den Zehen hin werden Sie richtig breit.

Durch zu enge und hohe Schuhe ist es genau umgekehrt. Die Ferse ist konstruiert worden, um 90% des Körpergewichtes zu tragen. Die anderen 10% sind für das vordere Quergewölbe vorgesehen. Durch hohe Schuhe verändert sich aber die Gewichtsverteilung und vorne kommt es zum sogenannten Senkfuß. Daraus resultierend der Spreizfuß, und da dieser durch die zu engen Schuhe keinen Platz hat, wandern die Zehen übereinander. Man nennt das Hammer- oder Krallenzehen.

Lieber Hotelier, achten Sie auf das richtige Schuhwerk Ihrer Leute

Ich weiß, dass die Hoteliers abwinken, weil sie damit nichts am Hut haben. Das Problem ist leider, dass sich die wenigsten Gedanken machen. Es wird völlig vergessen, dass wir unsere Gesundheit nur ein Mal haben. Es gibt großartige Schuhe für die Gastronomie, die sich klasse bewährt haben, weil sie genau diesem Bedarf entsprechen. Sie sehen schick aus und tragen das Wohle des Trägers an erster Stelle, geben den Füßen genau das, was diese benötigen. Das kommt Ihnen als Hotelier entgegen, wenn Ihre Leute nach einem langen Tag, fit per pedes unterwegs sind.

Die Haare

Vom engen Diktat bis hin zur völligen Freiheit. Nun denn, es ist eine Geschmacksfrage und hängt nicht von den Mitarbeitern ab, sondern von Ihnen als Hotelier. Sie kennen Ihre Kundengruppe, entscheiden, was geht und was nicht. Das Einzige, was sein sollte, sind saubere Haare, nicht fettige oder strähnige. Das passt nicht in das Business. Genauso wenig wie Haare, die permanent im Gesicht rumhängen und den Träger dazu veranlassen, mit den Händen die Haare zu bändigen. Das sieht komisch aus, wirkt leicht unästhetisch. Stellen Sie sich vor, die Bedienung kommt mit Ihrem Essen und macht sich mit der freien Hand die Haare nach hinten.

Die Sprache

Wie spricht ein Mensch? Klar und deutlich oder irgendein Kauderwelsch in seiner Muttersprache? Dialekte sind schön, nur sollten sie so gesprochen werden, dass Ihr Kunde sie verstehen kann. Nichts Schlimmeres, als irgendein undefinierbares Gelaber, das hört sich nicht gut an. Unter Einheimischen ist das kein Problem. In dem Moment, wo sogenannte fremde Leute dazu kommen, ist das nicht gut. Genauso mit Fremdsprachigen, sie sollten sich zumindest auf vernünftige Art und Weise artikulieren können und mit den Gepflogenheiten auskennen.

Die Ausdrucksweise

Da gibt es die tollsten Dinge, von hochgestochen bis hin zu Bruchstückhaftem. Wobei das Erstere eher seltener zu finden ist. Die Grundanstandsregeln sind das Mindeste und werden leider oft nicht beherrscht. Wörter wie „Bitte, danke, ja gerne, herzlichen Dank, einen schönen Tag, schön, dass sie da waren, u.v.m." scheinen in der Tat unbekannte Wörter zu sein. Wofür werden die Kunden gehalten? Als ein notwendiges Übel? Hier liegt es an Ihnen, als Chef für Ordnung zu sorgen. Aber leider hinterlassen viele Chefs den gleichen Eindruck. Muffig, mies gelaunt gehen sie ihrem notwendigen Übel, welches sich Job nennt nach. Eigentlich haben sie seit geraumer Zeit keine Lust mehr. Sollten Sie sich angesprochen oder besser gesagt angegriffen fühlen, ist wohl etwas Wahres dran, sonst würde es Sie nicht berühren. Sie würden es zur Kenntnis nehmen und bestätigen können, weil es das tägliche und tatsächliche Leben ist.

Ich werde mich bestimmt nicht ändern

Wie sagte vor einiger Zeit ein Hotelier „Wegen ihnen, werde ich mich bestimmt nicht ändern!" Das hat mich zum Lachen gebracht, denn es geht nicht um mich, sondern um Sie als Hotelier und Ihren Erfolg. Meine Aufgabe ist darauf aufmerksam zu machen. Was Sie daraus machen, liegt in Ihrer Hand. Gedanken, Inputs und Anstöße, vielleicht bei sich zu suchen. Das Leben in die eigenen Hände zu nehmen und sich nicht von äußeren Umständen abhängig machen. Sie verursachen doch stets Ihre Umstände und Lebenssituationen. Sie haben Tag für Tag die Chance, es zu ändern. Änderung heißt Verantwortung tragen und nicht angreifen. Wie lautet der Spruch „Getroffene Hunde bellen!" Sie überprüfen, was Sie für gut halten, das setzen Sie um, alles andere werfen Sie aus dem Fenster, es soll Sie auf keinen Fall belasten.

Die Gestiken

Woher stammt der Mensch ab? Sie wissen schon, was ich damit meine und so kommt es mir häufig vor. Wieso trainieren Sie nicht mit Ihrem Team? Was nützen die schönsten Worte, wenn die Körperhaltung etwas total anderes signalisiert. Ich weiß, Sie haben keine Zeit für solche neumodischen Sachen. Eines sei Ihnen gewiss, wenn Sie sich nicht die Zeit nehmen, um für Ihre Gäste einen Topservice zu erreichen und zu bieten, werden Sie eines Tages unendlich Zeit für andere Dinge haben. Hier gibt es exzellente Trainer, die fit darin sind, Ihre Leute auf Vordermann bringen, denn es gibt nur wenige Naturtalente. Die anderen müssen es üben, üben und nochmals üben. Die Restgruppe, diese sind ungeeignet für solch einen Beruf, denken Sie darüber nach. Nehmen Sie ein Blatt Papier und schreiben Sie sofort Ihre Gedanken dazu auf. Laufen Sie mit offenen Augen durch Ihr Hotel, ich bin mir sicher, Sie werden manches entdecken.

Die Körperpflege

Das ist ein leidiges Kapitel. Wir leben in einem absolut hoch zivilisierten Land. In jedem Haus gibt es fließend kalt und warm Wasser. Seife kann man überall kaufen. Folglich dürfte es kein Problem sein, diese Dinge anzuwenden. Leider, leider sieht es oft anders aus. Vieles wird nicht richtig verstanden und darum nicht angewendet. Früher war es üblich, einmal die Woche, meistens am Samstag zu baden. Das war für die damalige Zeit in Ordnung. Heute macht man dies öfters. Zumal, wenn man direkt im Publikumsbereich arbeitet. Sorgen Sie als Hotelier dafür, dass Ihre Leute nach Sauberkeit riechen und nicht nach anderen Dingen. Sollten Sie solche Mitarbeiter haben, die das Prinzip nicht verstehen, sprechen Sie sofort die Leute an. Auch wenn es Ihnen peinlich sein sollte. Denn wenn Kunden merken, dass jemand müffelt, hinterlässt das keinen guten Eindruck.

Die Menschlichkeit

Was ist das? Das muss ich mich öfters fragen. Leider ist es für manche Leute eine reine Qual, auf die Maloche zu gehen. Man macht es schließlich nur wegen der Scheißkohle, es kotzt sie von früh bis spät an. Der einzige vernünftige Unterbruch von diesem Elend, sind die freien Stunden und Tage. Überprüfen Sie als Hotelier, wer von Ihren Leuten diese Einstellung hat und sich den

Gästen gegenüber nicht zu benehmen weiß. Dann sprechen Sie sofort darüber, in der Gewissheit, dass es nicht gleich klappen wird. Da arbeiten Sie mit einem Warnhinweis, Abmahnung und dann Adios. Solche Leute sind wie faule Äpfel, in einer Apfelkiste. Sie stecken die anderen Äpfel an. Das Thema lautet klar Entfernung des Missstandes, bevor andere angesteckt werden.

Der Anstand

Was ist Anstand überhaupt? Heutzutage scheint es für etliche Menschen keinen Halt zu geben. Durch das Zeitalter der Anonymität, wie das Internet, ist es noch schlimmer geworden. Keine vernünftige Begrüßung, kein Dankeschön, kein Bitte, alles scheint wie ausgelöscht zu sein. Da werden die Gäste mit einem „High“ begrüßt und mit „Ciao“ verabschiedet. Entweder ist Ihr Laden so aufgebaut und spricht dadurch dieses Klientel an oder Sie dulden das nicht.

Service tauglich

Dienst am Kunden, das ist das Thema in der Gastronomie. Der Servicegedanke muss hochgehalten werden. Denn ein Top Service bringt zufriedene Kunden, welche sich wohlfühlen, wichtig genommen, sich wie zu Hause fühlen und dadurch wieder kommen. Denn wer geht nicht gerne nach Hause? Der Kunde steht nach wie vor im Mittelpunkt Ihres gesamten Bestrebens. Denn der Kunde ist es, der den Mitarbeitern und Ihnen den Lohn bezahlt.

Unterhaltungsfähigkeit

Sie benötigen für die Frontpositionen Menschen, die unterhaltungsfähig sind, auf dem Niveau des Gastes kommunizieren können, dem Gast jederzeit das Gefühl geben

"Hier bist du genau richtig. Wir kümmern uns um dich. Du bist für uns das Allerwichtigste. Danke, dass du da bist!"

Dazu gehört die Fähigkeit, sich auf jeden Kunden einlassen zu können, eine gepflegte Kommunikation zu führen. Angefangen vom kleinen Baby, über den Manager, bis zur alten Oma mit ihren Sorgen. Die Bandbreite ist riesig, muss aber beherrscht werden.

Allgemeinbildung

In das Gesamtbild gehört selbstverständlich die Allgemeinbildung, das Interesse am Menschen und am Leben. Kein großer Akt, wenn man offen und mit der gehörigen Neugierde durchs Leben schreitet. Aus diesem Grund lieber Hotelier, sorgen Sie bei der Auswahl Ihres Teams dafür, dass es passt. Sie werden es dadurch leichter haben und zufriedenere Kunden. Es ist ein großer Regelkreis, der sich permanent schließt.

Es geht um weitaus mehr

Als Bestellungen aufnehmen, Zimmer putzen, Leute bedienen. Kunden sind anspruchsvoll und das nimmt zu. Wie schön, wenn Ihr Team die Kunden dort abholen kann, wo diese stehen. Wundervoll, wenn das Team über eine hohe Allgemeinbildung verfügt und sich auf allen Ebenen unterhalten kann. Ahnung vom Leben hat und dem Gast gegenüber weitaus mehr als ein reiner Grundversorger ist. Jeder Gast liebt es, wenn er dort abgeholt wird, wo er steht, sich mit den Teammitgliedern unterhalten kann.

Lassen Sie Ihr Team regelmäßig schulen

Für alles ist Geld vorhanden, es wird in der Regel fleißig in die Hardware investiert. Für die Software, das Team, mit den wichtigen Soft Skills, bleibt nichts übrig. Das können Sie nicht bringen. Sie werden nur dann gewinnen, wenn Ihr Team gut trainiert ist. Dabei sprechen wir klar von jedem einzelnen im Hotel. Wenn alles wie aus einem Guss ist, alle den Team- und Hotelgeist fest in sich tragen, funktioniert das Ganze.

Für Sie als Hotelgast

Für Sie als Kunde, Sie sind doch mündig, lassen Ihr gut verdientes Geld da, bekommen nichts geschenkt. Für alles legen Sie Geld hin, also haben Sie stets Anspruch auf eine super Leistung. Diese sollten Sie in jedem Fall einfordern. Leider sind etliche Kunden inkonsequent, sie sind unzufrieden und geben trotzdem Trinkgeld. Auf die Frage, ob es recht war, antworten sie mit „Ja" und zu guter Letzt gehen sie wieder hin. Solange das so ist, sieht sich die Gegenseite nicht dazu veranlasst, Änderungen einzuleiten.

Sie haben als Konsument ein Machtpotential

Denken Sie daran, Sie als Konsument haben ein hohes Machtpotential. Nicht als Einzelner, aber in der Gruppe, und wenn jeder seine Konsequenzen ziehen würde, erübrigt sich manches von selbst. Wehren Sie sich, und wenn sich nichts ändert, war es das. Es gibt heutzutage keine zweite Chance. Entweder es passt, oder nicht. Denken Sie an die Geschichte mit der Ölplattform von Shell, die diese im Meer versenken wollte. Die Konsumenten haben zusammengehalten und nicht mehr an den Zapfsäulen des Konzerns getankt. Wie schnell da die Firma zurückgerudert ist.

Trinkgeld

Wenn ich zufrieden war, gebe ich ein normales Trinkgeld, sage, dass es gut war und was ich mir noch gewünscht hätte. Dies mit einem Lächeln auf den Lippen, sodass ich, wenn ich das nächste Mal dort bin, die Chance habe, dass es nach meinen Wünschen klappt. Wenn ich sehr zufrieden war, fällt das Trinkgeld fürstlich aus und das betone ich auch, lobe die großartige Leistung. Wenn ich unzufrieden war, erwähne ich es und es gibt kein Trinkgeld. Seien Sie bitte in jeder Hinsicht absolut rigoros. Es gibt zwei Arten von Lernen, einmal über die Freiwilligkeit oder über den Schmerz.

Sagen Sie, was Sie denken

Vielleicht ist das für Sie am Anfang ein wenig komisch. Gewöhnen Sie es sich an, klar, konkret, messbar und unmissverständlich zu sagen, was Sie von der Leistung gehalten haben. Aber bitte nicht barsch und unhöflich, sondern nett und mit einem Lächeln. Sie müssen dabei davon ausgehen, dass gut 98% Sie nicht verstehen werden, weil sie dafür keinen Draht haben. Sie werden es nicht wahrnehmen können und sich angegriffen fühlen. Dabei sofort in Opposition gehen, aber das kann jeder machen, wie er möchte. Die hohe soziale Kompetenz aufzuweisen, und mit Kritik, in diesem Falle positiver und aufbauender umzugehen, ist den wenigsten gegeben. Einige sehen es als Chance und bedanken sich dafür, in so einer schönen Art und Weise reflektiert zu werden.

Bei Gegenantworten

Es gibt natürlich einige unverschämte Leute in der Dienstleistung, die unverzüglich die Keule rausholen und schwingen. Diskutieren Sie mit solchen Menschen nicht. Verlangen Sie den Geschäftsführer, wenn Sie nicht in Eile sind. Ansonsten schreiben Sie eine kurze Mail mit den Vorkommnissen. Wenn der Hotelier taff ist, wird er sich bei Ihnen dafür bedanken, ansonsten, tja was könnte man da noch tun? Sich ärgern, nein das schadet Ihnen. Nehmen Sie es zur Kenntnis, machen Sie es publik und weiter geht es.

Das Frühstück

Nachdem wir uns zwischendurch intensiv um das Team gekümmert haben, geht es zu den Mahlzeiten. Für das Frühstück scheinen andere Gesetzmäßigkeiten zu gelten. Dass, was abends super gemacht wurde, wird oft beim Frühstück niedergetrampelt. Wieso so wenig Feingefühl, für solch einen wichtigen Bereich, ein Frühstück ist doch der Start in den Tag.

Für Sie als Hotelier

Lieber Hotelier denken Sie daran, dass Sie einige Gäste haben, die nur das Frühstück als Mahlzeit bei Ihnen kennenlernen. Da sollte es für Sie Ansporn sein, eine Meisterleistung an den Tag zu legen. Mit ein wenig Ideenreichtum und Kreativität lässt sich etwas Schönes zaubern, ohne großes Hexenwerk. Denken Sie daran, Sie haben nur eine Chance, durch Ihre Leistung zu überzeugen.

Angebot

Oft eine Lachplatte, angefangen von den aufgebackenen Brötchen, bis hin zum Käse. Wieso muss es dieser billige Schnittkäse sein? Lieber weniger, aber eine gute Qualität. Hier scheinen sich viele einig zu sein, es sieht fast wie eine Absprache aus. Für einige Hoteliers scheint nach wie vor Brot, Butter, Käse und Marmelade als das Frühstück schlechthin zu gelten. Oh, fast hätte ich es vergessen, etwas Billigwurst gibt es auch. Wenn es mehr sein darf, Obstsalat, welcher zu fast 80% aus Apfel besteht. Vielleicht noch ein Stück Trockenkuchen, angelaufenen Lachs und tot gekochte Eier. Da gibt es keine Zelebration, wird lieblos präsentiert. Das Erstaunliche, wie die Hoteliers vom Frühstücksbüffet schwärmen.

Es ist nicht schwierig

Mit ein wenig Inspiration wird manches, nichtssagende Frühstück zum Erlebnis werden. Eine kleine Eierbar, wo sich der Gast seine Eiervariation wünschen darf. Das ist nicht aufwendig, einen netten Lehrling hinzustellen, der sich zwei Stunden um die Eier kümmert. Wenn Sie das nicht im Restaurant machen möchten, geht es über die Küche. Eine Bioecke ist ein absolutes Muss. Ich meine eine richtige Bioecke, nicht ein paar Cornflakes und Leinsamen. Frisches Obst, mehrere Sorten Frischkäse, Quark und Yoghurt runden das Bild wesentlich stärker ab.

Das Frühstücks-Team

Oft eine Steigerung zu den Muffelköpfen von abends. Die beherrschen nicht einmal die Grundanstandsregeln von „Guten morgen!" Der Zusatz „Haben sie gut geschlafen" ist gänzlich unbekannt. Wo hat man diese Leute her? Kein Chef in Sicht ist besser so, denn sonst würde man vielleicht den größten Muffelkopf sehen. Das zieht sich durch alle Hotelabteilungen durch. Dabei ist gerade der Start in den neuen Tag wichtig. Wieso kann man da nicht „nette und aufgestellte Leute" beschäftigen? Menschen, die den Gast mit ihrer Fröhlichkeit und Zufriedenheit anstecken. Nach dem Frühstück, die Gäste mit den Worten verabschieden

„Alles Liebe für sie und einen schönen erfolgreichen Tag!"

Das kommt besser rüber, als gestresste, gerade aus dem Bett gehüpfte Individuen. Ein cleverer Hotelier sagte diesbezüglich zu mir „Wissen sie, morgens muss es schnell gehen, da haben wir keine Zeit!" Sie haben die besten Chancen, die Gäste sind da, was gibt es Leichteres, diese bei der Stange zu halten? Da wird aber alles getan, damit es den Gästen nicht gut geht.

Atmosphäre

Gruselkabinett, nur nicht auffallen. Ganz langsam und leise laufen. Irgendwo Platz nehmen, den einfallslos gedeckten Tisch betrachten, bis einer kommt und Sie mit schneidendem Ton fragt „Kaffee oder Tee!" Keine Alternative, denn man hat bereits die

Kaffeekanne in der Hand und bei allen anderen Wünschen, muss man nochmals laufen. Wenn ja, bekommen Sie diese Brühe in die Tasse geschüttet. Das soll Kaffee sein? Das schmeckt oft eher wie Spülwasser. Bitter von der Warmhalteplatte, oder lauwarm von der undichten Thermoskanne, selbst wenn der Hersteller behauptet, der Kaffee bleibt darin warm, bis übernächste Woche.

Top Qualität und Service sind gefragt

Klar ich weiß, zu wenig Personal, schwer Leute zu finden, die den Frühstücksdienst schieben. Ich weiß, was es ist, es ist der Geiz. Die Inkonsequenz, die mangelnde Auswahl und Schulung. Es ist Ihnen alles zu teuer und aufwendig. So lange die Lämmlein von Kunden die Plärre schlucken, wieso sollten Sie als Hotelier etwas ändern? Die Kunden sind geduldig und lassen es mit sich geschehen. Frage ist, wie lange noch? Wie schön, wenn Sie einen Schritt weiter sind und morgens zu Ihrem Kunden sagen können „Darf es ein frisch gebrühter Kaffee oder lieber ein duftender Tee sein?" Wie kommt das rüber? Da klingt Liebe und Respekt dem Gast gegenüber mit. Planen Sie als Hotelier morgens noch einen Lehrling ein, der die Grundregeln des menschlichen Umgangs kennt. Ihre Gäste werden staunen und begeistert sein.

Bieten Sie einen Mehrwert

Das ist das, was heute zählt, das Außergewöhnliche. Ich kann es nicht leiden, wenn auf den Tischen bereits die Thermoskannen stehen. Da frage ich mich „Wann wurde diese Plärre gekocht?" Ich mag frisch zubereiteten Kaffee und da gehört für mich das Mahlen dazu, eine frische Kaffeebohne schmeckt besser. „Dafür haben wir keine Zeit, zu wenig Personal!" Ich weiß mein lieber Hotelier, du hast für alles zu wenig Personal, weil du geizig bist, am Sparen, dabei ist es deine Pflicht für den Gast zu sorgen, wenn er da ist und ihm das Beste zu bieten.

Profit, Profit und nochmals Profit

Profitbezogenes Denken und Handeln ist völlig richtig, denn sonst hätten Sie irgendwann ein Problem. Das darf aber niemals auf Kosten des Kunden gehen. Er hat das Recht auf Topservice und Topqualität. Geben Sie es ihm, es wird zigfach auf Ihr Unternehmen und auf Sie zurückfallen. Endlich weg mit dem spitzen Bleistift und Papier, zurück zur Menschlichkeit. Wenn Sie dies mit einbeziehen, haben Sie gewonnen.

Wie würden Sie mit Ihren Gästen zu Hause umgehen

Stellen Sie sich diese Frage und ich bin mir sicher, die Gäste in Ihren eigenen vier Wänden, würden Sie nicht derart behandeln. Wieso machen Sie es im Hotel? Das sind doch auch Ihre Gäste und die bezahlen dafür gutes Geld? „Das ist etwas anderes!" Ich weiß, es ist immer etwas anderes. Falsch, es sind Ihre Gäste und nochmals, es geht um Ihre Gäste.

Für Sie als Hotelgast

Wie geht man da mit Ihnen um? Vielleicht hatten Sie eine nicht so gute Nacht. Vielleicht quälten Sie Kummer und Sorgen, oder der neue anstrengende Tag wartet auf Sie und Sie wissen nicht, was Sie heute alles erwartet. Wie schön, wenn Sie da morgens mit einem erfrischenden Lachen und dem passenden Gruß Willkommen geheißen werden. Ideal, wenn man Sie mit Namen anspricht.

Der Gast hat einen Namen

Der Name ist heilig und das sollte respektiert werden. In großen Hotels gibt es einen Wächter, der an der Pforte zum Trog steht. „Ihre Zimmer-Nummer bitte?" Wie bitte, meine Zimmernummer? Ist ja nett, wieso fragt er mich nicht zuerst nach meinem Namen und erst dann nach der Zimmernummer? Weil er keine Ahnung hat, es ihm keiner gesagt hat. So, jetzt hat der Wächter Ihren Namen und begrüßt Sie per Name „Ja Frau Müller, nochmals einen wunderschönen guten Morgen/Tag und herzlich willkommen zu unserem wunderbaren Frühstück. Darf ich Sie an Ihren Platz begleiten?" Das ist doch ein Service, oder ein Kollege übernimmt es.

Sollte kein Wächter da sein

Muss jemand anderes den Gast zu seinem Tisch begleiten, das gehört zu einem Top-Service. Wenn ich morgens die armen Seelen rumirren sehe, auf der Suche oder sogar Jagd nach einem freien Platz, dies ist unmöglich und unqualifiziert. Ich weiß, was der Hotelier sagen würde „Dafür haben wir zu wenig Personal!" Das ist aber nicht Ihr Problem lieber Gast. Ich habe keine Lust morgens, von Tisch zu Tisch zu wandern, um zu schauen, ist der frei oder nicht. Da setze ich mich in der Freude hin, endlich einen Tisch gefunden zu haben, da speedet ein Gast vom Büffet zu mir und sagt „Das ist mein Tisch, da sitze ich........!"

Jetzt kommt die Bedienung

Da der Name bekannt ist „Guten Morgen Frau Müller, schön dass sie da sind. Ich hoffe, sie haben wundervoll geschlafen? Was darf ich ihnen bringen, einen Cappuccino, Milchcafé, Latte macchiato oder einen normalen Kaffee?" Natürlich wird kaum gefragt, das wäre alles mit unendlich viel Arbeit verbunden. Da stellt man lieber die Kanne Kaffee auf den Tisch. Sollten Sie als Kunde andere Wünsche haben, werden Sie schief angeschaut und fühlen sich nicht mehr wohl in Ihrer Haut, weil Sie gerade dabei sind, unnötige Umstände zu bereiten.

Es ist Ihr Geld

Das noch weitere Male zur Wiederholung. Sie müssen dran bleiben, Gas geben, wissen, was Sie genau wollen. Sie müssen das explizit kommunizieren, ohne „Wenn und Aber." Stehen Sie zu sich und Ihren Bedürfnissen. Denn in fast allen Hotels haben Sie das Recht auf verschiedene Kaffeesorten und dies sollten Sie einfordern. Selbst wenn die Bedienungen finster schauen und ihren Missmut ausleben.

Artikulieren Sie Ihre Wünsche

Lassen Sie sich bitte niemals von dem Muffelköpfen irritieren. Oft gibt es die Wünsche der freien Eierzubereitungs-Auswahl. Dadurch können Sie wünschen, in welcher Form Sie die Eier haben möchten. Das sehe ich als reine Verschönerungstaktik. Denn es gibt kaum eine Bedienung, die danach fragt. In der Regel findet man am Büffet ein wenig Rührei und das war es.

Fragen Sie, was alles zum Leistungsumfang gehört

Das ist das Beste, was Sie tun können. Es gibt Hoteliers, die haben das wunderschön in der Frühstückskarte aufgelistet. Bei manchen findet man nichts. Damit Sie zufriedengestellt werden können, müssen Sie im Vorfeld über das Angebot bescheid wissen. Nichts ist ärgerlicher, als die Dinge erst später zu erfahren.

Verlangen Sie nach dem Manager

Wenn es nicht passt, haben Sie keine Hemmungen nach dem Direktor oder wie es neuerdings heißt, nach dem „Duty Manager“ zu verlangen. Ich bin erstaunt, dass da häufig keiner vorhanden ist. Bestehen Sie darauf, denn es gibt für alle Fälle ein Telefon, wo diese Leute angerufen werden können. Wenn etwas nicht in Ordnung ist, ziehen Sie es durch. Nie mehr erdulden, sondern erleben, das ist die neue Form der Gastronomie. Die Damen und Herren kommen in der Regel erst später. Greifen Sie durch und die Welt wird für Sie um ein Vielfaches angenehmer.

Das Mittagessen

Es gibt Hotels, da ist das Mittagessen super gelöst. Vor allem wenn Seminarteilnehmer im Hotel sind, da gibt es meist Büffet. Wehe wenn nicht, da tun sich einige Hotels mit der berühmten à la carte Nummer unendlich schwer. Das passt bei manchen nicht ins Konzept. Mittags wird häufig auf Sparflamme gefahren und das ist ätzend, wenn man etwas essen möchte.

Für Sie als Hotelier

Ein wichtiger Bestandteil des täglichen Ablaufs, die Varianten des Büffets und auch à la carte Essens. In welchem Ambiente findet das Ganze statt? Schön gediegen und in Ruhe oder eher mit Hektik. Schmackhafte Speisen, die man gerne zu sich nimmt oder eher lieblos gekocht? Schön präsentiert als Büffet oder mit Service? Kleine Dinge, mit großer Wirkung.

Wie verwöhnen Sie Ihre Gäste

Auf diese Frage sagen fast alle „Sehr gut!" Es ist natürlich gut, wenn man von seinen Leistungen voll und ganz überzeugt ist. Es gehört aber auch Mut dazu, täglich sein KvP zu machen. Das scheinen die meisten vergessen zu haben. Täglich zu prüfen, was war gut, sehr gut, um daraus die Verbesserungs-Prozesse abzuleiten. Denn Stillstand bedeutet Rückschritt und das sollten Sie als Hotelier auf alle Fälle vermeiden.

Speisevielfalt

Jetzt beginnt die Katastrophe. Es gibt Hotels, die haben in ihrer Gastronomie eine Karte ohne Ende. Eine Speisevielfalt, die einem erschlägt, dann gibt es das andere Extrem, da steht kaum etwas drauf. Beides nicht gerade kundenfreundlich. Optimal ist ein Repertoire an gut laufenden Speisen, diese gehören auf die Karte.

Ebenso wechselnde Speisen und Menüs. Es muss für Ihren Gast abwechslungsreich sein, ein Erlebnis.

Routine

Das Schlimmste, was passieren kann, ist die tägliche Routine. Permanent das gleiche Menü oder Büffet. Für Sie als Hotelier und insbesondere für die Küchenmannschaft leichter zu Händeln. Im Voraus zu wissen, was es jeden Wochentag zu essen gibt und das Ganze im Turnus. Für Gäste, die ein einziges Mal kommen, ist das in Ordnung. Für Leute, die öfters da sind, eine Katastrophe. Genauso ätzend ist es für die Küche. Eine Arbeitserleichterung auf der einen Seite, ohne Frage. Dadurch weiß man genau, was einzukaufen ist und es gibt weniger Pannen. Auf der anderen Seite ist Routine tödlich. Die meisten Unfälle auf dieser Erde basieren darauf. Denken Sie an die Künstler in Ihrer Küche, irgendwann wird das Ganze langweilig.

Mittagessen unwichtig

Ich weiß nicht, ob man es sich leisten kann, dieses Geschäft nicht mitzunehmen. Selbst wenn es nicht unbedingt die große Einnahmequelle ist, jeder Kunde, der kommt und zufrieden ist, trägt zur Empfehlungskette bei. Gut gegessen bedeutet, auch abends zu kommen. Darüber zu sprechen, eventuell auch im Übernachtungsbereich. Als Top Geschäftsmann kann man es sich nicht leisten, auf Umsätze und richtig durchgeführt, auf die Gewinne zu verzichten. Jeder Kunde konsumiert sicherlich noch ein Getränk.

Einen Gaumenverwöhner

Das ist das Mindeste, was Sie als Maßstab ansetzen sollten. Dass jeder Biss zum Erlebnis wird, der sogenannte berühmte Gaumenschmaus und nicht reine Nahrungszufuhr. Man kann mit wenig schmackhaft kochen, das als vorbeugende Maßnahme gegen den Spruch „Wir können uns das nicht leisten!“ Viel mehr stellt sich die Frage „Können Sie es sich leisten – es sich nicht zu leisten?“

Wie können Sie Ihr Mittagsgeschäft beleben

Die Frage aller Fragen, wie schaffen Sie das, dass Ihr Mittagsgeschäft zum Profitcenter wird? Da müssen Sie zuerst Ihre Stärken herausarbeiten. Wo sind Sie unschlagbar? Wie können Sie diesen Wert schnellstens zum noch nicht Kunden kommunizieren? Wichtig bei der Überlegung ist, Sie haben die komplette Infrastruktur. Das heißt, die Küche ist vorhanden, das Restaurant und das komplette Personal. Folglich heißt es loslegen, damit sich die Geschichte amortisiert.

Leerlauf kostet Geld

Darüber ist man sich meist nicht im Klaren. Viele Hoteliers sprechen von den Zimmern, dass sie es sich nicht leisten können. Jede Nacht, in der ein Zimmer leer steht und das oder die Betten kalt bleiben, eine verlorene ist. Diese kann nicht nachgeholt werden. Völlig korrekt, das Jahr startet immer mit 365 oder 366 Nächten. Jedes Jahr beginnt das Spiel aufs Neue. Genauso ist es mit Ihrem Restaurant. Denken Sie darüber nach, jeder Sitzplatz, der nicht belegt wird, ist verlorenes Geld. Sie können das Geschäft nicht nach- geschweige denn aufholen.

Ihre größte Aufgabe

Sorge zu tragen, dass es nie wieder geschieht, dass ein einziger Sitzplatz leer bleibt. Ich weiß, was Sie womöglich denken „Der ist völlig übergeschnappt! Wie soll das funktionieren? Das ist ein Ding der Unmöglichkeit." Ich kann Sie gut verstehen, das ist die schnelle Denkweise. Sie können es sich nicht vorstellen und aus diesem Grund lehnen Sie es kategorisch ab, dies ist menschlich und normal, machen Sie sich keine Sorgen. Sie sind so normal, wie Zehntausende anderer Gastronomen und Hoteliers. Genau das ist jedoch das Problem. Wer normal ist, gibt sich keine Chance der Weiterentwicklung, weil er es im Vorfeld ablehnt. Damit haben Sie erneut recht, es funktioniert nicht und damit stimmt die These, der selbsterfüllenden Prophezeiungen.

Euch geschehe nach eurem Glauben

Die Bibel als Vorreiter aller Bücher, sagt dies klar und deutlich. Wenn Sie glauben, dass es nicht funktioniert, werden Sie 100%-ig recht haben. Aber was bringt Ihnen das? Haben Sie dadurch mehr Kunden, Umsatz und Gewinn? Bestimmt nicht, alles bleibt beim Alten und das ist eine schreckliche Situation. Denn es gibt ab und an Mitbewerber, die aufwachen, Gas geben und was tun Sie dann? Nichts, als sich Marktanteile abjagen zu lassen. Ist nicht schlimm, schnell hat man die Schuldigen gefunden. Angefangen von der schlechten Wirtschaft bis hin zur Politik.

Sie sind das Problem

Ist das nicht wunderbar? Wenn Sie es nicht mehr aushalten, anfangen zu schimpfen, es für Sie schrecklich ist, nehmen Sie das Buch und werfen es in den Mülleimer. Denn Ihr Leben ist zu kostbar, um es mit solch einem Schrott zu verbringen, wozu auch. Wenn nicht, sehen Sie es als Chance, machen Sie sich Gedanken über sich und Ihr Hotel. Wo soll es hingehen? Was ist der Sinn Ihres Lebens und der des Hotels? Wie soll die Zukunft aussehen. Ich wünsche Ihnen bei dieser Arbeit viel Kraft. Sollten Sie alleine nicht weiterkommen, lassen Sie sich bitte coachen. Coaching dient dazu, Sie zu fordern und zu fördern, klarer zu blicken. Lösungs- und zielorientiert zu arbeiten und niemals problemorientiert. Haben Sie Mut, tun Sie es. Denn die berühmte Betriebsblindheit ist nicht zu unterschätzen.

Wie sieht es mit Ihren Köchen aus

Woher haben Sie diese? Welche Referenzen haben diese vorzuweisen? Ich frage mich manchmal, wo haben manche kochen gelernt? Ich dachte, es gibt einen sogenannten Berufsethos. Aber bei einigen scheint das nicht zu funktionieren. Mehrere Päckchen schnell öffnen, erwärmen und ab die Post zum Kunden. Ist das Kochen? Bestimmt nicht, natürlich leben wir im Zeitalter der „Convenience Produkte!“ Aber doch bitte nicht nur und wenn, dann hochwertige Ware. Darauf die Antwort „Ach die Kunden checken das eh nicht!" Wie cool ist diese Aussage? Klar, Hauptsache was zu Futtern auf dem Tisch.

Für Sie als Hotelgast

Lesen Sie die Informationen aufmerksam durch. Sie machen sich Ihre Gedanken, überprüfen die Hotels, welche Sie bereits kennen, nach den aufgeführten Kriterien. Kommen zu einer Entscheidung, was für Sie wichtig ist. Wie wohl Sie sich dabei fühlen oder ob Sie eine Änderung einleiten müssen oder sogar wollen.

Essen sollte Freude pur sein

Essen einzig und alleine für die Nahrungszufuhr, das ist zu wenig. Wo ist die berühmte Lebensqualität? Oder ist diese nicht ein Bestandteil Ihres Lebens? Fangen Sie an die Speisen zu unterscheiden. Spielen und trainieren Sie Ihren Gaumen. Es ist ein wundervolles Erlebnis, welches sich für Sie auftut. Leben Sie es, machen Sie es zu einem Moment der Zelebration.

Mc Donald und Co

Unterscheiden Sie bitte klar zwischen den einzelnen gastronomischen Angeboten. Wenn ich zum Mac will, tue ich das bewusst. Das möchte ich aber nicht in einer Hotelküche erleben. Jedes an seinem Ort, eine klare Unterscheidung.

Wenn das Essen nicht schmeckt, lassen Sie es zurückgehen

Ich bin begeistert über einige Gäste. Die sind super cool drauf, da wird bestellt, das Essen schmeckt nicht und dennoch wird es gegessen. Dann kommt der Kellner und was passiert bei der doofen Frage „Hat das Essen geschmeckt?" „Nein, es hat überhaupt nicht geschmeckt." „Wieso nicht, was war nicht in Ordnung?" Auf diese Frage folgt „Das Fleisch" oder so ähnlich, war nicht gut. Was soll der arme Kellner machen, Sie haben es gegessen und nun?

Sitzen zwei Frauen neben mir im Lokal

Das Essen kommt, sie stochern herum und äußern sich wie folgt, „Das schmeckt aber komisch“ der Dialog geht ein paar Minuten hin und her. Die Bedienung kommt um die Ecke und fragt, ob alles in Ordnung ist. „Nein, das Fleisch ist nicht zart, schmeckt nicht.“ Die Bedienung super geschult und cool „Kein Problem, ich nehme es mit.“ Die beiden schauen sich entgeistert an „Ach nein, oder was meinst du?“ „Nein“ erwidert die Zweite. Die Bedienung „Ist kein Problem, wir möchten, dass sie absolut zufrieden sind, ich nehme es gerne mit.“ Die beiden schauen sich erneut an „Es geht, wir essen das jetzt.“ „Wie sie möchten, ich nehme es auch gerne mit.“ Die Bedienung entfernt sich und da geht es von vorne los „Ach weißt du, vielleicht hätten wir es doch zurückgehen lassen sollen.“ „Ja, es wäre besser gewesen.“ „Es schmeckt halt nicht so gut.“ „Na ja, jetzt ist es zu spät.“ Welch ein Schwachsinn, wenn ich reklamiere, ziehe ich es durch.

Stehen Sie zu sich und Ihnen geht es um Welten besser

Diesen Satz sollten Sie sich tief einprägen, stehen Sie zu sich, desto glücklicher und erfolgreicher schreiten Sie durchs Leben. Dass ergibt für Sie ein völlig neues Lebensgefühl, und ist auf alle Fälle erstrebenswert. Wieso Abstriche machen, wenn es auch anders geht. Das Leben, Ihr Leben ist doch zu kostbar und wertvoll.

Ihre Positionierung

Positionierung und Image gehen Hand in Hand. Vielen ist das leider nicht bewusst und um so erstaunter ist man, wenn es nicht vorangeht. Man lebt in einer Erwartungshaltung, das führt ins Abseits. Aus der Positionierung heraus, die Sie sich selbst geben, entsteht das Image nach außen, was der Gegenüber von Ihnen wahrnimmt.

Für Sie als Hotelier

Nun wollen wir uns intensiv um die Positionierung und letzten Endes des daraus resultierenden Images kümmern. Das sind keine Dinge, die man dem Zufall überlassen darf. Ihre eigene Positionierung und der des Hotels, das ist die große Frage. Wie positionieren Sie sich auf dem Markt? Als was möchten Sie dastehen? Wie sollen Sie die Kunden und Nichtkunden wahrnehmen?

Frage über Frage stellt sich hier

Welchen Grund gibt es bei Ihnen zu wohnen oder Mahlzeiten einzunehmen? Klar und logisch, sie können übernachten, essen und sich damit den Magen füllen. Das ist in dem Moment, bei ihren Überlegungen zweitrangig. Denn den Magen füllen kann ich mir an jeder Straßenecke. Die Essenskultur hat sich diesbezüglich gewandelt. Da liegt es an Ihnen, einen anderen Lebensstil reinzubringen. Ein Erlebnis zu schaffen, ein sogenanntes Muss, zu Ihnen zu kommen. Wie schaffen Sie das? Da hilft ein externes Coaching, bezüglich der Marktpositionierung, davon hängt Ihr Erfolg ab.

Raus aus der Vergleichbarkeit

Ein uraltes Motto aus der Erfolgslehre lautet und dieses sollte stets angewendet werden

„Wer das tut, was alle anderen tun – ist soviel wert wie Sand in der Wüste!“

Ich finde das wunderbar und drückt es perfekt aus. Die Menschen sind heute dermaßen abgestumpft, weil sie overloaded sind. Sie sind übervoll von den gesamten Angeboten, welche täglich auf sie einströmen, um nicht zu sagen stürzen. Denken Sie daran, wie schnell sich die Welt gewandelt hat. Von der absoluten Beschaulichkeit, Anfang des letzten Jahrhunderts, zum heutigen Informationszeitalter. Die Post geht ab wie noch nie und es wird noch schlimmer werden. Sie müssen eine Oase der Ruhe schaffen, einen Ort, wo man gerne hingeht, weil alles anders ist, man sich wohlfühlen kann. Bei Ihnen als Gast zur absoluten Ruhe kommen kann und wunderschöne Dinge erleben darf.

Ihr Alleinstellungs-Merkmal ist gefragt

Wo ist es, haben Sie es schon? Nein, ich glaube nicht, sonst würden Sie zur Elite gehören und das sind nur ca. 2% der gastronomischen Hotellerie. Das ist nicht viel und es werden kaum mehr, weil die meisten dilettantisch und mit einer Portion Ignoranz ans Werk gehen. Derart können Sie nicht durchs Leben gehen! Leider ist die Großzahl der Menschen lieber aufs Jammern spezialisiert. Dieses Thema beherrschen fast alle, anstatt nach Lösungen zu suchen und die Dinge professionell anzupacken. Tun Sie es, tun Sie es wirklich. Engagieren Sie einen Erfolgsproduzenten und –Coach, welcher Sie begleitet und zum Erfolg führt. Es kostet Geld und das geben die meisten nicht gerne aus. Da kommt nach wie vor die alte Gesetzmäßigkeit zum Tragen

„Von nichts kommt auch nichts!"

An dieser Stelle zu sparen, ist das Dümmste, was Sie machen können. Es wird Sie letztlich wesentlich mehr kosten, als wenn Sie es tun und umsetzen.

Als Hotelier müssen Sie wissen, was Sie wollen

Es ist die einzige Chance, welche Sie haben. Sie stehen an erster Stelle, es ist Ihre Pflicht, die Mission herauszugeben. Wenn Sie es nicht schaffen, dann mit Ihrem Team zusammen. Schließlich müssen alle die Botschaft, die Sie vermitteln wollen, auch leben. Das geht nur in der Einheit, dazu muss man aber eben wissen, um was es geht. Wofür steht die Firma und was ist ihr Hauptzweck.

Was ist Ihre Botschaft

Jedes Hotel, jeder Mensch hat eine Botschaft, die er nach außen vertritt. Ob Sie es wahrhaben wollen oder nicht, Sie wirken so oder so. Das ist ja gerade das Spannende, aber auf der anderen Seite auch das Unheimliche. Sie geben permanent ein Bild nach außen ab. Wie gut, wenn es das Bild ist, welches Sie abgeben wollen. Herzlichen Glückwunsch, wenn Sie das wissen und im Griff haben. Wie schrecklich, wenn Sie sich der Sache ausgeliefert fühlen, das darf bitte niemals mit Ihnen passieren.

Was zeichnet Sie aus

Was macht Sie einmalig, haben Sie, was andere Hotels nicht aufweisen können. Dass man bei Ihnen die sogenannten Grundbedürfnisse gedeckt bekommt, wunderbar, aber das reicht in der heutigen Zeit nicht aus. Da braucht es einiges mehr, schauen wir uns ein paar Parameter an.

Gehören Sie

- Zu einem der besten Luxushotels in Ihrem Ort, in Ihrer Gegend, in Ihrem Land?
- Sind Sie das Wellnesshotel, wo man hingehen muss?
- Sind Sie das beste Tagungshotel weit und breit?
- Haben Sie das beste Gourmetrestaurant mit Sterneküche?
- Sind Sie das einzige Hotel, welches direkt am Golfplatz liegt?
- Sind Sie das einzige Hotel, welches über einen großen Außen- und Innenpool verfügt?

Was ist bei Ihnen anders und weitaus besser, als bei den Mitbewerbern? Was ist Ihre Marke? Sie müssen irgendetwas haben, was andere nicht haben. Je klarer Sie das sehen, desto besser können Sie es nach Außen kommunizieren und um so mehr Aufmerksamkeit sei Ihnen gewiss.

Das ist nicht leicht

Das höre ich oft, natürlich ist es nicht leicht, denn wenn es leicht wäre, würde es jeder tun. Hier geht es klar um das berühmte

- **U** nique
- **S** elling
- **P** roposition

Auf Deutsch, das Alleinstellungsmerkmal, etwas was nur Sie haben und sonst niemand anderes. Genau auf das kommt es an, dies können Sie wundervoll nach außen kommunizieren. Nach dem Prinzip von „Hallo Leute schaut mal her, das haben wir für euch!"

Die wenigsten machen die USP-Hausaufgabe

Das ist das Erste, was ich möchte, wenn ich als Erfolgsproduzent und -coach gerufen werde. Herauszufinden mit dem Hotelier und dem Team, was zeichnet uns in dem Haus aus. Da kommen am Anfang nette Geschichten raus wie

- Wir haben ein schönes Hotel
- Wir haben schöne Zimmer
- Wir haben eine schöne Wellness-Abteilung
- Bei uns kann man gut essen
- Super Lage
- Unser Personal ist nett

Wenn Sie die Punkte durchlesen, was haben Sie für ein Feeling? Lächerlich oder würden Sie deswegen in ein Hotel fahren? Nur weil es angeblich ein Schönes ist, weil man da super essen kann, es schöne Zimmer hat?

Das kann man nicht zwischen Tür und Angel lösen

Hoteliers neigen oft zur Ungeduld und sie hätten die Punkte gerne schnell gelöst. Manches geht aber nicht schnell und braucht seine Zeit. Wir benötigen im Schnitt, um ein klares, konkretes, messbares und unmissverständliches USP herauszuarbeiten, zwischen ein und zwei Tage. Alles andere wäre gelogen, wenn es nachhaltig wirken soll. Um das geht es, denn das USP wird ab sofort nach außen kommuniziert. Man zeigt Flagge, wie es so schön heißt.

Warten Sie nicht zu lange damit

Das möchte ich Ihnen als Hotelier ans Herz legen, warten Sie nicht mit dem Kommunizieren, denn jeder Tag an dem nichts geschieht, ist ein verlorener Tag. Versetzen Sie sich in die Lage des Kunden, er möchte in Ihre Gegend oder in Ihre Stadt kommen. Was wird er tun, er wird die Lage des Hotels überprüfen, wenn er etwas bestimmtes besuchen möchte. Dann geht es darum, in welcher Sternekategorie er absteigen will, danach kommt der Preis. Sie kennen das Dilemma mit den Preisen, billig, billig und billiger. Wenn Sie aber ein klares USP vorweisen können, etwas was die anderen nicht haben, dürfen Sie die Preise oben halten und müssen sich nicht auf den ruinösen Preiskampf einlassen.

Leider sind viele Hotels 08/15

Leider, leider und das macht es nicht leichter. Aber da lässt sich mit dem entsprechenden Brain und der jahrzehntelangen Erfahrung eine Lösung finden. Oft sind es kleine Veränderungen, die einiges bewirken. Darum holen Sie sich einen Top-Berater, der seit Jahrzehnten am Markt ist, das Spiel genau kennt. Mehr darüber im Kapitel die Hotelberater.

Sie müssen anders wahrgenommen werden

Das ist ein dringlicher, um nicht zu sagen der dringlichste und entscheidendste Schritt, auf dem Weg in eine neue Zukunft. Wenn Sie das schaffen, geht es Ihnen wesentlich besser und Sie können Ihre gesamte Darstellung nach innen und außen ändern. Es ist Ihre Aufgabe als Hotelier dazu beizutragen, dass man Sie weit über die Grenzen hinaus kennt.

Für Sie als Hotelgast

Was lieben, mögen und brauchen Sie wirklich? Manche Gäste möchten es schlicht, denen ist es völlig egal. Hauptsache ein Dach über dem Kopf und etwas für zwischen die Lippen. Ohne große Ansprüche an sich und das Leben, dies ist legitim. Andere wiederum mögen die großen Geschichten, Erlebnisse, das Einmalige. Gehen Sie als Gast niemals Kompromisse ein. Das Leben ist auf der einen Seite zu wertvoll und auf der anderen zu kurz, um es an sich vorbeiziehen zu lassen.

Es geht nur um das eine Thema „Was wollen Sie"

Das ist alles, wenn Sie das erkennen, geht es Ihnen um Welten besser. Da können Sie klar die berühmte Spreu vom Weizen trennen. Dadurch ist für Sie alles klar und Sie kommen wesentlich schneller voran. Nichts kann Sie aufhalten und Sie persönlich positionieren sich souverän, in den Hotels Ihrer Wahl.

„So wie man sich bettet – so liegt man"

kommt in der Hotellerie richtig zur Geltung. Wenn Sie das für sich optimale Hotel ausgesucht haben, dort wohnen, essen und leben, sich wohlfühlen, was gibt es Schöneres? Folglich packen Sie es an.

Wer weiß, was er will, bekommt das, was er will

Das ist wundervoll und macht glücklich und zufrieden. Paradiesische Zustände, die sich auftun. Ich erlebe es häufig, dass die Leute als Gast unzufrieden sind. Hier einige Beispiele:

- Es ist zu laut an der Straße
- Es ist zu ruhig, da läuft ja nichts
- Die Zimmer sind zu klein
- Das Foyer ist ungemütlich
- Die haben kein Schwimmbad
- Die Sauna ist zu klein
- u.v.m.

Ich bin mir sicher, dass Sie solche Gegebenheiten zur Genüge kennen. Das muss nicht sein, kann man anders haben. In dem man als Gast vorher alles abklärt. Wenn ich zum Beispiel ein Zimmer mitten in der Stadt buche, weil es für mich von meinem Business her praktischer ist, sage ich es und lasse es mir bestätigen, dass ich ein absolut ruhiges Zimmer bekomme. Ohne Straßenlärm, brummende Klimaanlagen, ohne Gerüche aus der Küche.

Sag, was du willst, damit du das bekommst, was du willst

Das kann ich Ihnen wärmstens empfehlen. Überlassen Sie nie etwas dem Zufall, das ist nicht optimal. Sie sind für sich verantwortlich und je präziser Sie alles wissen, desto mehr Lebensqualität haben Sie. Es ist die hohe Kunst der Lebensführung, dies klar, konkret, messbar und unmissverständlich zu kommunizieren. Über dieses Thema habe ich auch ein Buch geschrieben.

Das Abendessen

Was ist das Abendessen, es ist normalerweise die Krönung des Tages. Der würdige Abschluss von vielen Stunden. Ein gemeinsames Zusammensitzen, Essen, sich Austauschen und des Lebens erfreuen. Einen würdigen Abschluss in der Familie zu finden, mit Geschäftspartnern, Freunden oder alleine. Dazu muss das Ambiente und die Speisen stimmen. Passend dazu die Bedienungen, welche mir als Gast das Gefühl geben, willkommen zu sein.

Für Sie als Hotelier

Essen ist nicht gleich essen und der nach wie vor oft vorherrschende Gedanke, Hauptsache es kommt etwas auf den Tisch, ist überholt. In dieser Art kann man heutzutage nicht mehr arbeiten. Die Küche ist ein wichtiger Lebensnerv im Hotel, unterschätzen Sie das bitte nicht. Sorgen Sie für ein absolutes Profitcenter, es lohnt sich.

Abwechslung macht das Leben lebensfroh

Es muss spannend sein, eine Herausforderung für Ihre Mannschaft, Neues kreieren zu dürfen. In der Küche zu zaubern, die Gäste zu verblüffen und zu begeistern. Es verlangt ein Umdenken, neues Engagement und es wirkt Wunder. Aussage von einem Hotelier „Wir haben keine Zeit für solchen Firlefanz, bei uns muss alles ratzfatz gehen!" Na klasse, am besten der Gast liefert das Geld vorher ab, ohne eine Mahlzeit zu sich zu nehmen.

Themen inszenieren

Das ist die Geschichte, wo die Kunden bei Laune gehalten werden und neue hinzukommen. Leider unterschätzen nach wie vor etliche Hoteliers, den Food- and Beverage-Bereich. Dabei ist das richtig geführt, ein super Profitcenter. Kunden lieben die Inszenierung, dafür können Sie auch mehr Geld verlangen. Es muss sich rumsprechen, dass Ihr Haus künstlerisch veranlagt ist.

Themenabende schaffen

Man kann die einzelnen Abende als Thema ausarbeiten. Angefangen mit jeden Freitagabend Fischtime. Wechselnde Fische, Kombinationen, alles dreht sich um das Thema Fisch. Passend dazu einige Informationen, was für Fische es gibt? Wo kann man diese frisch einkaufen? Wie bereitet man als Laie zu Hause den Fisch professionell zu, ohne großen Aufwand betreiben zu müssen? Auf was ist bei diesen Themen zu achten? Kleine Demo-Show, Zubereitung vor dem Kunden. Ein Erlebnis schaffen, Sie müssen sich von Ihren Mitbewerbern absetzen, aus der Vergleichbarkeit raus.

Weitere Themenabende

Es gibt unzählige Möglichkeiten und Variationen, nebst der à la carte Geschichte. Da würde ich die Karte von Zeit zu Zeit wechseln. Ich finde, es gibt nichts Schlimmeres, als wenn man nahezu Jahrzehnte das Gleiche vorfindet. Lieber weniger Speisen auf der Karte, dafür spannende und sich wechselnde Gerichte.

Hier einige Themenvorschläge

- Ein italienischer Abend
- Ein regionaler Abend (Pfalz, Schwarzwald, usw.)
- Ein Fischabend
- Ein amerikanischer Barbecue-Abend
- Ein Dessertabend
- Tee-Time mit hausgemachten Kuchen
- Alles rund ums Rind
- Alles rund ums Kalb
- u.v.m.

In den Beratungen gehen wir intensiv auf das Thema ein. Denken Sie bei allem Bestreben daran, sich zu differenzieren. Das ist das A und O, je differenzierter Sie sind, desto spannender wird es.

Wir brauchen lokale Gäste

Es ist leider das, was fast nicht beachtet wird. Nehmen wir folgendes Thema, es hat sich herumgesprochen, dass Sie einmal die Woche, einmal im Monat, immer am letzten Freitag jedes Monats einen Fischabend inszenieren, mit allem Drum und Dran. Wer Fisch mag, wird zu Ihnen kommen, da führt kein Weg daran vorbei. Dadurch haben Sie weitere Gäste aus der Region, die kommen und bringen weiteren Besuch mit. Was denken Sie, wo die Gäste untergebracht werden, wenn nicht zu Hause, dann doch bei Ihnen im Hotel. Es zieht seine Kreise, die Presse wird auf Sie aufmerksam und Sie können es über alle Kanäle kommunizieren. Näheres darüber im Kapitel Werbung und Social Media.

Work Shops anbieten

Passend zu den Themenabenden, können Sie jeweils eine Stunde vorher einen kleinen Work-Shop veranstalten. Einige von Ihnen liebe Hoteliers werden sagen

„Das geht bei uns nicht!“

Woher wollen Sie das wissen? Bevor Sie es nicht durchgeführt haben, wissen Sie es nicht. Häufig kommt die Aussage

„Haben wir alles schon gemacht!“

Das finde ich besonders nett. Haben wir auch schon....! Da muss ich fragen „Ja, wann denn............?“ Wenn man da tiefer einsteigt, merkt man schnell, dass da nicht viel passiert ist und wenn, halbherzig, ohne vernünftiges Engagement und vor allem nicht mit dem unbedingt dazu gehörenden Durchhaltevermögen.

Ihr Durchhaltevermögen

Das ist die hohe Kunst, Durchhaltevermögen an den Tag zu legen. Die meisten geben zu früh auf. Es wird probiert, wenn es nicht funktioniert, wird es für alle ewigen Zeiten abgestempelt als „Funktioniert nicht“ darin liegt die Gefahr. Wenn Sie etwas verändern möchten, sollten Sie es nicht probieren, sondern tun.

"Das Ganze nicht nur ein Mal, sondern regelmäßig!"

Sie benötigen in der Tat ein großes Durchhaltevermögen. Bis sich etwas rumgesprochen hat und sich etabliert, dauert es in der Regel drei Jahre. Nichts funktioniert auf Anhieb und wird sofort zum Erfolg. Alles braucht seine Zeit, sonst wäre es zu leicht. Da bräuchte jeder nur eine kleine Idee zu haben und schon hätte er es für alle ewigen Zeiten gepackt.

Ausharren

In dem Wort Durchhaltevermögen ist es bereits enthalten, Sie müssen da durchgehen, es aushalten und dadurch gelangen Sie zwangsläufig zu Vermögen. Das können Sie nicht verhindern, keine Chance. Schreiben Sie sich bitte diesen Satz dick und fett an die Wand und lesen Sie ihn Tag für Tag durch. Die meisten haben damit ein Problem, weil sie zu früh aufgeben. Denken Sie daran

„Wer aufgibt, hat verloren!“

Darum, alles was Sie in Zukunft als Hotelier angehen, überlegen Sie es sich, lassen Sie sich von einem Vollprofi beraten und dann legen Sie bitte los.

Für Sie als Hotelgast

Es ist heutzutage von Mc Donald, Döner bis hin zur Sterne Küche alles in. Das ist das Schöne an unserem Leben, alles und nichts ist möglich. Wir haben die absolute Freiheit und diese sollten wir uns gönnen. Essen, da wo es uns Spaß macht, keine Mittelmäßigkeit. Irgendwo hinzugehen, weil man es halt so gemacht hat. Es gibt

Lokalitäten, die ziehen uns an und andere, da war es das erste und zugleich letzte Mal. Das ist genau das Prinzip, für die erste Chance, gibt es keine zweite. Wenn es nicht passt, war es das. Als Gast müssen Sie sich wohlfühlen. Von dem Ambiente, der Einrichtung, dem Team bis hin zum Essen. Je mehr Sie Ihre Ideallinie finden, desto besser geht es Ihnen. Es lohnt sich, sich auf den Weg zu machen. Sich selber treu sein, ist eine traumhafte Ausgangsbasis.

Was lieben Sie, ist für Sie wichtig

Welche Mahlzeiten lieben Sie? Entscheiden Sie sich vor allem für Abwechslung. Das macht das Leben weitaus spannender, als es ist. Probieren Sie öfters etwas Neues aus. Sie können entscheiden und da würde ich die verschiedensten Stilrichtungen testen. Kreativität und Innovation machen den Unterschied aus.

Nahrungszufuhr oder Zelebration

Essen, alleine wegen der Nahrungszufuhr, ist eine Geschichte und nett. Es geht aber um Wesentlicheres, wir mögen doch die Inszenierung. Das besondere und einmalige Erlebnis, wo wir danach tatsächlich sagen können

"Wow, was für ein gigantischer Abend, das Essen super, die Location super, das Lokal top, es hat alles gestimmt!"

Das ist wundervoll und traumhaft, da fängt es an richtig Spaß und Freude zu machen. Auch Sie können diesen Zustand erreichen, machen Sie sich auf den Weg.

Die Bar

Wichtigster Kommunikationsort im Hotel. Da trifft und unterhält man sich, werden Kontakte geknüpft, Geschäfte abgeschlossen. Ein zentraler Punkt, mit starkem Bindungspotential der Gäste an das Hotel. Wenn der Barkeeper das Zepter in der Hand hält, ist es perfekt. Leider sieht es anders aus und eine super Chance wird vertan.

Für Sie als Hotelier

Wie schaut es mit Ihrer Bar aus? Was läuft da? Wie hoch beläuft sich der Umsatz? Haben Sie genügend Hotelgäste? Haben Sie externe Gäste? Wie schaut Ihre Karte aus? Wer steht hinter der Bar? Wie professionell wird das Ganze geführt? Es liegt an Ihnen, ob es der Ort wird, an dem man hingehen muss oder ob es in der Bedeutungslosigkeit verschwindet.

Barkeeper

Welches Format hat Ihr Mann hinter der Bar, was hat er erlebt? Welche Referenzen kann er nachweisen? Bringt er Stil mit? Entsprechend ist der Umgang und das Know-how. An der Bar muss es klar ein Hochkaräter sein, der die Welt bereist hat und sich mit Ihren Kunden unterhalten kann. Bars dieser Welt gehören zu den Orten, wo sich am meisten ausgetauscht wird, die Kontaktbörse erster Klasse. Ihr Mann muss rede- und sprachgewandt sein, die wichtigsten Drinks, Cocktails dieser Erde kennen und die Zubereitung beherrschen.

Irgendein Kellner oder sonstige Aushilfen

Manchmal ist es eine absolute Lachplatte, was die Barkeeper oder Damen zusammen mixen. Da wird irgendeiner vom Hotel abgestellt, dem man schnell gezeigt hat, wie es mit den Drinks abläuft. Das reicht natürlich bei Weitem nicht aus. Im Gegenteil, das Hotel macht sich dadurch lächerlich. Dann wäre es besser, keine Bar zu haben. Es ist nicht damit getan, ein Bier zu zapfen. Die Profis müssen imstande sein, täglich neue, spezielle Kreationen zu entwerfen. Von ihnen hängt es ab, ob Ihre Bar den Namen verdient und man da hinpilgern muss, weil Ihr Top-Bar-Keeper über die Stadt- und Ortsgrenze hinaus bekannt ist.

Zweiter Keeper

Dazu passen muss der zweite Mann oder Frau. Bei einer größeren Bar das gesamte Team. Es muss aus einem Guss sein und Charme, Cleverness und Weltgewandtheit vermitteln. Nur dadurch wird es laufen und die Bar jeden Abend mit Hotelgästen und Externen gefüllt sein. Top Leute kosten etwas mehr, dafür holen sie aber die Mehrkosten, durch einen höheren Umsatz wieder rein. Eine Bar muss wie alle anderen Bereiche zu einem Profitcenter werden.

Machen Sie Ihre Hausaufgaben

Gehen Sie lieber Hotelier nochmals in medias res. Bei unseren Beratungen höre ich öfters die Aussage „Das rentiert sich bei uns nicht. Es ist ein drauflege Geschäft, ich habe keine Lust zu investieren. Am liebsten würde ich die Bar zu machen!" Welch fatale Einstellung, gut laufende Bars sind profitabel. Es sind aber wie immer die Menschen, welche keine Ahnung haben. Diese reißen bekanntlich das Maul am weitesten auf. Bevor Sie sich bei diesem Thema schwer tun, gehen Sie hin und vermieten Sie Ihre Bar an einen externen Dienstleister. Diese Leute sind hoch motiviert.

Geduld haben

Über eines sollten Sie sich im Klaren sein. Es dauert, wird nicht über Nacht boomen, muss sich zuerst rumsprechen und etablieren, Ihre Bar muss einen Namen erhalten. Um auf der sicheren Seite zu sein, nicht enttäuscht zu werden, rechnen Sie mit 5 Jahren. Wenn Sie alles richtig machen, haben Sie es geschafft. Danach geht es um das Halten des Standards, das ist die nächste hohe Kunst.

Ihre Zeit läuft so oder so

Das ist das fatale an unserem Leben. Unsere Lebenszeit läuft, ob wir einen Einsatz bringen oder nicht. Eines Tages ist unser Leben abgelaufen, traurig, wenn Sie nicht zeitlebens angefangen haben. Legen Sie los, es läuft nebenher. Am Anfang müssen Sie wie bei allem im Leben investieren. Zuerst das Saatgut kaufen, dann dauert es lange, bis die Saat aufgeht und erst danach kommt die Ernte. Alles andere gehört ins Reich der Märchen. Wenn jemand behauptet, er wüsste, wie es über Nacht geht, können Sie sicher sein, dass Sie einen Scharlatan vor sich haben.

Auswahl Getränke

Es darf fast nichts geben, was Sie nicht anbieten können. Nichts Schlimmeres, als wenn es heißt „Haben wir nicht!“ Da taucht vor dem eigentlichen Satz nicht einmal der Zusatz „Tut mir leid“ auf. Das ist eine Katastrophe, außer Sie wollen klar und konkret eine kleine Hotelbar führen, wo es letztlich egal ist, ob es läuft. Und sollte sich tatsächlich ein Gast verirren, dann schnell eine der Bedienungen oder die Dame der Rezeption ein Bier zapfen. Solche Nummern findet man häufig. Da wurde aber eine Menge Geld in die Hand genommen, um solch eine Bar zu bauen und einzurichten. Schade, dass es so enden muss.

Auswahl Essen

Das gehört mit dazu und wird oft missachtet. Da heißt es lapidar „Wir haben nichts zu essen!“ Oder noch bescheuerter „Die Küche ist bereits zu“ das ist der Oberhammer. Eine Küche hat zu, na klasse. Hoffentlich verhungert niemand über Nacht. Wo ist da die sprichwörtliche Gastfreundschaft? Gast hat Hunger, möchte was Kleines und die Küche hat geschlossen? Da schließen Sie lieber gleich den gesamten Laden. Haben Sie noch nie etwas davon gehört, dass man für den Kunden da ist und nicht umgekehrt? Ich für meinen Teil freue mich, wenn der Spuk irgendwann vorbei sein wird. Es ist doch eine der leichtesten Übungen, ein paar Baguetts vorzurichten und diese schnell in den Ofen zu schieben. Es gibt eine Menge Fertiggerichte, da kann die Küche ruhig zu haben. Das kann jede Aushilfe zügig erledigen. Kleine Snacks sind ein schönes Zusatzgeschäft, wenn es mundet, wird sich das rumsprechen und die Gäste werden danach fragen.

Einrichtung

Leider häufig ziemlich vermodert, das ist schade, denn Ihre Gäste sollen doch an der Bar ihren Abend ausklingen lassen, auf bequemen und ausladenden Sesseln und Sofas. Nach Möglichkeit ein paar Kissen, um gemütlich zu verweilen. Das schafft eine heimelige Atmosphäre. Dann ein paar Pflanzen, schöne Bilder an den Wänden. Auch für dieses Profitcenter gibt es erstklassige Spezialisten. Lassen Sie sich unverbindlich beraten, beschreiten Sie neue und pfiffige Wege. Viele Hoteliers lassen sich das Ganze von einer Brauerei gestalten. Nun denn, es mag wohl einige Pfiffige geben, manche Bars sehen aber alles andere als zum Wohlfühlen aus. Denken Sie daran, der Gast hat einen langen Tag hinter sich, er möchte ein wenig abspannen und relaxen, bevor er ins Bett geht. Wenn er sich wohlfühlen kann, wird er länger bleiben und dadurch zwangsläufig mehr konsumieren. Wenn dem nicht so ist, verlässt er Ihr Haus und geht woanders hin oder gleich ins Bett.

Musik

„Man kann es keinem Recht machen!“ Das hängt doch in erster Linie vom Publikum ab. Wenn Sie jüngeres Publikum haben, ist die Richtung genauso vorgegeben, wie bei gesetzteren Gästen. Es sollte so sein, dass man sich dabei unterhalten kann. Was gibt es Schöneres, als abends mit Musik zu entspannen. Noch besser ist natürlich Livemusik. Ich bin mir ziemlich sicher, dass die meisten nun die Hände über dem Kopf zusammenschlagen, was das kostet. Leider blockieren die meisten Menschen sofort, wenn es um die Kosten geht. Wer spricht davon, dass alles Geld kosten muss.

Denken Sie an Nachwuchskünstler

Es ist die hohe Kunst, die alte und gewohnte Denkweise zu verlassen und für neue Dinge offen zu sein. Erfolg hat nur derjenige, der die Dinge anders macht, als die anderen. Wenn man jedoch Tag für Tag in der eigenen Tretmühle hockt, wird man betriebsblind. Keine Chance, also heißt es raus in die große weite Welt, offen sein oder sich einen Berater holen. Die Entscheidung liegt natürlich bei Ihnen. Nun zum Thema Nachwuchskünstler. Es gibt genügend Nachwuchskünstler, die händeringend eine Plattform suchen, um auftreten zu können. Geben Sie diesen eine Chance. Da schlagen Sie mit einer Klappe mehrere Fliegen.

1.) Es ist eine Pressemitteilung wert (Hotelier fördert Nachwuchsmusiker)
2.) Sprechen die jungen Musiker in den höchsten Tönen von Ihnen, weil Sie ihnen eine tolle Chance geben
3.) Haben Ihre Kunden eine schöne Abwechslung, als nur das ewige Gedudel per CD

Was kostet das

Sie engagieren keine Musiker, die davon leben müssen. Sie engagieren Jungmusiker, die dankbar sind, auftreten zu dürfen. Denn irgendwo müssen sie ja anfangen, ihre Sporen abzuverdienen. Als Gage bekommen sie nichts, sie dürfen ja auftreten. Die Musiker erhalten selbstverständlich ein Abendessen und die Getränke frei. Des Weiteren als besonderes Guddi, einen Gutschein mit Ehefrau oder Freundin, für einen kostenlosen Brunch am Sonntagmittag. Oder eine Übernachtung, das kostet Sie doch nur ein müdes Lächeln. Kennen Sie die Geschichte der Beatles? Wie viele Jahre haben die in Pubs unter anderem auch in Hamburg vor free gespielt. Sie haben es überlebt, und auf die Frage, wieso sie das damals gemacht haben. „Uns war wichtig, Musik zu machen und ein Publikum zu haben." Also lieber Herr Hotelier darüber nachdenken und ab geht die Post.

Freunde mitbringen

Dann bitten Sie Ihre jungen Künstler Freunde mitzubringen, damit Stimmung reinkommt, und Sie daraus neue Kunden generieren können. Denn Sie wissen es doch selbst, oft reicht es nicht aus, eine Bar nur für Hotelgäste zu betreiben. Die Gäste von außen haben oft eine Hemmschwelle zu überwinden. Geben Sie dem Musiker 50 Gutscheine, oder mehr, jeweils gültig für eine Person. Darauf steht, dass das zweite Getränk kostenlos auf Ihr Haus geht. Damit schaffen Sie Umsatz, die Gäste müssen zuerst etwas trinken und erhalten danach den gleichen Drink gratis. Was glauben Sie, wie viele da bleiben und noch etwas trinken. Würden Sie das nicht tun, hätten Sie fast keine Gäste. Man wird über Sie, als sehr innovativen Hotelier sprechen. Weiter kommt noch hinzu, dass die Jungkünstler sich wohler fühlen, da Freunde da sind. Hierzu gäbe es noch mehr zu sagen, es würde aber den Rahmen sprengen.

Stil

Welchen Stil wollen Sie nach außen vermitteln? Einige Bars sehen so aus, als möchten sie etliches in sich vereinen und strahlen überhaupt keinen Stil aus. Das ist schade, sehr schade. Jetzt taucht die große Frage auf, wo soll es hingehen? Am besten hat sich bewährt, dass Sie Ihren eigenen Stil finden und verkörpern. Wenn Sie sich nicht sicher sind, lassen Sie sich beraten. Es gibt genügend Vollprofis, welche Sie gerne beraten und danach Ihren Auftrag übernehmen würden. Ich werde manchmal gefragt „Wo finde ich diese Leute?“ Da gibt es eine simple Formel, am einfachsten Sie besuchen die Top-Hotels, oder diejenigen, die Ihnen zusagen, dort schauen Sie sich das Ambiente an. Näheres später unter Mitbewerber-Analysen. Sicher werden Sie über kurz oder lang eine Bar finden, in der Ihr Herz höher schlagen wird. Und wenn das der Fall ist, liegen Sie genau richtig. Oder Sie engagieren einen Erfolgsproduzenten und -coach, der Sie auf dem Weg des Erfolges begleitet.

Happy Hour

Die glückliche Stunde, in vielen Bars gibt es keine solche Stunden. Das ist schade, denn es ist ein zusätzlicher Umsatzbringer und um Gäste anzulocken, die sonst nicht an die Bar kämen. Witzlos ist natürlich, die Happy Hour von 17.00 bis 18.00 Uhr. Grad mal schnell eine Stunde vor lauter Angst, man könnte Geld verlieren. Großzügigkeit hat sich immer bewährt. Anstatt halber Preis die Variante, erstes Getränk auf den Gast, zweites auf das Hotel. Wenn man zwei Getränke getrunken hat, ist der Weg zu weiteren nicht mehr weit. Eines der uralten Marketing-Instrumente. Wie heißt es in der Fachsprache passend „Anfüttern!"

Erdnüsse

Da gibt es Hotels, dort erhält man eine super Nussmischung und Chips. Andere bringen es kaum fertig, ein paar Erdnüsse auf den Tisch zu stellen. Auf die Frage nach Nüssen „Wir haben im Moment keine!" Da kommt man sich vor, als wäre man im falschen Film. Ein Hotel, das Umsatz machen will, und nichts an Lager hat. „Tut mir leid" welche Lachplatte oder? Das sind Dinge, die dürfen nicht passieren. Die Knabbereien kosten nicht die Welt und bringen Ihnen letztlich durch ein mehr an Durst, locker den Verlust rein. Stellen Sie sich vor, Ihr Kunde sagt beim Auschecken „Tut mir leid mein lieber Hotelier, ich habe im Moment kein Geld, es ist mir ausgegangen!" Was denken Sie in dieser Situation? Genau, das würde Sie nicht im geringsten interessieren.

Manche offerieren sogar ein paar Häppchen

Großzügigkeit macht sich immer bezahlt. Die Gäste danken es Ihnen durch Treue. Wenn alle um Sie herum geizig sind, beweisen Sie das Gegenteil. In Italien wird das zum Aperitif zelebriert. Da gibt es verschiedene Häppchen und die Bars, welche das umsetzen brummen ohne Ende. Die Gäste bringen weitere Gäste mit und dadurch schließt sich langsam aber sicher der Kreis.

Öffnungszeiten

Da muss ich lachen, am liebsten eine kurze Öffnungszeit und auch die Bar zwei Tage geschlossen. Das kann man nicht machen, wie oft habe ich es erlebt, meist am Sonntag, dass die Bar geschlossen ist. Auf die Frage wieso, kommt lapidar „Tja, der Barkeeper muss mal freihaben.“ Alles klar, dann haben wir das auch geklärt. Was machen die Gäste an diesem Abend, nichts als auf dem Zimmer hocken und Däumchen drehen.

Preise

Da werden von irgendwoher Preise geholt und diese verlangt. Ohne sich vorher Gedanken zu machen, ob die Preise in irgendeiner Relation stehen, zu dem, was geboten wird. Wenn ich in einer Weltbar mit großen Ruf verweile, zahle ich gerne mehr. Aber sicherlich nicht in irgendeiner Hotelspelunke von Bar. Wenn dann die Zutaten nicht stimmen und irgendwas zusammen gemixt wird, ist das die Krönung des Ganzen. Folglich bei allem was Sie tun, wenden Sie Weltklasse an und sonst lassen Sie es lieber.

Für Sie als Hotelgast

Sie entscheiden, haben ein großes Machtpotential an der Hand. Wenn es Ihnen Freude bereitet, wird die Hotelbar zur zweiten Heimat, halten Sie sich gerne darin auf. Die Barleute werden zu Ihren Freunden. Man freut sich, wenn Sie kommen, wird auf Sie eingehen. Mancher „Barista“ wie es in Italien so schön heißt, wird zum Seelsorger. Man vertraut sich ihm an, aufgrund seiner Kontakte kann er hilfreiche Inputs geben. Kann trösten, aufbauen, motivieren und wieder Lebensfreude bringen.

Die Bar als zweite Heimat

Es muss stimmig sein, Sie müssen sich wohlfühlen. Sich in der Tat wie zu Hause fühlen, dass Sie klar sagen können „Hier kann ich meine Seele baumeln lassen, geht es mir gut. Ich finde einen Ansprechpartner.“ Wenn Sie diese Möglichkeit für sich gefunden haben, heißt es treu zu bleiben und sich zu freuen. Der Barkeeper begrüßt Sie per Handschlag, freut sich über Ihren Besuch.

Der Barkeeper als Ihr Freund

Dies ist die Ausgangsbasis, ist das, was viel Freude und Spaß bereitet. Wenn Sie kommen, steht bereits Ihr Lieblingsgetränk auf dem Tisch. Wenn er für jemanden etwas mixt, macht er einen Hauch mehr und gibt Ihnen ein sogenanntes Versucherli. Der Gesprächsstoff geht nicht aus. Was die gemeinsamen Bekannten machen und was man Schönes erlebt hat. Es ist der berühmte Nachrichtendienst, es macht Spaß mit ihm.

Er unterhält Sie

Das ist doch das, was wir wollen, wenn wir in einer Bar sitzen. Nicht jemand der schnell kommt, bedient und verschwindet. Daran haben wir kein Interesse, wir möchten einen Barkeeper, der hinter dem Tresen ist und den Laden entertaint. Er gibt gute Tipps rund um den Ort, die Gegend, über andere Städte und Länder. Das schafft natürlich nur, wer etwas von der Welt gesehen hat.

Schwimmbad

Jetzt geht es aber rund, Wellness ist booming. An allen Ecken und Enden wird aufgerüstet. Jeder versucht in irgendeiner Form, das Geschäft des Jahrhunderts zu machen. Wenn nicht jetzt – wann dann? Die Unterschiede sind aber immens. Als Wellnessprofi bin ich erstaunt, wie das manchmal abläuft. Was als Wellness verkauft wird, ist häufig eine Frechheit. Da wäre es ehrlicher zu sagen „Übrigens, wir haben noch ein kleines Wasserloch, das ist unser Schwimmbad und eine uralte Sauna aus dem letzten Jahrhundert." Das wäre ehrlich, fair sich selbst und dem Gast gegenüber.

Für Sie als Hotelier

Haben Sie sich Ihre Anlage in der letzten Zeit angeschaut? Waren Sie überhaupt in einer anderen Wellness-Anlage? Ich meine nicht als Kollege oder bei einem Hersteller, sondern als Gast? Das ist ein riesiger Unterschied, ob Sie sich das Ganze anschauen oder ob Sie schwimmen, sich behandeln lassen und vieles mehr. Ich bin erstaunt, wie wenig Hoteliers überhaupt einen Sinn dafür haben.

Verfügen Sie über eine Wellness-Anlage

Das ist primär die Frage überhaupt, denn die meisten Hotels haben nichts. Wo leben wir denn, im finsteren Mittelalter? Nein, wir sind in der Neuzeit angekommen und da heißt es up to date zu sein und nicht rum zu schnarcheln. Ich kann Ihnen eines versichern, Sie verpassen sonst den Zug und das wäre schade. „Wir brauchen diesen neumodischen Kram nicht!" Oh, diese Aussage höre ich oft und bin erstaunt über diesen Tenor. Das ist unglaublich, um nicht zu sagen dumm.

Mindeststandard ist gefragt

Also bitte meine Damen und Herren, das ist ja wie, wenn Sie Zimmer ohne Dusche und WC verkaufen. Das können Sie nicht bringen, wo leben Sie denn? Ich weiß, es gibt derer zwei Fraktionen, einmal die mit dem spitzen Bleistift, welche sagen „Das rechnet sich nicht!“ Dann die Zweite, die sagt „So etwas brauchen unsere Gäste nicht und im Übrigen ist ja eh wenig los!“ Alles klar und dann gibt es eben ein paar kluge Köpfe, die sich sagen „Ob wir es brauchen oder nicht, der Gast hat ein Recht darauf.“ Das finde ich eine coole Ansage, wenn man clever ist und das Ganze geschickt anpackt, macht man daraus ein absolutes Profitcenter. Da geht die Post ab und wie.

Holen Sie sich einen Profi als Berater ins Haus

Fangen Sie nicht an, selbst rum zu basteln. Ich erlebe das öfters, da geht der Hotelier zu seinem Architekten „Du, wir müssten da was in Sachen Wellness machen, kannst du das übernehmen?“ „Na klar, ist kein Problem.“ Genau in dem Moment können Sie sicher sein, dass es zum Problem wird. Lassen Sie sich eines gesagt sein, ein normaler Architekt kann wunderbar planen, aber Wellness ist eine extra Geschichte. Ich könnte Ihnen Storys von Fehlplanungen erzählen, die im Nachhinein das Doppelte gekostet haben, weil Korrekturen vorgenommen werden mussten. Schenken Sie sich das, holen Sie Spezialisten ins Haus, die sich mit der spannenden Materie in- und auswendig auskennen.

Mitarbeiter

Leider oft eine reine Katastrophe. Unqualifiziert, überheblich, ignorant und von Kundenorientiertheit keine Spur. Wieso werden die Menschen nicht ganzheitlich ausgebildet? Wir werden gleich das Thema weiter vertiefen. Eine Anlage steht und fällt mit der Software, das sind Top ausgebildete Mitarbeiter. Sie erinnern sich, nicht Mitarbeiter, sondern in erster Linie Mitdenker. So läuft das Spiel, und wenn es richtig funktioniert, Sie ein hoch motiviertes Team Ihr eigen nennen, stimmt auch der Cashflow.

Schwimmbad

Als der elementarste Bereich in einer Wellness-Anlage. Das sogenannte Zentrum, von dem aus alle anderen Anlagen und Möglichkeiten abzweigen. Es ist letztlich die Mitte, das sogenannte Herzstück. Hier pulsiert das Leben, ist buchstäblich Schwimmen angesagt. Bewegung, als das tragende Element, man den Alltag, seine Sorgen draußen lässt, fast schwerelos wird.

Das ist zu teuer

Beantworten Sie sich folgende Frage, offen und ehrlich, immer wieder. Denn es geht um Sie und Ihre Zukunft.

„Können Sie es sich leisten - es sich nicht zu leisten?"

Wenn Sie das verstanden haben, kann Ihnen nichts mehr passieren. Als neuzeitlicher Hotelier mit Weitblick wissen Sie eines, dass Sie es sich nicht leisten können. Wir leben im Wellness-Zeitalter, auch wenn ein paar Schlaumeier der Meinung sind, das ist längstens vorbei. Die Menschen achten definitiv auf Ihre Gesundheit und Ihr Wohlsein. Bieten Sie es Ihren Gästen unbedingt an und es wird zu einer tragenden Säule in Ihrem Hause werden.

Lage im Haus

Wo befindet sich das Schwimmbad? Wellness bedeutet „Sonne, Licht, Luft, Freiheit, Weite und Wohlbefinden!" Was wir oft antreffen, hat damit nichts zu tun, außer die Bezeichnung. Einige Bäder verdienen ihren Namen überhaupt nicht. Sie sind im Keller, buchstäblich vergraben und ohne einen Schimmer Tageslicht. Wie kann man seinen Gästen das zumuten? Da geht man als Hotelier hin und beschreibt die Situation ehrlich. „Wir haben im Keller ein Schwimmbecken, aber nicht ein Bad." Das war nach dem Krieg eine große Sache, aber heute nicht mehr.

Der ideale Ort

Optimal ist für ein Schwimmbad Tageslicht und mit der Möglichkeit ins Freie schwimmen zu können. Ich weiß, da schlagen einige die Hände über dem Kopf zusammen. Das ist heute Standard, dass man drinnen und draußen schwimmen kann. Gehört mit dazu und dann eine große Liegewiese, wo sich die Leute im Freien hinlegen können. Ich weiß, für die Stadthotels wird es jetzt schwieriger. Denken Sie darüber nach, es gibt die erstaunlichsten Lösungen. Wenn Sie keine Liegewiese haben, weil Sie zwischen Häusern eingeklemmt sind, gibt es vielleicht einen Innenhof oder einen Dachgarten. Dies müsste man jedoch explizit anschauen.

Größe

Schwimmbad heißt klar, es ist zum Schwimmen da und nicht um sich darin aufzuhalten. Was manchmal als Schwimmbad bezeichnet wird, entspricht schlicht und einfach nicht der Wahrheit. Da ist es wesentlich fairer und ehrlicher, dem Gast gegenüber zu sagen, wie es in Wirklichkeit ist. Beispiel, wir haben ein kleines Schwimmbecken von 4 x 5 Meter. Dadurch ist der Gast darauf vorbereitet und kann damit umgehen. Wie oft habe ich als Touroperator, Hoteltester und Beauty&Wellness-Spezialist erlebt, dass die Gäste bitterlich enttäuscht waren. Sie die Anlage gesucht und dabei nicht bemerkt haben, dass sie sich mitten drin befanden.

Temperatur

Das nächste leidige Thema. Was soll der Gast Ihrer Meinung nach im Schwimmbad machen? Klar schwimmen, aber es gibt Menschen und das ist der größte Teil davon, die möchten nur relaxen, sich ein wenig im Wasser treiben lassen. Dem entgegen steht klar der Hotelier, welcher nur eines im Kopf hat, seine Kostenrechnung und da vor allem seine Heizölkosten. Er kann ihnen auf den Cent genau sagen, was es kostet, wenn das Bad ein paar Grad wärmer ist. Dies wäre für ihn ein herber Verlust, das kann er sich nicht leisten, denn seiner Meinung nach ist das Wasser warm genug und damit hat es sich.

Gehen Sie auf den Gast ein

Würde er aber ein wenig mehr auf seine Gäste eingehen, wüsste er, dass die meisten Gäste das Wasser als kalt empfinden. Dagegen hat er sich aber abgeschottet, will es nicht wahrnehmen. Darauf angesprochen sagt er klipp und klar „Mir ist niemand bekannt, dem es zu kalt ist“ – oder – „die paar Einzelfälle, auf die kann ich keine Rücksicht nehmen.“ Aber er vergisst dabei, dass mehr als 98% der Gäste nichts sagen werden, weil sie wissen, dass dies unfruchtbar sein wird. Siehe hierzu das Kapitel Beschwerdemanagement. Die Gäste nehmen es zur Kenntnis und ziehen ihre Konsequenzen. Sie werden sich mit Sicherheit in Zukunft, ein anderes Hotel aussuchen.

Form

Ein Rechteck galt über Jahrzehnte als der Inbegriff eines guten und kompetenten Bades. Ein wenig länger als breit und das war eine riesige Errungenschaft. Billig und geschmacklos würde man heute sagen. Was machen die meisten Hoteliers? Es gibt eine Handvoll die haben es begriffen, dass das Wellness-Zeitalter angefangen hat und dringend Handlungsbedarf nötig ist, um alte Gäste langfristig zu halten und neue zu gewinnen. Denn die älteren Herrschaften sterben langsam aber sich weg oder verschwinden in der natürlichen Fluktuation. Wenn keine Neuen nachkommen, war es das in wenigen Jahren. Zumal heutige Märkte sich schneller bewegen, als vor einem Jahrzehnt.

Elegante Formen

Heute sind elegante Formen gefragt, mit kleinen Nischen, in denen man sich aufhalten kann. Etwas geschwungen, von ein paar Säulen unterbrochen und andere Feinheiten, die das Herz erfreuen. Dabei niemals außer Acht gelassen, dass es nach wie vor richtige Schwimmer gibt, die ihre Bahnen ziehen möchten. Für die ist genügend Platz vorhanden. Klar konzipiert, dass jeder auf seine Kosten kommt.

Gegenstromanlage

Das ist kein Luxus, wertet das Becken aber auf. Dadurch kann der Schwimmer sich wesentlich mehr bewegen. Früher hat man das nur für kleine Becken verwendet. Wenn die Intensität eingestellt werden kann, ist es nahezu perfekt. Ideal als Alternative zu Massagedüsen. Mit einer Gegenstromanlage kann auch ein geübter Schwimmer auf seine Kosten kommen und ausgiebig schwimmen.

Wasserfall

Das schafft eine besondere Atmosphäre. Da kommt Bewegung rein und die sollte beim Wasser vorhanden sein. Es gibt unendlich viele Spielmöglichkeiten. Da lohnt es sich wirklich, sich Gedanken zu machen und einige Angebote reinzuholen. Viele Hoteliers lehnen solche Vorschläge als zu teuer ab, ohne sich intensiv damit zu befassen. Das ist fatal, denn ein Wasserfall gehört heute dazu.

Nischen

Im Wasser, in denen man sich gehen lassen kann. Relaxing pur, Seele im warmen Wasser baumeln lassen, ein wenig abgeschottet von den anderen. Der Mensch tendiert stark zum sogenannten Coconning, das heißt, in sich zurückgehen, zurückziehen. Unnahbar sein, für die gesamten Umwelteinflüsse. Das ist eines der großen Bedürfnisse für die meisten Menschen. Nischen helfen bei stärkerem Betrieb, Ruhezonen im Wasser zu schaffen.

Massagedüsen

Kaum zu glauben, dass die meisten Bäder ohne gebaut wurden und teilweise noch werden. Was gibt es Schöneres, als sich von den Füßen her bis zum Nacken zu massieren. Dadurch wird eine starke Entspannung und Tiefenlockerung erreicht. Hierzu bedingt es, dass die Düsen in unterschiedlichen Höhen und mit unterschiedlicher Intensität angebracht sind. Leider, leider haben einige Hoteliers kein Feeling dafür. Das ist weiters nicht schlimm, da sollte man Profis ans Werk lassen. Denn wenn man kein Feeling und kein Interesse hat, wird es oft entsprechend gehändelt. Dies manchmal nicht zum Wohle des Kunden. Wie oft hört man „Das ist unnötig, brauchen wir nicht. Wir haben doch ein Schwimmbad." Und der Supergau „Andere haben auch keine Düsen!" Mit wem wollen Sie sich messen? Mit den Tophotels oder mit den mittelmäßigen bis unscheinbaren?

Whirlpool integriert

Welch ein Traum, sich gemütlich hinsetzen zu können und per Knopfdruck sprudelt es. Das ist ein Service, unabhängig von einem alleinstehenden Whirlpool. Es ist traumhaft, im Becken bleiben zu können und alles vereint zu haben. Ein Whirlpool bewirkt Positives. Wie Sie unschwer erkennen können, ist einiges erforderlich, um das Ganze zu konzipieren und am Laufen zu halten. Nochmals, holen Sie sich einen Vollprofi ins Haus, einen Erfolgsexperten, der Ihnen nicht nur helfen kann, das Ganze zu konzipieren, sondern auch im Vertrieb hilft. Denn da braucht es ein paar Feinheiten, damit es funktioniert und dies mit Erfolg.

Farben

Wo steht geschrieben, dass es nur blaue oder weiße Fließen sein müssen? Da gibt es tolle Farbschattierungen, verschiedene Nuancen. Wenn man entlang schwimmt, funkelt und glitzert es am Boden, als käme man aus einer anderen Welt, es fasziniert, begeistert. Das Herz muss aufgehen, ein Aha-Effekt zwingend erreicht werden. Farben des Beckens, Farbe an den Wänden, Farben der Einrichtungsgegenstände und Farbe an der Decke. Eine Harmonie, eine buchstäbliche Augenweide, da kann der Gast sich total entspannen.

Beleuchtung

Lapidar ein paar weiße Scheinwerfer unter Wasser. An den Wänden oder Decken ein paar Lampen, nach Möglichkeit Neonröhren, weil es gutes Licht gibt. Damit verjagen Sie höchstens noch den letzten Gast. Holen Sie sich einen Beleuchtungsspezialisten. Bevor Sie den Auftrag vergeben, sollten Sie es sich demonstrieren lassen. Schauen Sie unbedingt einige Referenzobjekte an, denn wenn Sie Geld ausgeben, sollte es eine erstklassige Meisterleistung werden. Ich weiß, was Sie nun höchstwahrscheinlich denken „Der hat gut reden, das ist ja nicht sein Geld!" Da haben Sie recht, das Beste muss jedoch nicht das Teuerste sein. Vor den Kosten sollte der Nutzen stehen, eine uralte Verkäuferweisheit.

Beckentiefe

Da scheiden sich die Geister. Ist es zu tief, haben kleinere Menschen kaum eine Chance, gemütlich darin zu stehen und eventuell zu laufen. Ist es zu flach, kann kaum geschwommen werden. Optimal ist die goldene Mitte. Vielleicht mit leichtem Gefälle, dass für alle etwas vorhanden ist. Es ist in der Tat ein spannendes Thema, das Ganze zu koordinieren, dass es für alle passt.

Kinder im Wasser

Sind keine Kinder erlaubt, gilt man als Kinderhasser. Sind Kinder zugelassen, verjagt es die übrigen Gäste. Kinder wollen toben, Spaß haben. Der Geräuschpegel steigt und je mehr da sind, desto wilder wird es. Für Sie als Hotelier stellt sich die Frage, wie wollen Sie da vorgehen. Das hängt in erster Linie davon ab, wie Ihr Hotel strukturiert ist? Was ist Ihre Zielgruppe? Sind Sie ein Familienhotel, ist es ein fester Bestandteil. Dann ist es Ihre Gruppe, die Ihnen das nötige Geld bringt. Sind Sie ein reines Business- oder Wellnesshotel, wird es automatisch weniger Kinder geben.

Gut bewährt hat sich, dass ab einer bestimmten Zeit abends keine Kinder mehr in die Oase dürfen, das ist eine vernünftige Lösung. Die Gäste, die lieber ihre Ruhe haben möchten, wissen, dass es erst zum Beispiel nach 19.00 Uhr möglich ist. Für die Eltern gibt es genügend Möglichkeit, sich lange mit ihren Kindern im Wasser zu tummeln. Wichtig für Sie als Hotelier ist, machen Sie keine open end Geschichte. Wenn Sie natürlich die Chance haben, zwei getrennte Bereiche zu haben, ist es ideal. In dem einen Schwimmbad, welches ruhig kleiner sein darf, sind die Kinder und im größeren die Erwachsenen.

Genügend Liegestühle

In der Regel gibt es zu wenig Liegestühle. Wenn dann die lieben deutschen Gäste, mit ihrer Reserviererei anfangen, ist es eh aus. Dadurch haben einige Gäste Pech gehabt, da sind manche Liegen von früh bis spät in den Abend hinein reserviert. Das ist eine Untugend, derer Sie als Hotelier unbedingt habhaft werden müssen, in dem Sie genügend Liegen haben. Zum Zweiten, einen Bademeister, der darauf achtet, dass keine Liegen reserviert werden.

Für Sie als Hotelgast

Was gibt es da noch zu sagen? Es hängt ausschließlich von Ihren Präferenzen ab. Ich bevorzuge ein Hotel, welches die Mindeststandards erfüllt und die sind für mich, Innen- und Außenschwimmbad, Massagedüsen, Gegenstromanlage, Ruhewiese oder -terrasse und ausreichend Liegestühle. Dazu gehören Tageslicht, schöne Entspannungsmusik, nicht den Hallenbadeffekt, mit einer riesigen Lärmkulisse, das ist für mich eine Zumutung.

Finden Sie den für sich richtigen Rahmen

Hier sagen mir etliche, das interessiert mich nicht. Ich brauche das nicht, dann ist es doch gut, seien Sie unendlich froh, denn es bleibt Ihnen dadurch einiges erspart. Sollten Sie aber wasseraffin sein und das Element lieben, gilt es darauf zu achten und nur solche Hotels zu buchen, die diese Kriterien erfüllen.

Keinen Extraeintritt

Das ist die nette Nummer, wenn man Geld bezahlen muss, um ins Schwimmbad zu gelangen. Da gibt es Hotels, wo ich die Hände über dem Kopf zusammenschlagen kann, über solch eine Unverschämtheit. Solche Geschichten sollten Sie bereits im Vorfeld abklären.

Sie haben es als Gast nicht leicht

Es ist nicht leicht, um alles kämpfen zu müssen. Mama Mia, da müssen Sie genau wissen, was Sie alles wollen, dann ein Hotel finden, darauf achten, dass es so ist und ansonsten einfordern. Das ist eine immense Aufgabe, da liebe ich persönlich die Menschen, die mit allem zufrieden sind. Hauptsache ein Dach über dem Kopf und zum Frühstück, eine Tasse Kaffee, ein Brötchen, etwas Butter und Marmelade.

Whirlpool

Wo ist der Whirlpool, das frage ich öfters und ich finde in den meisten Fällen keinen. Beim Nachfragen, wieso das Hotel keinen hat, kommt es zu abenteuerlichen Aussagen wie „Das ist zu aufwendig, ist eine reine Bakterienschleuder, das Gesundheitsamt lässt es nicht zu und weitere unglaubwürdige Storys." Das finde ich abenteuerlich, solche Dinge zu behaupten.

Für Sie als Hotelier

Wir leben heutzutage definitiv im Wellness-Zeitalter und das ist nicht wegzudenken. Selbst wenn böse Zungen behaupten, Wellness wäre schon lange vorbei, der Zenit überschritten. Was für ein Blödsinn von Unwissenden da erzählt wird. Ich kann Ihnen als Wellness-Spezialist eines sagen, Wellness verändert sich zu noch weitaus besserer Qualität.

Wenn kein Schwimmbad, dann wenigstens ein Whirlpool

Das möchte ich Ihnen als Hotelier mit auf den Weg geben. Denn die meisten Hotels haben weniger als nichts, die nächste Kategorie kommt mit einer Sauna, aber was für eine. Oh je, oh je kann ich dazu nur sagen, eine reine Katastrophe. Würden Sie Ihre Sauna benutzen, ganz ehrlich Herr Hotelier?

Es rechnet sich nicht

Das ist die einfachste Aussage, es rechnet sich nicht und dies rechtfertigt solche Manöver. Muss sich immer alles sofort rechnen? Ja, Sie haben völlig recht, nur dann lade ich jeden Hotelier dazu ein, aus allem ein Profitcenter zu machen. Jetzt erlaube ich mir folgende Frage „Rechnet sich in jedem Zimmer eine Dusche oder Badewanne?" Sicherlich nicht, es wäre billiger, wie früher eine Etagendusche zu haben. Da würden einige nicht Duschen gehen und damit könnten Sie als Hotelier eine Menge Wasser sparen. Meinen Sie nicht auch, und wenn Sie dabei noch an die relativ teuren Herstellungskosten denken. Diese Kosten würden nicht anfallen und da würde es um ein Vielfaches günstiger werden, solch ein Hotel zu bauen.

Es geht um den berühmten Zeitgeist

Der Zeitgeist ist das Maß der Dinge und dazu gehört heute, dass jedes Hotel ein Bad mit Dusche und WC hat. Viele Dinge sind Standard geworden und Wellness gehört dazu, ob man das wahrhaben will oder nicht. All die Hotels, die noch nicht auf den Mindeststandard eines Bades im Zimmer umgestellt haben, werden weniger, weil da kaum einer hingeht und so wird es eines Tages mit Wellness sein.

Für Sie als Hotelgast

„Bitte, bitte wachen Sie endlich auf und erzählen nie wieder solche Storys vom Pferd!" Das ist von der üblen Art, sollte man niemals tun. Dinge zu behaupten, die nicht der Richtigkeit entsprechen. Natürlich gehen nicht alle Gäste in die Sauna, ins Schwimmbad und zur Behandlung. Es gehört heute jedoch dazu und das ist der entscheidende Faktor. Es ist ein „Muss" und das kann ich nicht genug betonen. Wer dies nicht glaubt, wird es eines Tages am eigenen Leibe spüren dürfen.

Stehen Sie zu sich und Ihren Wünschen

Man muss auch mal zufrieden sein, sagten meine lieben Eltern zu mir. Damit konnte ich mich nie identifizieren, das war nicht mein Ding. Wieso sollte ich zufrieden sein und weniger haben, als andere auf dieser Erde? Das konnte ich nicht verstehen und wollte es auch nicht. Wenn unendliche Fülle da ist, wollte und will ich das Maximum haben. Wieso sollte ich darunter leben?

Das Leben ist ein Traum

Denken Sie stets daran, das Leben ist ein Traum, mit unendlichen Möglichkeiten und Facetten. Nutzen und leben wir sie, denn eines Tages ist alles vorbei und wie schade, wenn man da sagen muss „Soll das alles gewesen sein?“ Bitte nein, leben Sie in vollen Zügen, dass Sie jederzeit sagen können, wenn es soweit ist „Oh, jetzt schon, okay, ich habe hundertprozentig gelebt, alle Register gezogen. Mein Leben war absolut großartig und fantastisch!“

Saunawelt

Als ich das Wort Saunawelt geschrieben habe, ist mir aufgefallen, wie wundervoll das klingt. Es ist eine Welt für sich und was finden wir oft vor? Genau das Gegenteil, da gibt es keine Welt, gibt es im Keller irgendwo eine alte klapprige Holzhütte, die aufgeheizt wird. Der Vorraum bis an die Decken hoch gefliest und in der Regel voller Stockflecken. Das hat doch was, finden Sie nicht auch? Da verirrt sich kein Mensch, in solch ein Loch. Aber der Hotelier meint, das reicht aus, da geht sowieso kaum einer rein.

Für Sie als Hotelier

Ich kann nur sagen „Bitte, bitte wachen Sie endlich auf und erzählen nie wieder solche Storys vom Pferd!" Das ist von der üblen Art, dies sollte man niemals tun. Dinge zu behaupten, die nicht der Wahrheit entsprechen. Natürlich gehen nicht alle Gäste in die Sauna, ins Schwimmbad oder zu Behandlungen. Es ist heute aber ein „Absolutes Muss" und das ist der entscheidende Faktor. Wer dies nicht glaubt, tut mir leid.

Als Hotelier tragen Sie Verantwortung

Ich weiß lieber Hotelier, keine leichte Aufgabe für Sie. Sie stehen zwischen mehreren Fronten. Eine sportliche Aufgabe, die es zu erfüllen gibt. Sie dürfen Ihr Team bei Laune halten, müssen die Wünsche der Gäste erfüllen und zum Schluss kommen die Banken oder Gesellschafter, die ihr Recht einfordern. Das ist immer sehr spannend. Ich gehe aber davon aus, dass Sie aus Leidenschaft Hotelier geworden sind und Ihre Berufung hundertprozentig leben.

Hotelier zu sein, ist ein Traum

Ich bin kein Hotelier, lebe aber gut 80% meiner Zeit in Hotels und kann sagen, es ist ein Traum Gastgeber zu sein, wenn man das

Thema im Griff hat. Es gibt traumhafte Häuser auf dieser Welt. Hotels, wo der Servicegedanke an oberster Stelle steht und es super ist, als Gast zu verweilen. Diese Häuser kann ich leider an einer Hand abzählen. Es sind die berühmten 2 - 3%, all die anderen sind austauschbar. Zu welcher Gruppe gehören Sie?

Wie sieht Ihre Saunawelt aus

Erste Frage, haben Sie überhaupt eine Sauna? Wie alt ist diese, wo befindet sie sich, welche Größe hat sie? Haben Sie eine Saunawelt, mehrere Saunen und womöglich eine im Freien? Da wird es für manche relativ eng. Die Gäste mögen auswählen, zwischen einer Trockensauna, mit hohen Temperaturen. Dann eine milde Biosauna und weitere Variationen, die es auf dem Markt gibt. Über eines dürfen wir uns im Klaren sein, die Hersteller werden neue Dinge entwickeln und das macht es spannend.

Beratung das „A und O“

Lassen Sie sich von Profis beraten. Das ist dringlich, denn mit Ihrem Architekten klappt das nicht. Auch nicht mit Ihrem Team oder Ihrer Familie. Ich erlebe das oft, dass man mir sagt „Ja, ich habe das mit meinen Leuten oder meiner Familie besprochen.“ Meine Frage darauf „Wer von denen geht regelmäßig in die Sauna und macht Wellness?“ Da kommt meist „Von uns macht das keiner, wir mögen das nicht.“ Cool oder, keiner mag es, keiner hat eine Ahnung und diese Spezialisten entscheiden wie und was gemacht wird. Strotzend vor Selbstbewusstsein, übers Ziel hinaus schießend. Da bleibt mir nichts anders übrig als zu sagen, herzlichen Glückwunsch, ihr seid echt gut drauf.

Für Sie als Hotelgast

Im Ernst, wenn Sie die Wahl haben, wieso sollen Sie schlechter wählen, wenn es mehrere Möglichkeiten gibt, das ist doch absurd. Gönnen Sie sich ab sofort das Beste, ja das Allerbeste. Sie sind es sich wert jetzt und zu jeder Zeit. Das Leben ist zu kostbar, um es schlecht zu verbringen, verstehen Sie das? Es darf nie wieder Ihre Welt sein, darum achten Sie auf Ihre Wünsche und Bedürfnisse.

Eine Saunaauswahl ist ein Traum

Ich hoffe, Sie können das als Hotelgast so aufnehmen und vielleicht sagen Sie jetzt sogar „Ich bin aber kein Saunagänger." Das ist schade, aber dennoch wichtig, wenn ein Hotel über eine Saunalandschaft verfügt, da ist auch alles andere durchgestylt. Das ist eine großartige Ausgangsbasis, auf der fantastisch aufgebaut werden kann und dies sollten Sie bitte auch tun. Wenn Sie ein Saunagänger sind, dann genießen Sie es in vollen Zügen.

Ich frage vorab nach diesen Features

Ich erkundige mich immer vor der Buchung. Wenn ich als Referent und Erfolgsproduzent unterwegs bin, steht dies auf meiner Wunschliste. Ich muss auf mich achten, dass ich mich wohlfühlen kann. Wenn Sie das für sich tun, haben Sie eine andere Lebensqualität. Es ist wundervoll mit diesem Motto unterwegs zu sein.

Die Behandlungswelt

Jetzt wird es spannend, wie sieht es da aus? Was passiert in der Behandlungswelt? Passiert etwas und wenn ja, was? Fragen über Fragen, welche sich häufen und in den wenigsten Fällen kann alles positiv beantwortet werden. Deswegen heißt es mit Argusaugen darauf zu schauen, und eine Meisterleistung an den Tag zu legen.

Für Sie als Hotelier

Die Mehrzahl der Hoteliers haben damit nach wie vor nichts am Hut und finden dies sogar als unnötigen Ballast. Dann gibt es ein paar, die haben einen Raum, wo bei Bedarf ein Masseur oder eine Kosmetikerin kommt. Einige haben weitere Räume und zu guter Letzt gibt es die richtigen Top-Spezialisten, die eine fantastische Behandlungswelt vorweisen können.

Schade, wenn Sie über keine Behandlungswelt verfügen

Das möchte ich vorab losschicken, denn eine Behandlungswelt ist ein großartiges Profitcenter. Ich weiß das aus über 30-jähriger Erfahrung und kann es Ihnen nahelegen, machen Sie etwas daraus. Die meisten Hoteliers, denen ich das erzähle, kommen sofort mit einem „Ja, aber.....!" Und dann hängt ein ganzer Rattenschwanz an irgendwelchen Storys und Alibigeschichten dran, wieso nicht und überhaupt.

Wenn Sie es nicht tun, tun es andere

Schauen Sie sich das bitte explizit an, es ist wirklich simpel. Der heutige Gast ist immer mündiger und Wellness mit Behandlungen gehört dazu. Wenn Sie es nicht in Ihrem Programm haben, wird sich der Gast umorientieren und das für sich ideale Angebot buchen. Ich finde, wir leben in einer spannenden und großartigen Zeit. Schöner als jetzt war es noch nie auf dieser Welt, wir haben

Möglichkeiten über Möglichkeiten und es wird von Tag zu Tag besser. Ich weiß, viele sehen das leider anders, es geht aber einzig und alleine um das große Thema

"To be or not to bye!"

Sein oder nicht sein, das ist alles und egal, ob Sie jetzt ein Stadthotel oder ein Landhotel sind. Sie beherbergen auf alle Fälle Menschen. Wenn Sie ein tolles Angebot haben, nimmt der Gast es dankbar an.

Ich habe keine Ahnung

Das höre ich häufig, ist nicht schlimm, dazu gibt es Spezialisten und das läuft einfach ab. Sie holen einen Berater ins Haus, parallel einen Spezialisten für die Inneneinrichtung und für die Geräte. Ich würde prinzipiell mit Spezialisten zusammenarbeiten, mit Menschen, die einen Erfahrungsschatz auf diesem Gebiet haben.

Manches ist unnötig

Nun läuft es folgendermaßen ab, die Hersteller verkaufen natürlich unendlich gerne. Ist ja logisch, es ist deren Geschäft. Dann kommen wir ins Spiel und streichen über die Hälfte. Denn vieles ist definitiv unnötig, das weiß ich aus jahrzehntelanger Erfahrung. Danach öffnen wir den Markt und schauen, wo wir die Ware noch beziehen können und zu welchen Preisen. Es gibt Firmen, die haben sich super ausstatten lassen, jedoch leider keine Ahnung vom Geschäft und sind innerhalb kürzester Zeit weg vom Fenster. Diese sind heilfroh, wenn man die fast neuwertigen Geräte und Einrichtungen übernimmt. Da können Sie Geld sparen und wie. Aber das wissen die wenigsten Hoteliers, weil es ihnen keiner sagt. Dafür braucht es eben Erfolgsproduzenten, die das schnell umsetzen.

Wo wollen Sie hin

Wo soll die Reise hingehen? Es gibt etliche Möglichkeiten und Wege. Frage ist, welche/r ist für Sie und Ihr Haus der Beste? Je präziser die Formulierung, desto besser funktioniert es. Das Fatalste, was man machen kann, ist die Nummer von

„Wir probieren es mit einem Zimmer!"

Probieren können Sie ein Glas Wein, ein Stück Kuchen, und wenn es nichts ist, das Ganze wegwerfen. Beauty&Wellness und den damit zusammenhängenden Erfolg, können Sie niemals probieren. Das müssen Sie tun, die Konditionierung liegt klar auf dem Fokus, ein Profitcenter daraus zu machen. Wenn Sie das verstanden haben, liegen keine Stolpersteine auf Ihrem Weg. Da geht es sofort an die spannende Umsetzung, mit Elan und Power.

Was braucht es

Was ist für Sie wichtig und wie können wir das am schnellsten realisieren? Das ist der nächste Punkt, schnell in die Umsetzung zu gehen. Dabei machen viele Fehler und sind erstaunt, wenn es nicht hinhaut. Wer zu lange wartet, verliert die Lust daran und das darf niemals sein. Mit professioneller Hilfe funktioniert es auf großartige Art und Weise.

Beratung vor Ort

Bevor man loslegt, ist eine persönliche Beratung vor Ort wichtig. Das gesamte Anwesen wird in Augenschein genommen und wie es im Markte positioniert ist. Die Infrastrukturen, die Umgebung, die Gäste, die Zielrichtung und danach die große Frage, wo soll die Reise hingehen? Wenn das geklärt ist, geht es an die Umsetzung. Größe, wie schaffen wir uns eventuell weiteren Platz, für die Beauty&Wellnessabteilung. Welche Gäste sprechen wir zusätzlich an, denn in dem Moment, wo wir solch eine Einrichtung unser eigen nennen, haben wir natürlich sofort die großartige Chance, einen neuen Kundenkreis anzusprechen. Diesen gilt es bereits, vor dem ersten Spatenstich zu rekrutieren. Je früher, desto besser, das bringt von Anfang an mehr Volumen rein.

Schauen wir uns einige Beispiele an:

- Stadthotels
- Messehotels
- Tagungshotels
- Landhotels
- Ferienhotels
- Wellnesshotels

Stadthotels

"Das brauchen wir nicht, wir sind ein reines Stadthotel.............!" Na und, wo liegt das Problem? "Wir haben zu viel zu tun." "Ach ja, wie hoch ist Ihre Auslastung?" "Recht hoch." "Wie hoch genau?" usw., läuft der Dialog ab. Danach geht es ans Eingemachte und siehe da, wir haben öfters Lücken. In der Regel sind Stadthotels unter der Woche durch Geschäftsleute gut ausgelastet und am Wochenende ist es ruhiger. Zusammenfassend, auch Geschäftsleute freuen sich über eine vernünftige, professionelle Behandlung. Das Wochenende können wir mit Wellnessgästen füllen. Wenn wir ein paar nette Features einbauen, sind wir weiter, als die meisten Mitbewerber.

Messehotels

Da verhält es sich ähnlich, wie mit den Stadthotels. Wenn Messen sind, ist natürlich überbucht. Dann gibt es ein paar Tagungen und das war es. Wir können noch ein paar Busgruppen rein nehmen. Cleverer wäre es jedoch, an den Daten wo nicht viel los ist, Wellnessgäste zu begrüßen und dies verbunden mit speziellen Events. Es geht um eine hohe Auslastung, denn die Kosten laufen weiter, ob Gäste da sind oder nicht.

Tagungshotels

Klar, unter der Woche brummt es ohne Ende. Am Wochenende gibt es jedoch Lücken, die es zu füllen gilt. Das sollten Sie tun, denn sonst verlieren Sie gutes Geld. Ich weiß nicht, ob Sie sich das erlauben können.

Landhotels

Je nachdem wo sie angesiedelt sind, profitieren sie von Messen, die in den Städten stattfinden oder besonderen Events. Ansonsten läuft relativ wenig, vielleicht ein paar Urlaubsgäste, wenn es eine ansprechende Gegend ist. Da gilt es unbedingt nachzuhelfen, dass das Haus stets gut ausgebucht ist.

Ferienhotels

Tja, da gibt es solche und solche. Welche, die eine super Auslastung haben und andere, die nur in den Urlaubszeiten gefüllt werden. Ich schlage in diesem Fall vor, mit den entsprechenden Strategien, lassen Sie uns das gesamte Jahr eine Hochsaison daraus machen, das macht Spaß.

Wellnesshotels

Reine Wellnesshotels sind am Kommen. Da finden wir aber verstärkt noch riesige Lücken und diese müssen wir unbedingt füllen. Durch ein gezieltes Programm müssen wir darauf achten, dass wir die Top-Auslastung von 100% erreichen und dies zu Top-Preisen.

Welche Behandlungen

Ich werde oft gefragt, welche Behandlungen man unbedingt anbieten muss. Ich kann Ihnen eines sagen, auf der ganzen Welt werden im Schnitt 80 - 85% Massagen gebucht, danach folgt erst alles andere. Für mich erstaunlich, wie wenig dies bekannt ist und welche Energie auf irgendeinen Schnick Schnack gelegt wird. Eines ist wichtig, konzentriere dich auf das, was am meisten bringt. Getreu dem Wilfried Pareto Prinzip 20 zu 80.

20% der Gäste bringen 80% des Ertrages
80% der Gäste bringen 20% des Ertrages

Wenn Sie das anschauen, wie fühlt sich das für Sie an? Die meisten Menschen glauben es leider nicht. Bei näherem Betrachten und Nachrechnen stimmt es aber. Also heißt das für Sie im Klartext, Konzentration auf die Punkte, welche den geringsten Aufwand bedeuten und den höchsten Ertrag liefern.

Für Sie als Hotelgast

Ihnen kann ich eines empfehlen, buchen Sie, wo Sie sich am besten aufgehoben fühlen. Da liegen Sie goldrichtig, fühlen sich wohl und wie zu Hause. Das Leben ist zu wertvoll, um es mit schlechten Sachen zu verbringen. Möchten Sie das, ich kann nur von mir sprechen, ich niemals und ich achte darauf, dass ich es einhalte.

Buchen Sie ein vernünftiges Wellnessparadies

Es gibt in der Tat nichts Schöneres, als sich Kopf voran in das Wellnessparadies zu stürzen. In den Saunen zu entspannen, in den Schwimmbecken ein paar Runden zu drehen. Im Jacuzzi, sich beblubbern zu lassen. In den Ruheräumen sanft in die Träume zu gleiten. Unterbrochen durch Anwendungen von Kopf bis Fuß. Das ist die reinste Wohltat und Sie fühlen sich danach wesentlich leistungsfähiger und fitter.

Gehen Sie liebevoll mit sich um

Das ist meine Botschaft an Sie. Sie haben diesen wunderbaren Körper, von der ersten Minute an, bis zum Ende Ihres Lebens. Je sorgsamer Sie mit ihm umgehen, desto mehr Freude bereitet er Ihnen und Sie können sich lange damit fortbewegen. Leider missachten etliche Menschen ihren Körper, und sind dann erstaunt, wenn das System eines Tages kippt.

Boutique, Shop und Vitrine

Das kann ich nicht verstehen, dass es überhaupt kein Angebot gibt oder nur wenige. Da sind jede Menge Kunden, welche Zeit haben. Wie schön, wenn man in einer Boutique, einem Shop, in Vitrinen tolle Sachen anbieten kann. Es ist ein super Zusatzgeschäft und dies gilt es zu nutzen. Ein Einkaufserlebnis zu schaffen ist ein „Muss!"

Für Sie als Hotelier

Ist Ihnen überhaupt bewusst, wie viel Geld Sie jeden Tag verlieren? Können Sie sich das als Geschäftsmann leisten? Da bin ich mir nicht so sicher, ob das wirklich klug ist. Viele tun jedoch so, als wäre das alles eine Belastung. Vernünftig geplant, wird es zum tollen Erlebnis. Da gilt es natürlich ein paar Ideen zu haben und diese gleich umzusetzen.

Sie können es outsourcen

Wenn Sie es nicht unter Eigenregie machen wollen, würde ich es outsourcen und mich daran prozentual beteiligen. Das ist auch sehr schön und macht Spaß. Es gibt einige Möglichkeiten, denn die Gäste sind da und das Geld sitzt lockerer, wenn man unterwegs ist. Dieses möchten sie ausgeben, und wenn das nicht bei Ihnen der Fall ist, geben die Gäste eben das Geld woanders aus.

Sie können mit gigantischen Aufschlägen arbeiten

Ich bin fasziniert, wie günstig man einkaufen und einen Mega-Aufschlag drauf packen kann. Genau das sollten Sie tun und es wird einiges in Ihrem Leben verändern. Darum packen Sie es an, beschreiten Sie neue Wege. Bieten Sie dem Kunden eine Erlebniswelt, wo er sich gerne aufhält.

Wir haben keine Zeit zum Verkaufen

Da bin ich total geschockt, wie man so etwas behaupten kann. Das ist absurd, um nicht zu sagen bescheuert. Genauso wie der Spruch „Wir kümmern uns ausschließlich um unsere Kernkompetenzen!" Das ist per se richtig, aber es ist doch klar, die Kernkompetenz dreht sich ausschließlich um Ihre Hotelgäste.

Denken Sie stets an den Mindeststandard

Das möchte ich Ihnen ans Herz legen. Auch das Thema gehört zu den berühmten Mindeststandards. Wissen Sie, manchmal sind es kleine Impulse, welche die Gäste dazu bewegen, Ihr Haus erneut auszuwählen und nicht wo anders zu buchen. Bei meinen Hoteltests frage ich die Gäste, die ja nicht wissen, wer ich bin, wieso sie gerade dieses Hotel gewählt haben. Was ihnen besonders daran gefällt. Da höre ich meist „Es ist das Gesamterlebnis, alles unter einem Dach, da kann ich in Ruhe stöbern."

Machen Sie ein Profitcenter daraus

Etwas, was völlig autonom läuft und gute Erträge abwirft. Ich kann Ihnen eines sagen, Sie werden Spaß daran haben. Darum fangen Sie damit an und beamen Sie sich in eine völlig neue Dimension hinein. Es ist eine der wichtigsten Aufgaben, aus allem ein Profitcenter zu machen.

Für Sie als Hotelgast

Wie empfinden Sie es, abends vor dem Schlafen gehen, bei der Ankunft oder zwischendurch die Auslagen anzuschauen. Sogar ich als Mann liebe das und finde es toll, was es alles gibt. Es vergeht kaum ein Aufenthalt, wo ich nicht ein Mitbringsel für zu Hause mitnehme oder für mein Team. Sie wissen doch, kleine Geschenke erhalten die Freundschaft. Für mich als Schenkender, ist es eine besondere Freude zu kaufen und dann zu schenken.

Wählen Sie Hotels, wo es passt

Dadurch vermeiden Sie unnötigen Ärger und Stress. Wählen Sie so, dass es Ihnen vollends gut geht und Sie absolut im Lot sind. Wenn Sie das beherzigen, haben Sie wirklich und buchstäblich viel gewonnen. Wie sagt der Volksmund treffend „Wie man sich bettet, so liegt man!"

Ich lebe mich hundertprozentig

Das ist die spannende Botschaft, die ich Ihnen mit auf Ihren Lebensweg geben möchte. Leben ist Fülle in jeder Hinsicht und diese dürfen Sie ruhig leben. Reichtum und Lebensfreude ist das berühmte Geburtsrecht jedes Menschen, man muss es jedoch einfordern. Es kommt niemals von alleine, ist leider das, was die meisten Menschen nicht verstehen. Diese warten ein Leben lang auf den großen Moment.

Der Internet-Shop

Das ist die nächste, witzige Geschichte, wie wenig Hotels überhaupt einen eigenen Shop haben. Wie kann man so blind durchs Leben laufen. Ich verstehe das leider nicht, und kann mich darüber in jeder Hinsicht nur wundern. Aber das ist ja nicht schlimm und zum guten Glück nicht mein Geld, welches jeden Tag verloren geht. Wenn man sich das als Hotelier erlauben kann, ich weiß es nicht.

Für Sie als Hotelier

Lieber Hotelier, Hand aufs Herz, können Sie es sich leisten, jeden Tag Geld zu verlieren? Ist es in Ihrem Sinne, oder haben Sie nur keine Ahnung von der Materie? Das ist glaube ich der Grund. Dann werden in der Regel irgendwelche komischen Typen gefragt, die einmal die Webseite gestaltet haben. Oft wird das jedoch von deren Seite aus verniedlicht, aus einem einfachen Grund, weil diese Leute keine Ahnung haben, wie man vernünftig und schnell einen Shop aufbaut.

Fragen Sie einen unabhängigen Erfolgsproduzenten

Sie können ja den Test aufs Exempel machen und bei Ihren Kollegen auf der Webseite nachschauen, ob diese überhaupt einen Shop haben. In der Regel werden Sie keinen finden. Es wird vernachlässigt und das ist töricht, um nicht zu sagen dumm. Können Sie sich das als Kaufmann überhaupt leisten?

Was soll ich verkaufen

Das werde ich ungläubig gefragt, als ob man nichts zum verkaufen hätte. Gehen wir davon aus, Sie haben in Ihrem Laden nichts außer Zimmer, ein Restaurant, wenn es hoch kommt, eine Bar, das ist doch eine super Ausgangsbasis. Sie können diese gesamten Angebote über den Shop vertreiben, selbstverständlich auch Gutscheine. Denn Gutscheine werden liebend gerne verschenkt und sind eine Möglichkeit, die Leute an Ihr Haus zu binden.

Wenn Sie einen Shop im Hotel haben, ist das super

Das ist natürlich noch spannender. Als Erstes würde ich Produkte aus der Region nehmen. Es gibt überall auf der Welt und in jeder Region Spezialitäten. Diese können Sie gut anbieten und es ist eine große Freude für Ihre Gäste, wenn Sie auf einfache Art und Weise ein Mitbringsel kaufen können.

Gäste lieben Mitbringsel

Ich erlebe das bei mir selbst. Wenn ich beim Ein- oder Auschecken warten muss, was nicht sein sollte, finde ich es spannend, wenn mein Auge sich irgendwo hin beamen kann. An der Theke oder auf einem Tisch daneben, was sollte ich sonst machen? Vielleicht in der Nase bohren, das wäre eine Alternative, telefonieren, oder lesen? Wie oft nehme ich was mit, weil mir da gerade eine Idee kommt, für die Lieben zu Hause oder das Team. Somit freuen sich alle, ich als derjenige, der rein zufällig etwas gefunden hat, Sie als Hotelier, dass Sie etwas verkauft haben und zum Schluss die Beschenkten. Dadurch passt es in alle Richtungen, welch wunderbares Feeling.

Nutzen Sie den Lift zum Ausstellen

Manche Lifts sind karg und geschmacklos. Vielleicht haben Sie da eine Möglichkeit, etwas auszustellen, oder zumindest ein paar Bilder von außergewöhnlichen Giveaways, die berühmten kleinen Souvenirs. Es muss in einer Preisregion liegen, wo man ohne lange nachzudenken sagen kann „Hey, das nehme ich mit………!“ Wenn es einen vernünftigen Preis hat, nehmen die Gäste öfters mehrere Artikel mit.

Diese Dinge können Sie auch im Internetshop anbieten

Wenn es außergewöhnliche Dinge aus der Region sind, werden

die Kunden es nachkaufen wollen. Auf diese Art und Weise bauen Sie sich eine wunderbare Cashmaschine auf, die automatisch Geld reinspült. Da fängt es an, richtig Spaß zu machen. Ideal sind die gesamten Produkte, eigene Frottierwaren, die Sie in dem Schönheits- und Wellness-Bereich verwenden. Da gilt es zu beachten, dass Sie auf White Labeling umsteigen, es gibt keinen Sinn, Produkte im Shop aufzunehmen, die an jeder Ecke verkauft werden.

Für Sie als Hotelgast

Wie sehen Sie das als Gast, wie oft wollten Sie etwas mitbringen und es ist bei dem Wunsch geblieben, weil es auf Ihrer Reise keine Gelegenheit gab, etwas einzukaufen. Dabei sind es gerade die kleinen Geschenke, welche die berühmte Freundschaft erhalten. Das alte Spiel von „Hallo, ich habe an dich gedacht!"

Es ist die berühmte Symphonie

Es sind nie einzelne Bereiche, die das Große und Ganze ausmachen. Es ist stets ein Zusammenspiel von einigen Faktoren, die letztlich zu einer Differenzierung führen und das Hotel zu einem angenehmen Ort werden lassen. Als Hoteldirektor sind Sie der berühmte Dirigent und Ihr Team das Ensemble.

White Labeling

Auf dem Weg zum Profitcenter ist es wichtig, dass man als Hotelier die Augen offen hält und überprüft, wo kann man ansetzen, den Benefit für den Gast und für das Hotel besser umsetzen. Eines dieser tollen Tools ist das berühmte White Labeling.

Für Sie als Hotelier

Zeitweise frage ich mich, was mancher Hotelier denkt, fühlt und daraus resultierend dann die einzelnen Handlungen. Leider konzentrieren sich viele nur auf das Thema Übernachtung und auf Food & Beverage. Das reicht bei Weitem nicht aus, wir haben in einem Hotel doch immense Möglichkeiten.

Die Gäste sind da und sie haben das Geld lockerer sitzen

Wenn Sie Ihren Gästen als Hotelier nicht die Möglichkeit bieten, ihr Geld bei Ihnen auszugeben, wird es der Gast woanders tun. Kaufmännisch unklug, das sollten Sie nicht tun. Hier ist es wichtig, dass Sie einen anderen Weg beschreiten. Selbst wenn mir manch ein Hotelier sagt „Ich muss nicht jedes Geschäft mitnehmen!“ Diese Aussage finde ich fatal und dumm.

Womit duschen sich die Gäste bei Ihnen im Hotel

Da gibt es zwei Möglichkeiten, ein No-Name Produkt von der Stange, möglichst billig, unscheinbar, dass man es als Gast sofort vergisst. Dann kommt die nächste Variante, Produkte von irgendeiner Firma, wo deren Label draufsteht. Klasse, für andere Firmen Werbung zu machen und was haben Sie davon?

Welche Produkte werden in der Wellnessabteilung verwendet

Ein Depot, zwei, drei, vier, fünf, zehn, es sind keine Grenzen gesetzt. Je mehr Depots Sie zum Verkauf anbieten, das heißt, je mehr

Firmen Sie vertreten, desto komplizierter wird es in Ihrem Laden. Einmal für die Gäste, denn die wissen überhaupt nicht, wo anfangen und auch für das arme Team. Wie soll man sich da auskennen, es ist ein Ding der Unmöglichkeit. Da nützen auch Produkteschulungen nichts, denn die finden oft an einem einzigen Tag statt. Zig Produkte werden den armen Leuten um die Ohren gehauen, mit Inhaltsstoffen, Anwendungsbereiche, Behandlungen, Preise und vieles mehr. Das kann sich kein Mensch merken dementsprechend fallen die Beratungen und Behandlungen aus.

Konzentration auf das Wesentliche

Das ist das Thema, konzentrieren Sie sich auf eine Sache. Diese beherrschen Sie in- und auswendig. Da sind Sie topfit unterwegs und keiner kann Ihnen etwas vormachen. Es ist auch für Ihr Team leichter, denn diese benutzen in der Regel selbst die Produkte und sind davon begeistert. Was jedoch bei mehreren Depots unmöglich ist.

Wieso machen Sie Werbung für andere Firmen

Das kann ich leider nicht nachvollziehen. Wenn Sie Produkte von anderen Firmen verkaufen, sind die Kunden für alle Zeiten weg. Nehmen wir die bekannte Firma XY, die ist schon lange auf dem Markt und namhaft. Schauen wir uns die zwei Bereiche an.

- Auf dem Zimmer
- In der Wellness-Abteilung

Auf dem Zimmer

Der Kunde duscht in den Zimmern mit dem Produkt, findet es toll und was wird er tun? Die Wahrscheinlichkeit, dass er bei Ihnen kauft, ist groß.

In der Wellness-Abteilung

Hier ist das Thema wesentlich komplexer, der Gast wird beraten, es ist zeitaufwendig, er wird behandelt und kauft in der Regel das eine oder andere Produkt, wenn man es richtig macht.

Kaufen ja oder nein

Der Kunde kennt das Produkt XY und er weiß, dass es die Produkte in jeder Parfümerie, im Fachhandel und im Internet zu kaufen gibt. Vielleicht kauft er etwas von der Firma XY bei Ihnen oder er gehört zu den Schlauen, die sich sagen „Ich schaue im Internet nach, mal sehen, ob es da nicht irgendwo ein Angebot gibt!“ Und wissen Sie was, es funktioniert immer, irgendeiner im Internet wird das Produkt günstiger anbieten. Schon ist das Geld an Ihnen vorbeigegangen, oder er kauft und besorgt sich die weiteren Produkte woanders.

Erkennen Sie die Gefahr und den Verlust

Wohl kaum, sonst bekäme ich nicht die Antwort "Ach, wegen den paar Produkten, das ist nicht unser Kerngeschäft!" Es wäre Ihr Kerngeschäft, wenn Sie es erkennen würden. Ich zeige es Ihnen anhand ein paar Zahlenbeispielen kurz auf. Ein Kunde kauft bei Ihnen ein Produkte-Set im Wert von € 200,00. In der Liste führen wir die einzelnen Schritte auf, denn wenn ein Kunde einmal gekauft hat und zufrieden ist, kauft er nach. Ein begeisterter Kunde hat eine Life-Time von circa 10 Jahren. Manche wesentlich länger, wissen Sie, was das ausmacht? Es sind gigantische Summen, die da zusammen kommen. Ob Sie darauf verzichten können? Da bin ich mir, nach dem Sie die Zahlen angeschaut haben, nicht mehr ganz sicher.

Einmaliger Kauf **€ 200,00**

Einmal gekauft und nie wieder, Sie haben einen Umsatz von € 200,00 und der Gewinn richtet sich nach Ihrem Einkauf.

Jährlich **€ 2.400,00**

Der Kunde kauft einmal im Monat das Set, weil es sich um ein sogenanntes Verbrauchsprodukt handelt. Vielleicht sagen Sie sich, der Kunde kauft nur alle zwei Monate, ist doch egal, dann sind es immer noch € 1.200,00 und damit € 1.000,00 mehr.

10 Jahre **€ 24.000,00**

Was haben Sie nun für ein Feeling, wie geht es Ihnen damit? Sprechen Sie die Zahl langsam und deutlich „€ 24.000,00." Wie liest sich das? Ein cooles Feeling oder? Wenn ich das den Hoteliers vorrechne, höre ich darauf meist ein Ja-aber. Klar ein Einwand, denn wer gibt gerne zu, dass er nicht rechnen kann.

Sie haben in 10 Jahren € 24.000,00 verloren

Ich hoffe, Sie können den Schmerz in sich spüren, einen heftigen Schmerz, welcher sich in Ihnen ausbreitet. Es kommt noch schlimmer, ich hoffe Sie sitzen gut und halten sich fest. Wir sprachen von einem Gast, es sind aber mehrere, welche Einkaufen und Ihnen die Treue halten.

1 Gast	**€ 24.000,00**
10 Gäste	**€ 240.000,00**
100 Gäste	**€ 2.400.000,00**
1.000 Gäste	**€ 24.000.000,00**

Wie fühlt es sich für Sie an? Hammer oder, unglaublich und Sie verzichten auf solch ein tolles Geschäft? Können Sie sich das überhaupt leisten? Ich glaube ab heute nicht mehr, denken Sie daran, es ist eine gigantische Summe. Wenn Sie jetzt hingehen und womöglich der Meinung sind, es wäre unrealistisch, kein Kunde kauft für € 200,00, dann reduzieren Sie es auf die Hälfte, da sind es bei 1.000 Kunden immer noch € 12.000.000,00, oder Sie reduzieren es erneut. Egal wie Sie es drehen und wenden, es bleibt auf alle Fälle mehr übrig, als im Moment.

Hier ist die Lösung

Nun wollen Sie bestimmt die Lösung wissen, diese ist simpel, sehr simpel sogar und einige Kollegen von Ihnen, haben es bereits begriffen und setzen es um.

Sie brauchen eine hoteleigene Produktelinie

Die Vorteile sind gigantisch, schauen wir uns diese im Detail an:

- Die Produkte gibt es nur bei Ihnen
- Kein Depotzwang
- Sie bestimmen die Preise
- Sie bestimmen die Rabattierung
- Ihre Reputation steigt
- Sie haben kontinuierliche Einnahmen
- Ihr Team kennt die hauseigenen Produkte perfekt
- Hoher Verkauf in der Wellnessabteilung

Diese Produkte gibt es nur bei Ihnen

Sonst nirgendwo auf der Welt. Es sind Ihre Produkte und keiner kann Ihnen reinreden. Der Kunde muss zwangsläufig die Produkte bei Ihnen nachbestellen, wenn er sie haben möchte, kann nicht in die nächste Parfümerie gehen, das schafft eine hohe Kundenbindung.

Kein Depotzwang

Es ist von den Firmen üblich, einen sogenannten Depotzwang auszuüben. Das heißt, du musst eine bestimmte Menge Produkte abnehmen, sonst bekommst du nichts. Bei einer eigenen Serie entscheiden Sie, wie hoch die Produktion sein soll.

Sie bestimmten die Preise

Das ist spannend, da die Produkte konkurrenzlos sind und sonst nirgendwo anders beim Mitbewerber zu kaufen. Sie können Ihre Preisgestaltung völlig frei vornehmen. Das bereitet großen Spaß und Freude.

Sie bestimmen die Rabattierung

Wenn Sie irgendwelche Aktionen fahren wollen, können Sie dies ohne Abstimmung mit der Firma tun. Sie sind Ihr eigener Herr und Meister, das ist von unschätzbarem Wert.

Ihre Reputation steigt

Sie sind als Hotelier anders angesehen, wenn Sie eine eigene Produktkollektion vorweisen können. Das gibt mehr her, als Produkte von irgendwelchen Firmen zu führen. Nutzen Sie dieses wunderbare Potential.

Sie haben kontinuierliche Einnahmen

Das ist gigantisch, weil es sich um Produkte des täglichen Bedarfs handelt, wird nachgekauft. Ohne dass Sie überhaupt etwas tun müssen, es ist leicht verdientes Geld. Es ist die Cash-Maschine per se, denn der Kunde braucht die Produkte des täglichen Bedarfs.

Ihr Team kennt die hauseigenen Produkte perfekt

Das gesamte Hotelteam muss fest dahinter stehen. Es macht Spaß, wenn vom Zimmermädchen, Hausmeister, bis hin in die höchste Führungsetage alle diese Produkte selbst verwenden und sich damit bestens auskennen.

Hoher Verkauf in der Wellnessabteilung

Dadurch, dass es nur eine Serie gibt, nämlich Ihre eigene, steigt der Produktverkauf. Das Team ist hoch motiviert, macht großartige Behandlungen mit den Produkten und kennt sich perfekt aus. Endlich weg von den vielen Depots, denn das bedeutet das Ende der Kannibalisierung, mit zu vielen Produkten. Wenn Sie dann Ihr Team noch prozentual beteiligen, passiert weitaus mehr. Zufriedenheit und Spaß in allen Bereichen.

Sprechen Sie mit uns darüber

Es ist in der Tat einfach, darum sprechen Sie heute noch mit uns. Schreiben Sie eine E-Mail an crameri@crameri.de mit dem Betreff „Hoteleigene Produkte." Sie erhalten umgehend Antwort und das spannende neue Geschäft, kann für Sie in Kürze beginnen.

Für Sie als Hotelgast

Was empfinden Sie als Hotelgast, diese Zahlen zu sehen. Das hat doch was, oder? Am besten eröffnen Sie auch ein Hotel, damit Sie in den Genuss von den Einnahmen kommen. Spaß beiseite, es ist auch für Sie schön, außergewöhnliche Produkte im Bad zu haben.

Kaufen Sie stets dort, wo Sie beraten werden

Das ist eine uralte Regel, die Glück und Erfolg in sich birgt, dass man stets dort kauft, wo man beraten wird. Da, wo Menschen sind, die sich Zeit nehmen und Ihnen alles zeigen. Danach ist es für Sie bequem, direkt übers Internet zu bestellen. Einfacher geht es nicht mehr und wenige Tage später kommt die Lieferung.

Klasse statt Masse

Das ist nach wie vor spannend, dies zu sehen. Wie schön, dass man die Auswahl hat und bevor ich ein Massenprodukt kaufe, hole ich mir etwas Individuelles. In erster Linie achte ich natürlich darauf, dass es reine Natur ist. Denn für mich ist das Beste gerade gut genug.

Der berühmte Reparaturstau

Haben Sie schon davon gehört, sicherlich und es ist für mich erschreckend, wie viele Hoteliers so unterwegs sind. Was ist das für ein seltsamer Zeitgeist, da wird noch und nöcher Geld rausgeholt. Man sollte aber die Kuh, die man Tag für Tag melkt, ab und an füttern, damit sie möglichst lange Milch gibt. Sonst geht der Schuss förmlich nach hinten los und was dann? Tja, da kann das Hotel geschlossen werden, und eine Generalsanierung muss her.

Für Sie als Hotelier

Achten Sie als Hotelier unbedingt darauf, dass Sie stetig einen Teil des Cashflows in Ihr Haus investieren. Denn ein Hotel wird rasend schnell durch die Benutzung abgewohnt. Dies verlangt von jedem Hotelier Weitsicht, die klare Erkenntnis und das Verständnis, dass Reparaturen und Erneuerungen durchgeführt werden. Sonst haut das nicht hin und man holt sich dadurch immense Probleme ins Haus. Das ist nicht besonders intelligent, wie sich einige Hoteliers verhalten.

Manchmal bin ich in einem Hotel und wundere mich

Das ist echt der Hammer, was ich da erleben darf. Da muss ich mich wirklich fragen, ob der Hotelier nie seinen eigenen Laden anschaut, geschweige denn, sein Haus inspiziert. Hier auf die schnelle eine kleine Rundreise.

- Fußböden
- Zimmermöbel
- Mobiliar in öffentlichen Räumen
- Vorhänge
- Wände und Fassade

Fußböden

Schlimm bei Teppichböden, die haben oft jahrzehntelang keine Grundreinigung erhalten. Die strotzen vor Dreck, in den öffentlichen Räumen, Fluren und Zimmern.

Zimmermöbel

Manchmal frage ich mich, wo kommen alle diese Möbel her? Abgewohnt bis zum geht nicht mehr, vergilbt, abgeschossen, Kanten und Ecken fehlen. Einfach unglaublich und wenn ich dann die oft zu kleinen Betten sehe, mit den durchgelegenen Matratzen, oh je, oh je, das ist übel.

Mobiliar in öffentlichen Räumen

Da ist es bei manchen Hoteliers erstaunlich, dass diese oft besser aussehen, als in den Zimmern. Nach dem Prinzip von „Der erste Eindruck muss passen!“ Wenn danach der Schock auf dem Zimmer kommt, spielt es keine Rolle mehr.

Vorhänge

Die ein Dasein ohne Wasser und Seife fristen. Gardinenringe fehlen und Stoffrisse sind an der Tagesordnung. Dabei ist es wichtig, dass diese in Ordnung sind. Genauso wie die vor Schmutz strotzenden Fensterscheiben.

Wände und Fassade

Die förmlich nach neuer Farbe schreien. Dabei ist es nicht schwierig, jedes Jahr einen Teil des Hotels zu streichen. Es muss nicht alles auf einmal sein, aber anfangen, sollte man irgendwann.

Wie oft höre ich, wir haben kein Geld

Was ist das für ein dummer Spruch, kein Geld, wo geht denn das ganze Geld hin, welches eingenommen wird? Anscheinend in irgendwelche dunklen Kanäle. Hoteliers neigen stark dazu, permanent zu jammern. Das kann ich leider nicht nachvollziehen. Es gibt in der Regel auch keinen Grund zu jammern. Sagen wir mal so, noch nicht, denn wenn man nichts macht, hat man irgendwann ein riesen Problem. Nach einer gewissen Zeit kann man die Bude abreißen und das haben wir leider überall auf der Welt. Ich denke an das fantastische Hotel Chantarella, oberhalb von St. Moritz. Das Hotel hatte eine supertolle Lage, die Besitzer haben leider das Haus total leer gemolken, dass die Auflagen in alle Richtungen nicht mehr zu stemmen waren.

Man findet etliche Ruinen

Es gibt sogar ganze Landstriche, wo förmlich versäumt wurde, sich dem neuen Zeitgeist anzupassen. Es gibt Regionen, denen ging es jahrzehntelang super, die Gäste kamen in Strömen, weil es keine Alternative gab und jetzt, gibt es da nur noch einige wenige Häuser. Die anderen dümpeln vor sich hin oder sind bereits geschlossen. Dadurch sterben ganze Regionen aus, weil das Gästeverhalten ein völlig anderes geworden ist.

Der heutige Gast hat Auswahl ohne Ende

Das sollte man sich als Hotelier vor Augen führen. Der heutige Gast muss nicht mehr froh sein, überhaupt ein Zimmer zu bekommen, es gibt eine riesige Auswahl. Im Zeitalter von Internet und den verschiedensten Plattformen, werden diese Dinge rasend schnell kommuniziert.

Sie haben als Hotelier zwei Chancen

Zu wachsen oder zu sterben, und es wird ein qualvoller Tod. Welchen Weg wählen Sie? Klar finden Sie das womöglich eine dämliche Frage und unangebracht. Das spielt keine Rolle, Frage ist, was machen Sie daraus? Welchen Weg schlagen Sie ein, um eine Meisterleistung zu vollbringen.

Ich habe gut reden

Natürlich habe ich gut reden, weil ich nicht Ihre komische Einstellung teilen muss. Ich ein Freund der Erfolgreichen bin und diese gerne unterstütze, damit sie noch stärker und besser werden. Was ich nicht mag, sind die Jammerlappen, welche lieber klagen und lamentieren, über die heutige schlechte Zeit. Das ist bescheuert, denn die Zeit war noch nie so gut wie jetzt. Sie mit Ihrer Einstellung sind das Problem, lieber Hotelier. Womöglich gehören Sie zu denen, die mit hoch erhobenem Haupt, durch die Welt marschieren.

Für Sie als Hotelgast

Bitte wehren Sie sich, was das Zeug hält, lassen Sie sich nichts bieten. Gehen Sie auf die Barrikaden, weigern Sie sich den vollen Preis zu begleichen, wenn die Leistungen miserabel waren. Nur wenn Sie sich wehren, werden Sie recht bekommen. Geben Sie dem Hotelier eine Chance, dass er die Missstände beheben kann, oder es zu einer Preisminderung kommt. Wenn er dazu nicht bereit ist, nutzen Sie sofort die Social Media Welt.

Es muss zu einer natürlichen Marktbereinigung kommen

Das ist meine Einstellung und dazu stehe ich auch. Wer als Hotelier Bruchbuden, mit heruntergekommenen Zimmern vermietet, muss dies kommunizieren und die Preise anpassen. So hat jeder Gast die Chance, das Haus zu buchen oder nicht. Nach dem Motto „Hallo lieber Gast, wir freuen uns sehr, sie davon in Kenntnis zu setzen, dass wir seit 30 Jahren nicht mehr renoviert haben. Die Zimmereinrichtung ist noch wesentlich älter, die Matratzen sind komplett durchgelegen, die alten Teppichböden seit 50 Jahren im gesamten Haus. Das Personal relativ lustlos, usw." Wer macht das schon? Da wird lieber eine heile Welt vorgegaukelt und schöne Bilder gezeigt.

Wehren Sie sich

Mir bleibt nur eines übrig, Sie permanent dazu aufzufordern, dass Sie sich wehren. Denken Sie als Hotelgast bitte daran, dass Sie gutes Geld für die Leistungen bezahlen müssen. Dafür haben Sie ein Anrecht auf eine angemessene Gegenleistung. Scheuen Sie sich nicht davor, selbst wenn man Ihnen damals womöglich im Elternhaus beigebracht hat, dass Bescheidenheit eine Zierde ist und man sich nicht beschwert. Wenn ich unterwegs bin, kommt mir oft zu Ohren „Wir sagen lieber nichts und kommen nicht mehr!" Falsch, falsch und nochmals falsch, das nenne ich Feigheit.

Trainieren Sie, es hilft Ihnen auch in anderen Bereichen

Lesen Sie sich diesen Satz bitte erneut durch, trainieren Sie klar, konkret, messbar und unmissverständlich zu sagen, was Sie sich wünschen. Es stärkt ungemein Ihr Selbstbewusstsein und Sie erreichen dadurch sich selbst gegenüber eine höhere Wertschätzung. Ich habe zu diesem Thema ein Buch geschrieben „Sag, was du willst – damit du das bekommst, was du willst!" Das ist eine wichtige Botschaft.

Andere Möglichkeiten, bei nicht angenommenen Reklamationen

Der eine oder andere Hotelier denkt sicherlich, dass ich die Gäste aufhetze. In keinster Art und Weise, ich stehe für beide zwei Seiten ein. Für den Gast, dass er sich wie ein Gast im Hotel aufführt und für den Hotelier, dass er seine Leistungen korrekt erbringt, welche er ausgeschrieben hat. Wenn sich alle an die Spielregeln halten, ist das gut und es wird zu einem schönen Zusammenspiel. Wenn nein, darf es nicht auf Kosten des Gastes passieren.

100% Auslastung

Lieber Hotelier, fallen Sie mir jetzt nicht vom Stuhl, halten Sie sich gut fest. Eine 100%-ige Auslastung ist das „A und O." Es ist das Schönste, was man erstreben kann und letztlich auch muss. Es hat Vorteile für den Hotelier, wie für den Gast. Schauen wir uns die einzelnen Details genauer an.

Für Sie als Hotelier

Ich bin mir sicher, dass Sie Ihre Auslastung kennen. Mal mehr, mal weniger gut ist diese. Schade, schade, kann ich dazu sagen, wenn Sie sich nicht bei den 100% bewegen. Ich weiß, was Sie mir nun antworten, dass es nicht möglich ist. Sie werden mir unverzüglich eine Palette auftischen, um Ihre These zu untermauern. Das ist schade, wenn Sie dies tun. Es ist wesentlich sinnvoller, die eigene Energie für das Positive aufzuwenden. Dabei kommt weitaus mehr rüber und das bringt den großen Erfolg.

Wieso haben Sie keine 100%-ige Auslastung

Ich überlege mir, ob wir alles auflisten sollen oder nicht, und komme zu der Entscheidung, es schnell zu tun. Damit haben wir die Chance, am lebenden Objekt zu lernen und unser Verhalten zu korrigieren. Also starten wir mit den einzelnen Punkten.

- Die Wirtschaftslage ist schlecht
- Die Leute haben kein Geld
- Die Firmen sparen
- Wir haben zu viele Hotels
- Unsere Lage ist nicht gut
- Wir haben kein gutes Personal
- Die Region ist am Aussterben

Die Wirtschaftslage ist schlecht

Oh nein, was interessiert Sie die Wirtschaftslage? Das ist doch egal, was draußen passiert, ist meine persönliche Meinung. Wichtig ist, was bei Ihnen passiert, wie Sie darauf achten, dass viele Gäste Ihr Haus besuchen und wieder kommen. Da haben Sie mehr als genug zu tun, meinen Sie nicht auch?

Die Leute haben kein Geld

Das ist der nächste Schwachsinn, welcher erzählt wird. Lassen Sie sich eines gesagt sein, es ist eine reine Alibiübung, dass die Leute kein Geld haben. Die Menschen haben genug Geld, Frage ist nur, wofür sie es ausgeben, ob bei Ihnen oder woanders. So simpel ist die Geschichte, Sie können wählen, jeden Tag aufs Neue.

Die Firmen sparen

Dieses Jammerlied wird liebend gerne gesungen, von wegen, dass die Firmen sparen. Natürlich gibt es das, dass die eine oder andere Firma ihre Fortbildungsmaßnahmen runterschrauben. Dafür gibt es andere, die Vollgas geben. Da taucht die Frage auf, ob Ihr Laden aktuell ist und ob die Leute gerne zu Ihnen kommen.

Das Angebot ist zu groß

Ich finde es wundervoll, dass wir so viele Hotels haben. Konkurrenz belebt das Geschäft ungemein und das ist klasse. Dadurch haben wir ein leichtes Spiel besser zu sein, als unsere Mitbewerber. Wenn Sie einen Tick besser sind, haben Sie bereits gewonnen. Aber diesen kleinen und feinen Unterschied, gilt es zu erkennen und auszuleben.

Unsere Lage ist nicht gut

Da muss ich schmunzeln, wieso haben Sie gerade dort das Hotel gebaut? Ich weiß, eine doofe Frage, also erzählen Sie nie wieder so einen Quatsch. Es ist so, wie es ist und darum machen Sie daraus eine große Meisterleistung, da haben Sie genug zu tun.

Wir haben kein gutes Personal

Daran sind Sie schuld, Sie haben genau das Team, welches Sie verdient haben. Jetzt aber Hand aufs Herz, wie kamen all diese aus Ihrer Sicht komischen, faulen und doofen Leute zu Ihnen? Waren sie über Nacht da und dann ging es los? Oder gab es jemanden, der sich für die Leute entschieden hat? Da höre ich häufig „Es gibt keine guten Leute!“ Was für ein Blödsinn, wenn man den Quatsch glaubt und erzählt, darf man nicht erstaunt sein, dass man genau solche Leute um sich hat. Erkennen Sie das Problem? Wenn nicht, gehen Sie vor den Spiegel, da erkennen Sie es gleich.

Die Region ist am Aussterben

Wer behauptet das? Selbstverständlich gibt es Regionen, die alles verpennt haben, wo man eigentlich nicht mehr hingeht. Aber auch in solchen sogenannten toten Regionen gibt es ein paar Hotels, die richtig supergut drauf sind. Die ohne Ende brummen und wo es läuft. Ich denke zum Beispiel an die Traube in Baiersbronn und in Tonbach an den Bareiss. Was haben die Hoteliers für eine Meisterleistung an den Tag gelegt. Es gibt noch weitere Beispiele, ich habe einfach zwei herausgegriffen.

Erschreckend, wie viele Häuser sich unter 50% bewegen

Das ist sehr bedenklich, sich unter 50% Auslastung zu bewegen. Dies ist in der Regel nicht einmal kostendeckend und da muss dringend eine Änderung her, sonst sind die Tage gezählt. Die Kosten laufen davon und wie.

100% ist das Mindeste, sage ich bei den Beratungen

Da schauen mich die Hoteliers stets entgeistert und ungläubig an. Wo ist denn die Messlatte, wenn nicht bei 100%? Es gibt keine andere, auch wenn einige meinen „Ach 60% wäre sehr gut.“ Selbstverständlich sind 10% mehr besser, aber noch lange nicht ideal. Wenn wir etwas tun, dann immer auf der Ideallinie und im Maximalismus.

Wir schaffen keine 100%

Das nenne ich die berühmte, selbsterfüllende Prophezeiung. Wie kann man derart unterwegs sein? Bereits in der Bibel steht geschrieben

„Nach eurem Glauben geschehe euch!"

Sehen Sie es sportlich, nehmen wir ein Autorennen. Was ist das Ziel von jedem Autorennfahrer? Den ersten Platz zu ergattern und dafür wird alles getan. Das gesamte Team ist darauf getrimmt, sich hundertprozentig einzusetzen, um auf dem Podest zu stehen. Weder rechts noch links, sondern in der Mitte und erhöht.

Sie schaffen es

Denken Sie bitte daran, auch Sie schaffen es ohne Probleme. Wichtig ist Ihre Einstellung, Ihr Drive es nach oben zu bringen. Dazu benötigen Sie Hilfe, denn das, was Sie bisher geleistet haben, hat gezeigt, wie weit Sie gekommen sind. Folglich haben Sie es nicht alleine geschafft, das ist nicht schlimm. Ab sofort holen Sie sich Top-Erfolgscoaches in Ihr Haus. Menschen, die wissen, wie es genau geht.

Es liegt an Ihnen

Darüber sollten Sie sich im Klaren sein. Sie haben das Zepter in der Hand und kein anderer. Wie schön, wenn Sie das erkennen und dann professionelle Hilfe in Anspruch nehmen. Das wünsche ich Ihnen sehr, und Sie werden mehr Freude an Ihrem Geschäft haben, als je zuvor. Fangen Sie heute noch damit an.

Für Sie als Hotelgast

Was bedeutet das für Sie als Hotelgast, wenn das Haus eine 100%-ige Auslastung fährt? Ich finde das spannend, wenn ein Haus ausgebucht ist. Da ist Leben vorhanden, die Qualität stimmt und es laufen alle auf Höchstleistung. Der Service ist top, wenn es sich um ein eingespieltes Team handelt, idealer kann es nicht sein.

Was ist, wenn nichts los ist

Wenn ich ziemlich der einzige Gast bin, würde ich mir ernsthaft Gedanken machen. Da stimmt etwas nicht und das ist nicht gut. Darum würde ich mich vor Hotels in Acht nehmen, wo nichts los ist. Schauen Sie einfach bei den Bewertungsportalen im Vorfeld schon die Kommentare an. Daraus können Sie sehr viel ableiten und wenn Sie es dann auch noch berücksichtigen, liegen Sie in der Tat richtig. Vielmehr gibt es dazu nicht zu sagen.

Das Beschwerdemanagement

In der Regel haben die Hotels überhaupt kein Beschwerdemanagement und anstatt, dass die Chance genutzt wird, fängt eine Argumentationsschlacht an. Unglaublich, wie naiv, um nicht zu sagen dümmlich das Ganze abläuft. Schauen wir uns die einzelnen Punkte an und dann heißt es in die Veränderung zu gehen.

Für Sie als Hotelier

Anstatt sich angegriffen zu fühlen, sollten Sie dankbar sein, dass der Gast sich die Zeit nimmt und etwas sagt. Das ist wesentlich intelligenter und schafft Ihnen eine super Reputation, weil der Gast sich angenommen fühlt und dies ist genau das, was er unbedingt braucht. Nutzen Sie diese tolle Chance, welche Sie kostenlos erhalten und lernen Sie daraus.

Was machen die meisten Hotels bei Beschwerden

Ich finde es spannend, wie die Hoteliers und das Team bei Beschwerden vorgehen. Ich erlebe das oft und in der Regel halte ich als Gast meinen Mund, weil es mir zu mühsam ist, mich mit irgendwelchen Unqualifizierten herumzuschlagen. Wenn ich eines nicht mag, dann sind es unqualifizierte Leute. Klar können die nichts dafür, wenn der Alte schon ein Blö..............ist. Dennoch darf ich vom Team eine gewisse Eigenmotorik erwarten. Nachfolgend einige der Antworten

- Das kann nicht sein
- Alle anderen Gäste sind zufrieden
- Das weiß ich nicht
- Ich werde es weitergeben
- Da kann ich nichts dafür
- Ich weiß, ich habe es bereits weitergegeben

Das kann nicht sein
Das finde ich den Oberhammer, genauso wie mit der nächsten Aussage. Es kann nicht sein, ja was denn? Ich bin doch nicht blöd und bescheuert, habe es selbst erlebt und gesehen. Das ist die Killerantwort per se.

Alle anderen Gäste sind zufrieden
Das ist schön, ich bin aber nicht alle anderen. Ich bin ich, und wenn ich das so empfinde, ist das wohl mein gutes Recht. Und ob wirklich alle anderen zufrieden sind, mag ich bezweifeln. Denn nur auf der Annahme, dass alle anderen nichts gesagt haben, heißt das noch lange nicht, dass alles in Ordnung ist.

Ich werde es weitergeben
Na klasse, da weiß ich genau, dass es nicht passiert. Wieso sollte es weitergegeben werden, das ist doch mit unnötiger Arbeit verbunden. Falls es tatsächlich stattfinden sollte, was kommt danach? Nichts, denn die Ignoranz ist groß. Das interessiert die Chefetage in der Regel nicht.

Da kann ich nichts dafür
Ach was, na klar doch, die eigenen Hände in Unschuld zu waschen, ist cool und stark, genau so macht man es. Völlig unbedarft und es sind sowieso immer die anderen, welche die Schuld tragen dürfen, klasse Ausgangsbasis.

Ich weiß, ich werde es weitergeben
Das ist super und wie geht es weiter, was passiert danach, sicherlich nichts. Es ist eine Floskel, damit man seine Ruhe hat.

Es gibt noch weitaus mehr Alibisprüche
Das war nur eine kleine Auflistung, im Erfinden von irgendwelchen Sprüchen. Da sind die Kollegen der Hotellerie meist stark. Super finde ich es, wenn Kollegen zu Hilfe geholt werden, es eine

Front gibt von wegen, „Ach Gast, was willst du denn. Du kannst froh sein, dass du hier schlafen und essen darfst. Also sei gefälligst zufrieden und halte uns nicht von der Arbeit ab."

Was ist die Lösung

Die Lösung ist stets ein sogenanntes Beschwerdemanagement. Mit einer Beschwerde muss man sorgsam umgehen. Denn ein Gast, der unzufrieden ist, kann einiges anrichten. Nicht alle, aber doch einige, und darauf zu hoffen, dass nichts kommt, ist zu wenig. Gehen Sie immer auf die Beschwerde ein, der erste Schritt ist

„Das tut mir sehr leid, dass Sie nicht zufrieden sind!"

Eine Entschuldigung wirkt entwaffnend und sorgt für eine gute Ausgangsbasis, um eine Lösung zu finden. Es ist wichtig, nicht die Beschwerde anzunehmen, sondern es muss eine Lösung her.

Der Ablauf einer Beschwerde

Der Ablauf hat eine bestimmte Reihenfolge und diese sollte eingehalten werden. Das oberste Prinzip ist stets den Gast zufriedenzustellen. Denn nur ein glücklicher Gast kommt wieder und macht positive Werbung für uns. Ein unzufriedener, frustrierter Gast, kann viel Schaden verursachen. Hier der Ablauf

- Entschuldigen
- Erzählen lassen
- Es tut mir leid
- Lösung

Entschuldigen

Wie bereits erwähnt, ist eine Entschuldigung notwendig. Wenn Sie sich entschuldigen, haben Sie eine gute Ausgangsbasis geschaffen, um möglichst rasch eine gütliche und vor allem kundenfreundliche Lösung zu finden.

Erzählen lassen

Das ist der nächste Schritt, geben Sie dem Gast die Chance zu erzählen, wie es dazu kam, was ihn stört oder gestört hat. Geben Sie ihm 5 Minuten Zeit, um seine Lage zu schildern. Dieses Verhalten entspannt die Situation.

Es tut mir leid

Wiederholen Sie nochmals die Entschuldigung, das ist wichtig. Es tut mir leid, wirkt entwaffnend und ist dringlich in diesem Prozess. Das hilft Ihnen, wie man so schön sagt, Land zu gewinnen. Denn je nach Kunde, ist dieser mehr oder weniger aufgebracht.

Lösung

Dann suchen Sie sofort nach einer Lösung, bitte niemals die Kiste vertagen. Das hinterlässt beim Kunden ein komisches Feeling und die Chance, dass es vergessen wird, ist relativ gering. Das können und dürfen Sie sich bitte nicht leisten. Sofort die Lösung anstreben, dass der Kunde zufrieden und glücklich ist.

Es gibt schnelle Lösungen

Oft gibt es schnelle Lösungen, wie zum Beispiel beim Essen. Wenn das Stück Fleisch nicht durchgebraten ist, kann man dies beheben. Wichtig ist dabei, die Entschuldigung und ein kleines Geschenk. Das würde ich mit folgendem Wortlaut machen „Das tut mir sehr leid, ich bringe den Teller sofort in die Küche. Das machen wir wieder gut, entschuldigen sie vielmals!“ Teller nehmen und ab in die Küche. Da sieht man die Vollprofis oder die Stümper. Ein Vollprofi richtet einen neuen Teller an, mit frischen Beilagen. Denn was nützt es, wenn das Fleisch durchgebraten ist und die Beilagen kalt sind, unappetitlich ausschauen. Hier ein paar Beispiele

- Château Briand
- Flammkuchen
- Salat mit Einlagen

Château Briand

Ich habe das gute Stück Fleisch ein wenig mehr als medium bestellt und darauf hingewiesen, dass ich es unblutig mag. Denn ich kenne die Problematiken nur zu gut, dass es dann nicht so ist. Das Fleisch kam und wie war es, in einem Blutbad. Ich gab den Teller unverzüglich zurück, es dauerte zehn Minuten da kam das Fleisch mit dem Hinweis, dass der Teller heiß wäre. Ich traute meinen Augen und meinem Gaumen nicht. Die hatten den Teller mit den Beilagen in den Backofen geschoben und jetzt war es hart und unappetitlich. Als ich mich erneut beschwerte und der Teller wieder zurückging, kam der Küchenchef rausgestaubt, wutentbrannt, was ich jetzt noch möchte? Was soll ich hierauf noch sagen, außer bitte bringen sie mir sofort die Rechnung. „Das müssen sie aber bezahlen, sie können nicht einfach abhauen. Wenn das alle machen würden, wären wir längstens pleite!"

Jetzt sagen Sie nicht, dass dies Einzelfälle wären. Es kommt häufig vor, da bleibt einem als Gast nur die Möglichkeit zu gehen. Soll man mit einem Choleriker diskutieren, bitte nein, dazu ist mir mein Leben zu kostbar, darauf habe ich keine Lust. Für mich gab es andere Möglichkeiten, ich habe in meinem großen Freundes- und Bekanntenkreis belustigend darüber erzählt. Das Ende vom Lied, in dem Hotel ist das Restaurant mittlerweile tot und es ist eine Frage der Zeit, bis der gesamte Laden schließen kann.

Flammkuchen

Ich hatte Lust auf Flammkuchen und teilte mit, aber bitte ohne Speck, das mag ich nicht. Was denken Sie, wie der Flammkuchen kam? Ist fast logisch, manche Mitarbeiter können die simpelsten Dinge nicht behalten. Entweder hat die Bedienung vergessen den Wunsch weiter zu geben oder die Küche war in ihrer üblichen Routine. Als der Flammkuchen kam, habe ich ihn unberührt zurück geschickt. Ohne Entschuldigung war er innerhalb von wenigen Minuten wieder da. Es konnte unmöglich ein frischer sein und siehe da, es gab über den gesamten Flammkuchen verteilt kleine Lücken. Wie schlau von der Küche, sie haben den Speck herunter gepickt und dabei vergessen, dass der intensive Geschmack bleibt.

Salat mit Einlagen
Der Salat kam, es hat zwischen meinen Zähnen geknirscht, das kam vom Sand, an einem Blatt eine Schneckeneinlage, sichtbar dekoriert. Folglich Bedienung gerufen und sie davon in Kenntnis gesetzt. Sie ruft den Ober, worauf dieser sofort zu Stelle war und ich ihm meine Problematik schilderte. Denn ich mag keinen Salat mit Sand und erst recht nicht mit Schnecken. „Wissen sie, das ist völlig normal bei Freilandsalat. Da kann man nichts machen, tun sie die Schnecke auf die Seite legen, sonst machen wir das gerne für sie in der Küche. Wir haben den Salat gewaschen, aber der Sand lässt sich nicht hundertprozentig entfernen."

Ich könnte darüber ein Buch füllen

Ein Beispiel nach dem anderen, wie es in der Gastronomie abgeht. Nicht minder dramatisch die anderen Bereiche, in einem Hotel. Da frage ich mich, wo bleibt die Gastfreundschaft? Was denken manche Hoteliers und Mitarbeiter, dass der Gast eine austauschbare Nummer ist? Ohne Gefühle, Empfindungen und sonstige Regungen? Der Gast eine reine Cashmaschine ist, der Geld abzuliefern hat, ob der Gegenwert stimmt oder nicht, das spielt dabei überhaupt keine Rolle.

Die Lösungen

Eine schnelle und womöglich lapidare Entschuldigung reicht nicht aus. Da muss etwas her, also bei den Restaurantgeschichten, muss sofort das Essen her und so, dass der Gast zufrieden ist. Dann bekommt er ein Digestif auf Kosten des Hauses oder ein Dessert. Das wirkt Wunder, der Gast strahlt, und fühlt sich angenommen. In anderen Fällen muss geschaut werden, wie man die berühmte

Kuh vom Glatteis holt. Preisminderung finde ich unspektakulär, vielmehr hat sich Großzügigkeit bezahlt gemacht. „Es tut uns sehr leid, was passiert ist. Wir laden Sie gerne zu einer Übernachtung mit Begleitung ein!“ Wow, wie kommt das rüber, da liegt Power drin. Das Datum können sie als Hotel aussuchen, natürlich nicht in der Hochsaison. Der Gast wird auf alle Fälle überrascht sein und dies mit Begeisterung kommunizieren.

Großzügigkeit macht sich bezahlt

Prägen Sie sich diesen Satz tief ein, Großzügigkeit bringt genauso viel Großzügiges zu Ihnen als Hotelier zurück. Natürlich gilt es darauf zu achten, denn es gibt in der Tat Schnorrer, die auf dieser Schiene reiten. Da liegt es an Ihnen, diese Menschen auszubremsen. Ich denke über diese Menschenkenntnis verfügen Sie.

Schulen Sie Ihr Team

Das gesamte Team, welches an der Front steht, muss geschult werden und sich mit dem Beschwerdemanagement auskennen. Es nützt nichts, wenn das Thema nur Sie als Chef beherrschen. Denn Sie sind nicht immer anwesend und es sollte nicht zu Ihrer Aufgabe werden. Das können Ihre Leute genauso gut, aber diese müssen dabei ihre Kompetenzen kennen und leben können.

Wehret den Anfängen

Lassen Sie es bitte niemals eskalieren, denn man hat sich schon des Öfteren vor Gericht getroffen. Sie wissen, was dort passiert? In der Regel trifft man sich in der Mitte und jeder bezahlt seinen Anwalt. Deswegen ist es sinnvoller, das Ganze im Vorfeld zu regeln, das schafft Ruhe und Zufriedenheit.

Für Sie als Hotelgast

Wie gehen Sie damit um? Es gibt zwei Möglichkeiten, die erste, Sie sagen etwas und die zweite, Sie schweigen. Was ist besser, das wollen wir uns gemeinsam anschauen. Wo geht es Ihnen gut damit und wo nicht. Es ist wie so oft im Leben, eine reine Gratwanderung.

Sie haben wie immer die Wahl

Das muss Ihnen bewusst sein, Sie können wählen. Das gibt Ihnen die Freiheit und derer sollten Sie sich bewusst sein. Je besser und stärker Sie sich dessen bewusst sind, desto glücklicher und zufriedener sind Sie. Ich liebe meine Freiheiten in jeder Hinsicht, es ist für mich ein wundervolles Gefühl, je nach Empfinden handeln zu können und zu dürfen.

Was Sie niemals tun dürfen, ist sich zu ärgern

Wenn Sie sich ärgern, schaden Sie sich in erster Linie selbst. Der Gegenüber ist in der Regel dermaßen abgestumpft, das gibt es fast nicht mehr. Oft sind die Leute sogar erprobt, durch die vielen Beschwerden, die es in manchen Häusern hagelt. Viele kommen daher und sagen „Ich habe mich unendlich geärgert!" Da muss ich schmunzeln „So, so sie haben sich geärgert und was hat es ihnen gebracht?" Klar, dadurch werden einige noch wütender, aber im Ernst, was bringt es, wenn Sie sich ärgern?

Ärger macht krank und bringt nichts

Die Situation ist, wie sie ist und daran können Sie nichts ändern. Wenn Sie sich ärgern wollen, ist das Ihre freie Entscheidung. Sie können es gerne tun, sind aber nicht dazu verpflichtet. Ob Sie sich ärgern oder nicht, es ändert an der Grundsituation nichts. Diese bleibt, wie sie ist. Darum ist das oberste Gebot

„Ärgern Sie sich nie mehr!"

Wundern Sie sich höchstens, schütteln Sie den Kopf über die Geschichte. Lachen Sie darüber und dann gehen Sie in die Überlegung, was kann ich tun.

Ihre Handlungsmöglichkeiten

Ärgern ist nicht Ihr Ding, denn Sie sind doch nicht verrückt und schaden sich oder? Ärger macht sauer und wenn Ihr Körper sauer gefahren wird, ist es eine Frage der Zeit, bis das gesamte System kippt und Sie krank werden. Schauen wir uns gemeinsam die Handlungsmöglichkeiten an.

- Über den Dingen stehen
- Reklamieren
- Bewertungen abgeben
- Bloggen
- Social Media
- Ein Buch schreiben
- Zum Anwalt rennen

Über den Dingen stehen

Das ist eine Möglichkeit, dass Sie über den Dingen stehen, daraus Ihre Konsequenzen ziehen und nicht mehr hingehen. Manchmal tue ich das, weil ich keine Lust habe, mit irgendwelchen Bediensteten oder dem Chef zu diskutieren. Deshalb halte ich auf gut Deutsch lieber meine Klappe und habe meine Ruhe. Vielleicht ist es Feigheit vor dem Feinde, ich kann es Ihnen nicht sagen. Ich glaube, es ist vielmehr die Sehnsucht nach Ruhe und Harmonie.

Reklamieren

Sie können reklamieren, mündlich oder schriftlich. Wenn Sie es mündlich tun, stehen Sie direkt im Konfliktfeld. Beim Schriftlichen, müssen Sie sich hinsetzen und schreiben. Das kostet meine kostbare Lebenszeit und ist mir zu doof. Wissen Sie überhaupt, was eine Stunde kostet? Das errechnet sich aus Ihrem Verdienst, geteilt durch die Anzahl der Arbeitsstunden. Wenn ich meinen Verdienst von € 600,00 die Stunde nehme, muss ich sagen, das ist es oft nicht Wert. Zumal meistens nichts zurück kommt. Nicht einmal eine Antwort und wenn, mit Gegenwehr. Wenn es gut läuft, gibt es beim nächsten Besuch einen Drink an der Bar. Herzlichen Dank und Glückwunsch zugleich, ich werde sicherlich nicht noch mal in so einer Bude schlafen, nur weil die mir gnädigerweise einen Drink an der Bar spendieren.

Bewertungen abgeben
Es gibt einige Portale, da können Sie das Hotel bewerten. Ob Sie das tun sollten, ich weiß es nicht, auf der einen Seite wäre es, um andere zu warnen. Auf der anderen Seite kostet es Zeit und Sie begeben sich erneut in die Gefühlssituation hinein.

Bloggen
Was ich ab und an mache, ich blogge darüber. Das finden meine Leute spannend, was ich alles erlebt habe. So kann ich es der Welt auch kundtun. Das hat folgende Vorteile, erstens gibt es neuen Content auf meiner Seite und meine Leser können sich amüsieren.

Social Media
Die heutige Welt lebt zu einem großen Teil in Social Media. Dort können Sie zügig posten und erhalten sofort Kommentare. Eine spannende Geschichte, die Spaß macht und die Leute unterhält. Der große virale Effekt macht die Runde.

Ein Buch schreiben
Wenn ich genügend Material gesammelt habe, schreibe ich ein Buch. Das ist spannend und eine wunderbare Form es vielen Menschen zugänglich zu machen.

Zum Anwalt rennen
Das ist oder wäre für mich die letzte Wahl. Da muss es gravierend sein, dann gebe ich das Thema ab. Natürlich mit dem Risiko, dass es daneben gehen kann. Das heißt, Sie ziehen vor Gericht und da ist man wie auf hoher See, in Gottes Hand. Es kann gut gehen, aber auch nicht. Ob Sie gewinnen, der Anwalt wird sagen „Kein

Problem." Da hat er völlig recht, für ihn ist es kein Problem. Denn er bekommt sein Geld, ob von der Gegenseite oder von Ihnen. Aber für Sie könnte es, wenn Sie verlieren, zum Problem werden. Dann haben Sie nicht nur Ihre Anwaltskosten zu begleichen, sondern auch die Gerichtskosten und die Kosten der Gegenseite, das kann teuer werden. Oder es kommt zum Vergleich, das ist das, was die Gerichte vorschlagen. Das heißt, Sie erhalten die Hälfte, dürfen dafür aber anteilmäßig die Gerichtskosten und Ihren Anwalt bezahlen. Da bleibt meist nichts übrig.

Was tun

Sie haben die Wahl der Qual, ich entscheide situationsbedingt. Es gibt vorher keinen klaren Plan. Beim Essen bin ich schnell bei der Hand und verlange eine Besserung. Gehe sicher nicht den Weg, den viele gehen, aufessen und danach beschweren, das kann man nicht bringen. Ansonsten schaue ich, wie sehr es mich belastet. Wo ich keinen Spaß verstehe, ist bei den Zimmern, da wünsche ich mir mehrere Kissen, ein ruhiges Zimmer, Nichtraucher und eine harte Matratze. Das mit den Kissen bekommen fast alle hin, mit dem ruhigen Zimmer wird es schwieriger und mit der harten Matratze, oh je, oh je, das ist oftmals eine Herausforderung. Nachfolgend ein paar Aussagen.

„Wir haben nur diese eine Sorte Matratzen." „Unsere Gäste lieben das." „Schön, aber ich kann so nicht schlafen." „Wir haben keine anderen." „Dann legen sie mir bitte ein Brett ins Bett." „Haben wir nicht." Oder „Der Hausmeister hat bereits Feierabend." „Ist mir egal, sie lösen bitte das Problem, bis ich zurück bin!" Zum Schluss eine klare Ansage und es läuft in der Regel. Oftmals eine riesen Aufruhr, und wenn ich zurückkomme, werde ich mit folgenden Worten begrüßt „Wir haben das Problem gelöst." Oder wie es mir vor ein paar Tagen ergangen ist, ich buche in Hannover bei einer großen Hotelkette, weil ich mir sicher war, einen guten Komfort genießen zu dürfen. Das Hotel und die Zimmer eine Katastrophe, die reinste Bruchbude. Da ich erst nachts um 2.00 Uhr angereist bin, gab es keine Alternativzimmer mehr. Ich bat die Dame bei anderen Hotels anzurufen, und mir ein Zimmer zu buchen. Nach dem fünften Versuch haben wir es abgebrochen, weil alle Hotels ausgebucht waren. Ein Brett fürs Bett gab es auch nicht. Tja, was tun in solch einem Fall? Nach der erstbesten Lösung suchen und sich sagen, die paar Stunden sind bald vorbei. Ich habe dann die Badezimmertüre ausgehängt und ins Bett gelegt. Super, es war hart und hat gepasst. Ich lege mich ins Bett, lösche das Licht und denke alles klar. Das Bett zu schmal aber wenigstens hart. Da höre ich beim Drehen ein komisches Geräusch, was ist das denn? Ich mache das Licht an, schiebe das Leintuch zur Seite und finde darunter eine Plastikfolie als Schutz. Da frage ich mich, als Schutz vor was, in einem Mini-Einzelzimmer? Also Leintuch runter, Plastiktuch raus, Leintuch drauf und ab ins Bett.

Ich wünsche Ihnen viel Erfolg

Bei allem was Sie tun, wünsche ich Ihnen viel Erfolg. Bleiben Sie bitte cool und schaden Sie sich nie. Gehen Sie den Königsweg, das ist der Weg eines Meisters, der mit hoch erhobenem Kopf seines Weges schreitet. Handeln Sie wie ein Meister und ziehen Sie die Konsequenzen. Was ich nicht verstehen kann, sind Menschen, die sich permanent beschweren und dennoch denselben Weg, dasselbe Hotel und Restaurant besuchen.

ROI Return on invest

Bitte nicht nur Geld rausziehen, sondern auch wieder reingeben. Es macht sich bezahlt und der Erfolg gibt Ihnen recht. Denn als Gast hat man lieber ein Haus, welches auf dem neuesten Stand der Dinge ist und nicht irgendeine abgewohnte Lurche.

Für Sie als Hotelier

Sie werden an Ihrem Erfolg gemessen, egal ob der Laden Ihnen gehört oder nicht. Was zählt sind die Ergebnisse, die unter dem Strich stehen. Alles andere sind Luftnummern und diese sollten Sie sich schenken. Solange Sie etliche Parameter als Hotelier beachten, brauchen Sie sich um die Zukunft keine Gedanken zu machen.

Die wichtigsten Parameter

Schauen wir uns gemeinsam diese Parameter an, denn sie verhelfen Ihnen zu einer höheren und besseren Auslastung mit Preisen, die Sie für die Dienstleistung benötigen. Hier die einzelnen Punkte

- Ein Hotel auf dem neuesten Stand
- Top Team
- Erstklassige Gastronomie
- Erstklassiger Service

Ein Hotel auf dem neuesten Stand

Ohne Reparaturstau und wo alles enthalten ist, was man heutzutage als Gast voraussetzt, damit man sich wohlfühlen kann. Es gibt Mindeststandards, diese gilt es einzuhalten, regelmäßig zu überprüfen und entsprechend zu investieren. Sonst haben wir eines Tages einen Reparaturstau ohne Ende.

Top Team
Ein Team zu haben, welches hoch qualifiziert ist und Spaß an der Arbeit hat. Das kommt nicht von ungefähr, dazu müssen die Leute regelmäßig trainiert werden. Wer aufhört sein Team zu trainieren, hört auf gut zu sein. Schauen wir uns als Beispiel die Spitzensportler an, wie oft trainieren diese? Täglich, obwohl sie bereits so gut sind, zur Weltelite gehören, wissen sie eines, wer aufhört zu trainieren, hat im Vorfeld verloren. Können Sie sich das leisten, ich glaube nicht.

Erstklassige Gastronomie
Holen Sie nicht irgendeinen Koch, sondern den Besten. Ich weiß, da jammern einige, dass ein guter Koch zu teuer ist. Es ist aber noch teurer, einen günstigen Koch zu nehmen und unzufriedene Gäste zu haben, das ist kaufmännisch verrückt, derart vorzugehen. Die besten Leute sind gerade gut genug.

Erstklassiger Service
Das gehört selbstverständlich zum Team und da müssen Sie aufpassen, dass Sie es hundertprozentig im Griff haben. Der Top-Service zieht sich wie ein roter Faden durch das gesamte Haus. Er darf niemals in einzelnen Abteilungen hängen bleiben. Je höher die soziale Kompetenz, desto besser für alle.

Die meisten Hoteliers sparen am falschen Ort
Das ist fatal und rächt sich, sparen ist keine gute Tugend, sondern eine Krankheit. Wer Erfolg haben will, muss es fließen lassen. Nur wenn es in Fluss ist, kommt der Erfolg. Eines bedingt immer das andere, wie schade, dass dies einige leider nicht erkennen und erstaunt sind, wenn die Dinge aus dem Ruder laufen.

Sie haben nur eine Chance
Wenn Sie diese verpatzen, war es das. Folglich passen Sie daher gut auf sich und Ihr Haus auf. Gäste sind heute mündiger als frü-

her und lassen sich bei Weitem nicht mehr alles gefallen. Selbst wenn Sie im Moment der Meinung sind, der Laden läuft gut oder was ich oft höre „Tja, wir haben halt eine Wirtschaftskrise und alle Kollegen klagen!“ Das ist kein Grund, sich in das allgemeine Wehgeklage hineinzusteigern. Sie führen Ihre eigene Konjunktur und das schaffen Sie nur mit Top-Qualität.

Für Sie als Hotelgast

Wenn Sie ein Top-Hotel vorfinden, teilen Sie das den Mitarbeitern mit, sagen Sie es dem Chef und kommunizieren Sie es vor allem nach außen. Ich bin der Meinung, wir haben nicht nur Rechte, sondern auch Pflichten. Und das heißt in diesem Falle, gute Dinge genauso in die Welt hinausgeben, wie die schlechten.

Geteilte Freude ist doppelte Freude

Es ist schön, eine gute Empfehlung auszusprechen, dies kommt auf Sie zurück. Tut Ihnen sehr gut und wir müssen doch zusammenhalten. Gemeinsam des Weges zu gehen, viel Spaß und Lebensfreude haben, ist Leben in Reinkultur. Ich liebe es, gute Dinge zu teilen, um auch anderen Menschen eine Freude zu bereiten.

Die richtigen Coaches & Berater

Das ist eine schwierige Angelegenheit, die richtigen Leute zu bekommen, die ihr Handwerk beherrschen und voll und ganz im Griff haben, dennoch unendlich spannend. Wenn Sie ein paar Parameter beachten, liegen Sie goldrichtig und es kommt zu dem gewünschten Erfolg. Aber das geschieht nicht von selbst.

Für Sie als Hotelier

Wenn Sie nichts ändern, nach wie vor das Gleiche tun, werden Sie ausschließlich die gleichen Ergebnisse erzielen. Ich wundere mich immer über die Leute, die sich seit Jahren beklagen, wie furchtbar und schrecklich manches ist. Jedoch auf die Idee zu kommen, die Dinge anders zu machen, darauf kommt kein Einziger, es wird so gemacht, wie bisher. Man schimpft und hofft im gleichen Atemzug, dass es irgendwann zu einer Veränderung kommen möge.

Coaches und Berater gibt es wie Sand am Meer

Es werden von Tag zu Tag mehr. Es ist wie bei der Goldgräberstimmung, die meisten möchten gerne auf den Zug aufspringen und Geld verdienen. Dass dies nicht leicht ist und man dafür sehr gut sein muss, checken viele nicht. Wenn Sie als Hotelier an solch eine Person geraten, die wenig Ahnung hat, können Sie danach beruhigt sagen „Außer Spesen nichts gewesen."

Hier die wichtigsten Kriterien

Wenn Sie ein paar Dinge von Anfang an beachten, steht einer super Beratung nichts im Wege. Sie haben die Wahl und mit dem richtigen, gesunden Augenmaß schaffen Sie es, einen super Berater ins Haus zu holen, der Ihnen hilft, Ihr Geschäft auf Vordermann zu bringen. Die einzelnen Punkte, die es zu beachten gilt.

- 20 Jahre auf dem Markt
- Eigenes Geschäft
- Eigene Mitarbeiter
- Vorträge halten
- Seminare halten
- Bücher schreiben

20 Jahre auf dem Markt
Nichts gegen Schulabgänger, wir haben alle einmal angefangen und mussten unsere Sporen verdienen. Das ist auch gut so und legitim. Dringlich ist aber für Sie, dass Sie einen sogenannten alten Hasen vor sich haben. Jemand, der sich seit über 2 Jahrzehnten in der Branche tummelt. Er kennt alle Facetten und weiß, wie das Hotelbusiness abläuft.

Eigenes Geschäft
Da bin ich oft erstaunt, dass viele Berater kein eigenes Geschäft haben, außer natürlich Ihre Beratung. Das reicht nicht aus, denn das Beratungsgeschäft ist ein total anderes. Ein richtiges Geschäft und damit selbst mit dem Thema fest im Leben zu stehen. Wir betreiben eine große Schönheitsfarm. Das hilft uns den Kontakt zur Basis absolut zu halten, daraus Tag für Tag zu lernen und es an die Hoteliers weiterzugeben. Ohne eigenes Geschäft und das aus der gleichen Branche, ist man ein reiner Theoretiker und das funktioniert nicht.

Eigene Mitarbeiter
Das ist eine weitere lustige Geschichte. Da kommen die Berater ins Haus und wollen den zu Beratenden zeigen, wie das Business zu funktionieren hat. Wie man mit Mitarbeiter umgeht, haben jedoch selbst keine. Wie soll das bitte funktionieren? Dieser Coach hat doch keine Ahnung von Mitarbeiterführung und ist nur ein reiner Theoretiker.

Vorträge halten

Ein Berater muss etwas zu sagen haben und damit imstande sein, vor einer Gruppe zu reden, sich zu präsentieren. Sonst funktioniert es nicht. Er muss auch das Team vor Ort schulen und trainieren. Wenn er jedoch nicht imstande ist, Vorträge zu halten und zu schulen, kann das nicht von Erfolg gekrönt sein. Ebenso muss er auf Messen, Kongressen und sonstigen Events Präsenz zeigen.

Seminare halten

Seminare halten, zu trainieren, vor einer großen Gruppe frei zu reden, ist eine große Herausforderung, die nur Menschen gelingt, die einen gewissen Fundus aufweisen können. Menschen zu fördern und zu begeistern, ist eine wichtige Eigenschaft, die ein Coach unbedingt beherrschen muss.

Bücher schreiben

Ein erfolgreicher Berater hat einen Erfahrungsschatz, welchen er in schriftlicher Form festhalten muss. Da muss ich schmunzeln, wenn ich die Leute darauf anspreche. „Wieso soll ich ein Buch schreiben, es gibt genug auf dem Markt." Was noch nett ist „Ich behalte mein Wissen für mich, gebe es nicht der Konkurrenz weiter." Beide Aussagen finde ich wachsweich. Es müsste lauten „Ich bin nicht imstande ein Buch zu schreiben, kann das nicht......!" Das wäre die ehrliche Antwort. Denn ein Buch zu schreiben, erfordert Wissen und Selbstdisziplin. Es ist nicht leicht, sich hinzusetzen und die Gedanken strukturiert zu Papier zu bringen.

Einige Parameter sind zu beachten

Wie Sie festgestellt haben, sind einige Parameter zu beachten und dies macht es nicht leichter. Wenn man aufpasst, klappt das ohne Probleme. Ich würde bei den einzelnen Punkten auch keine Kompromisse eingehen. Fragen Sie vorher die einzelnen Parameter ab, ob diese gegeben sind. In der Regel wird meist etwas fehlen und da lassen Sie es lieber.

Was das kostet

Selbstverständlich kostet es Geld, aber was wichtiger ist als Geld, was es bringt. Hoteliers geben für vieles Geld aus, damit haben sie keine Probleme. Wenn ich sehe, was sich mancher Hotelier leistet, kann ich nur den Kopf schütteln. Es ist aber das gute Recht von jedem Hotelier, in vollen Zügen zu leben. Nur sollte dabei niemals das Geschäft vernachlässigt werden.

Investition in das eigene Wissen und Können

Ich erlebe es oft als Erfolgsproduzent, wie sich manches im Hotel verändert und aus den einzelnen Bereichen ein Profitcenter entsteht. All dies durch den Hotelier ausgelöst, welcher sich entschieden hat, endlich etwas in den Mehrwert zu investieren. Genauso dringlich ist die Investition in das Team. Denn ein Team funktioniert nur, wenn alle Bescheid wissen und jeder mit einbezogen ist.

ROI per excellence

Wenn Sie die richtige Person ins Haus holen, kann ich Ihnen eines versichern, Sie haben einen großartigen ROI. Einen super Benefit, der zum Tragen kommt. Was Sie für einen Erfolgsproduzenten investieren, kommt zigfach auf Sie zurück. Folglich kann ich jedem Hotelier eines empfehlen, springe über den eigenen Schatten und gebe dafür Geld aus, für die Besten der Besten.

Mindestens 10% in Fort- und Weiterbildung investieren

Wie es das Wort Fort- und Weiterbildung beinhaltet, es geht fort und weiter. Ist das nicht klasse, ich liebe die deutsche Sprache. Es muss fort und weiter gehen. Sonst haben wir den berühmten Stillstand und davon haben wir an allen Ecken und Enden genug.

"Wer nicht mit der Zeit geht - geht mit der Zeit!"

Klasse dieser Spruch und ich nehme ihn gerne in den Mund. Darum arbeiten Sie fest daran, dass Sie niemals in die Falle des Stillstandes hineingeraten.

Ohne Erfolgsproduzent geht es nicht, wegen Betriebsblindheit

Das muss Ihnen als Hotelier einleuchten. Denn die eigene Betriebsblindheit ist nie zu unterschätzen. Es ist sogar ein wesentlicher Faktor, bei der Geschichte. Vor lauter „Machen und Tun“ sieht man oft die Bäume nicht. Können Sie sich das leisten? Darum holen Sie sich einen Erfolgsproduzenten ins Haus.

Für Sie als Hotelgast

Was haben Sie als Hotelgast davon? Unendlich viel sogar, denn wenn Ihr Hotel sich einen Erfolgsproduzenten ins Haus holt, ändern sich einige Punkte. Der Service ist besser, die Qualität ist super. Sie fühlen sich klasse, werden es sehr zu schätzen wissen. Neue, hochwertige Dienstleistungen ziehen ein und geben Ihnen als Gast ein völlig neues und erhabenes Gefühl.

Dienstleistung wird groß geschrieben

Das sollten Sie auf Ihrer Festplatte abspeichern, es verhilft Ihnen dazu, dass Sie sich rundherum wohlfühlen. Leben Sie Ihr Leben nach Ihrer Fasson und seien Sie glücklich. Leider verpassen das die meisten Menschen und erst auf dem Sterbebett kommt häufig die Einsicht, dass man besser hätte einiges anders machen sollen.

Social Media

Ein paar Worte zu Social Media. Ich erlebe es oft in den Hotels, dass die meisten sich fast vor Social Media fürchten, das ist verrückt und ungesund. Social Media ist eine spannende Nummer. Man kann als Hotelier und Gast einiges daraus machen. Es gehört heute fest zu unserem Leben dazu.

Für Sie als Hotelier

Sie können heutzutage nicht mehr ohne Social Media leben. Das ist ein Ding der Unmöglichkeit und je schneller Sie dies als Hotelier erkennen, desto mehr Bewegung kommt rein. Hören Sie nicht auf die komischen Warner, es sind leider Menschen, die gerne von der Sensationslust leben. Wenn man Leute warnt, hat man Aufmerksamkeit. Also immer daran denken, wenn wieder irgendwo Gerüchte kursieren.

Wie leben in einem neuen Zeitalter

Da gehört Social Media absolut dazu. Ein Leben ohne Social Media ist nicht mehr denkbar. Wer den Zug verpasst, hat Pech gehabt. Bedenken Sie unbedingt, dass es jeden Namen nur ein einziges Mal gibt. Es ist wie ein Grundstück, auf dem ein Gebäude steht. Auf diesem Grundstück kann kein anderer bauen und so ist es auch im Internet. Was vergeben ist, ist vergeben, darum sichern Sie sich heute noch weitere Domainnamen und die verschiedensten Namen, für die einzelnen Social Media Bereiche.

Täglich kommen neue Plattformen dazu

Auf der gesamten Welt gibt es Tüftler, die mit viel Energie an neuen Plattformen arbeiten. Die Alten werden teilweise überholt und Neue entstehen. Was heißt das für Sie als Hotelier? Am besten Sie engagieren einen Social Media Spezialisten, der sich um nichts anderes kümmert, als mit einer hohen Präsenz im Netz vertreten zu sein. Genau um das geht es, überall Flagge zu zeigen. Up to date zu sein, ist von enormer Wichtigkeit und das macht sich auch buchungstechnisch bezahlt. Schauen wir uns die zurzeit aktuellsten Plattformen an.

- Xing
- Facebook
- Google Plus
- Linkedin
- Twitter
- Youtube
- Pinterest

Xing
Um Xing kommen Sie nicht herum, es ist die stärkste Businessplattform im europäischen Raum. Da finden Sie hochwertige Businesskontakte und haben den direkten Zugang zu Entscheidungsträgern. Bei Xing zu sein, ist ein absolutes Muss, für Sie als Hotelier, Ihre Führungskräfte und natürlich das Hotel.

Facebook
Hat den größten Siegeszug angetreten, mit zurzeit fast 900 Millionen Mitgliedern, ist es eine der stärksten Plattformen weltweit. Man rechnet bis Mitte 2013, dass es eine Milliarde Menschen sind, die einen Account haben. Da müssen Sie unbedingt dabei sein, als Privatperson, dann Ihre Führungskräfte und selbstverständlich das Hotel. Parallel dazu bauen Sie reine Fanpages auf. Damit können Sie super arbeiten, gehen wir mal davon aus, es gäbe in Ihrem Hotel tatsächlich den Moment, wo Sie Lücken finden. Diese füllen Sie mit den Fans von Ihrer Facebookseite. Wenn Sie das für sich entdeckt haben, möchten Sie nie wieder darauf verzichten. Das ist so etwas von gigantisch.

Google Plus

Ist neu auf dem Markt und rasend schnell unterwegs. Gigantische Zuwachsraten werden gezählt und böse Zungen behaupten sogar, dass Google Plus Facebook überholen wird. Da sind wir gespannt darauf und freuen uns jetzt schon auf das Rennen. Folglich auch hier sofort anmelden und mit Erfolg dabei sein.

Linkedin

Wichtig für den internationalen Businessmarkt, dort muss man vertreten sein, um sich mit Vollgas die Kontakte aufzubauen. Für das Geschäft eine der wichtigsten Plattformen, die richtig angewandt, sehr viel bringen.

Twitter

Schon mehrmals tot gesagt, lebt es munter und weiter vor sich hin. Eine spannende Geschichte, die sich auftut. Die kurzen 140 Zeichenmessages haben es in sich und sind aktueller denn je.

Youtube

Ist nicht mehr wegzudenken, das Video hat mittlerweile einen hohen Stellenwert erreicht. Bilder sagen mehr als tausend Worte, darum arbeiten Sie ab sofort mit Videoclips. Bieten Sie Ihren Gästen Stimmungsbilder, das kommt gut an. Bauen Sie sich einen eigenen Video-Channel auf.

Pinterest

Ist wohl das jüngste Baby, welches das Licht der Social-Media-Welt erblickt hat. Auch hier ein rasantes Wachstum.

Bedienen Sie die einzelnen Portale täglich

Machen Sie es nicht wie die meisten, die haben ein paar Portale und schreiben alle Schaltjahr etwas rein. Social Media lebt von der Vielfalt und den regelmäßigen Posts. Was soll ich denn schreiben, ist die Frage. In erster Linie geht es um das berühmte Entertainment. Es ist Ihre Aufgabe und Pflicht, die Menschen zu unterhalten. Machen Sie aus fremden Menschen Freunde, die Vertrauen zu Ihnen gewinnen und dadurch zu Kunden werden. Ihre Kunden binden Sie dadurch stärker ans Hotel.

Posten Sie was das Zeug hält

Weniger ist mehr, ist die weit verbreitete Meinung. Das ist absoluter Schwachsinn, dies zu behaupten. Das funktioniert so nicht, Sie erreichen Ihre Leute nur in bestimmten Zeitfenstern. Es gibt wenige, die gezielt Ihr Profil besuchen, um zu sehen, was gerade bei Ihnen gelaufen ist. Wenn Sie aber in der berühmten Timeline stehen, wird schneller reagiert. Darum müssen Sie buchstäblich alle Zeitfenster abdecken.

Ich habe keine Zeit

Das ist eine Lüge, Sie haben pro Tag 24 Stunden zur Verfügung. Es ist die Frage, was machen Sie in dieser Zeit? Auf allen Kanälen zu posten, ist eine Sache von wenigen Sekunden, wenn Sie geübt sind. Am Anfang werden Sie davor sitzen und nichts kreatives Schreiben. Dann flutscht es besser von der Hand und zum Schluss ist es Routine, wie wenn Sie Ihre E-Mails lesen und beantworten.

Lassen Sie sich einschulen

Das hilft Ihnen und es geht wesentlich schneller voran. Wir machen das häufig beim Erfolgscoaching, dass der Chef und die wichtigsten Leute trainiert und geschult werden. Das gibt eine immense Durchschlagskraft und ein hohes Momentum im Markt. Es ist günstiger, als wenn Sie nach dem Prinzip von Versuch und Irrtum selber rumbasteln.

Stellen Sie einen Social Media Manager ein

Es reicht, wenn dieser am Anfang halbtags für Sie arbeitet, aufstocken kann man immer noch. Denn Ihre übrigen Kräfte sind doch schon mit anderen Aufgaben resorbiert. Die Chefs meinen dann, ach das kann doch der und der nebenbei machen. Bitte nein, das funktioniert so nicht.

Holen Sie sich einen externen Dienstleister

Diese Dienstleistung führen wir für etliche Kunden durch. Das heißt, wir posten regelmäßig 7 Tage die Woche à 24 Stunden pro Tag. Sie geben uns ein paar Inputs, alles andere erledigen wir und Sie können sich über eine super Resonanz freuen. Das Outsourcen an Vollprofis ist nicht so teuer, wie die meisten annehmen.

Eine wichtige Message

Fangen Sie endlich damit an und nicht nur den Account einrichten, sondern mit Bravour bedienen. Dadurch haben Sie den entsprechenden Benefit daraus. Wir arbeiten als Vollprofis immer unter der Prämisse des ROI. Denken Sie bitte stets daran

"Wer nicht mit der Zeit geht - geht mit der Zeit!"

Das finde ich eine wichtige Botschaft und Social Media ist ein absolutes Muss für jeden Selbstständigen. Sie kommen nicht drum herum und nun haben Sie leider nicht mehr die Chance zu sagen „Tja, wenn ich das alles gewusst hätte.........!“ Jetzt wissen Sie es und das Einzige, was Sie tun müssen, ist eine Entscheidung zu treffen. Sprechen Sie mit uns und Ihnen tun sich neue Welten auf.

Für Sie als Hotelgast

Stürzen Sie sich in das Abenteuer Social Media. Es macht Spaß in allen Kanälen vertreten zu sein. Es gehört heute absolut dazu und wenn jemand anderes, Ihnen das Gegenteil erzählen möchte, glauben Sie es nicht. Wie immer, gibt es einen bestimmten Zeitgeist, diesen gilt es klar und deutlich zu erkennen.

Ich brauche das nicht

Wie oft habe ich das in der letzten Zeit gehört, das erinnert mich an früher. Da war ich zwar noch nicht auf der Welt, habe aber einiges davon gehört. Als die ersten Autos auf den Markt kamen, haben es fast alle Menschen als sogenanntes Teufelswerkzeug verflucht. In der Schweiz kam es damals zur kantonalen Abstimmung, ob Autos fahren dürfen. Das muss man sich echt mal geben, heutzutage würden wir dazu sagen „Buah, die waren aber hinterwäldlerisch." Der Kanton Graubünden hatte es am Anfang nicht erlaubt und so durften die Autos bis an die Kantonsgrenze fahren. Dann wurden Pferde davor gespannt und weiter ging es mit der Pferdekraft. Als das Gesetz kam, dass Autos fahren durften, wurden die ersten Fahrzeuge mit Steinen beworfen.

Noch eine lustige Episode

Als die ersten Rechner auf den Markt kamen, da gehörte ich zu denen, die sagten „Ich brauche keinen Computer, es ging bisher ohne." Ich habe mich dagegen entschieden. Auf der anderen Seite, als es die ersten Faxgeräte gab, fand ich es cool und habe mir sofort einen Kasten geholt. Ja Wahnsinn, ein riesen Gerät, zu einem Preis von damals stolzen DM 6.700,00. Es war unglaublich, viele Geschäftsleute kamen zu mir, um von meinem Gerät aus faxen zu dürfen. Später hatte die Hauptpost eines und heute, hat beinahe jeder Privatmann ein Faxgerät. Mittlerweile werden die Faxe, immer mehr durch E-Mails abgelöst.

Sie können sich nicht gegen den Zeitgeist wehren

Wenn Sie sich dagegen wehren, werden Sie eines Tages den Anschluss verpassen. Aber wie immer, Sie haben es in Ihrer Hand. Sie entscheiden, ob Sie mitmachen wollen oder nicht. Das sollte Ihnen bewusst sein.

Es geht um Ihre Reputation

Viele Menschen träumen vom Erfolg, hätten gerne mehr Geld. Aber was tun diese Menschen dafür? Nichts, sie warten, auf dass etwas geschehen möge. Das ist wie der Bauer, der im Frühjahr nicht auf sein Feld hinaus fährt, weil er hofft, dass es auch ohne den Acker zu bestellen geht. Da schütteln Sie bestimmt den Kopf und sagen sich, „Wie kann man so blöd sein.“ Ja, Sie haben recht, so blöd ist nicht einmal der dümmste Bauer. Aber was fabrizieren wir den lieben langen Tag? Genau solche Geschichten und sind erstaunt, wenn es in unserem Leben nicht vorwärts geht.

Hinterlassen Sie Spuren im Netz

Sie müssen auffindbar sein. Egal, ob selbstständig oder Mitarbeiter. Es geht darum, dass Sie Flagge zeigen und eine hohe Präsenz im Netz. Viele handhaben das lieber nach dem Prinzip von

"Klein und unscheinbar - nur nicht auffallen!"

Was ist das Endresultat solch eines Verhaltens, dass Sie in der Tat klein und unscheinbar sind. Wie wollen Sie mit dieser Einstellung zum Erfolg gelangen?

Berichten Sie über Hotels

Bauen Sie sich eine Plattform auf und berichten Sie über Ihre Erlebnisse. Helfen Sie mit, dass es andere Menschen besser haben. Andere Personen nicht in diese Hotels gehen, die in solch einem Zustand sind, dass man sie besser schließen würde. Auf der anderen Seite helfen Sie mit, dass die guten und Top Hotels ins rechte Licht gerückt werden.

Kostenloser Test in Ihrem Hause

Jedes Hotel sollte unbedingt wissen, wo es gerade steht und wohin die Reise gehen soll. Es ist spannend und aufregend, sich auf den Weg in eine wundervolle und erfolgreiche Zukunft zu machen. Es geht darum, up to date zu sein und die Dinge beim Namen zu nennen. Deswegen komme ich zu einer kostenlosen Beratung zu Ihnen.

Für Sie als Hotelier

Ja, Sie haben richtig gelesen, ich komme kostenlos für eine erste Beratung zu Ihnen ins Haus. Ist das nicht ein tolles und faires Angebot? Ich finde schon und meine Kunden sind alle davon begeistert. Der erste Test und Check vor Ort kostet Sie nichts. Das einzige, was von Ihnen zu übernehmen ist, die Anreise und die Kosten vor Ort, d.h. Zimmer, das Essen, die Getränke, die Behandlungen, all die Dinge, die getestet werden. Schauen wir uns das gemeinsame Handling an.

Wieso mache ich das

Ich werde oft gefragt, wieso ich das kostenlos tue? Das hat einen einfachen Grund, ich erlebe es öfters, dass die Hoteliers zu geizig sind, Geld in eine vernünftige Analyse zu investieren. Oft sind sie irgendwelchen Gruppen angeschlossen, da gibt es den berühmten Mystery Check und das muss reichen. Dem ist aber nicht so, da gibt es weitaus mehr zu tun. Deswegen biete ich den Hoteliers die Möglichkeit an, dass ich bei ihnen vorbei schaue.

Wie läuft das Handling ab

Sie kontaktieren mich bitte per E-Mail und teilen mir mit, wieso Sie gerne hätten, dass ich zu Ihnen kommen soll. Ich schaue mir Ihr Hotel zuerst im Internet und anhand von Prospekten an. Eine spannende Aufgabe, denn da erkenne ich bereits einiges. Wir telefonieren zusammen und vertiefen das Thema, wieso und warum Sie sich von mir beraten lassen wollen. Danach überlegen Sie es sich und ich auch von meiner Seite aus, ob wir zusammen kommen. Denn Erfolgscoaching ist eine Vertrauenssache und eine Frage der Chemie. Es muss stimmig sein, sonst bringt es nichts. Wenn es für beide zwei Seiten passt, finden wir einen gemeinsamen Termin. Wir reisen aus unserem Hause zu zweit an. Denn vier Augen sehen bekanntlich mehr, als zwei.

Dauer

Wir bleiben zwei Tage, das heißt mit einer Übernachtung. Bei längerer Anreise auch zwei. Alles im Hotel wird getestet und das geht auf Gesamtrechnung des Hotels. Schauen wir uns die einzelnen Tests an

- Buchungsverhalten
- Zimmer
- Zimmerservice
- Wellnessbehandlungen
- Minibar
- Tee-Time
- Abendessen
- Frühstück

Das ist ein kurzer Überblick, danach setzen wir uns am zweiten Tag zusammen und besprechen die Positionen des gesamten Hauses. Nur wenn alles stimmig ist, ist der Erfolg gegeben.

Nach dem Gespräch gehen wir in medias res

Ich spreche mit Ihnen die einzelnen Positionen durch, welche mir aufgefallen sind. Die Maßnahmen, die wichtig sind, um eine gute und großartige Positionierung an den Tag zu legen. Danach entscheiden wir das weitere Vorgehen. Da gibt es einige Möglichkeiten, selten passiert es, dass ein Hotelier sagt „Okay, wir setzen alles um, vielen Dank. Da haben Sie einen Gutschein für einen Wochenend-Aufenthalt!" Die Erfahrung hat eines gezeigt, dass die Thematik zu komplex ist, um es alleine zu meistern.

Fast alle nehmen den großen 4-tägigen Test vor Ort

Was wir die zwei Tage machen konnten, ist überall ein klein wenig reinschnuppern. Kurz an der Oberfläche bleiben, um einen ersten Eindruck zu erhalten. Wenn man aber professionell testen möchte, sind vier Tage das Mindeste. Dabei wird jedes kleinste Detail durchgegangen und minutiös festgehalten. Es entspricht exakt diesem Buch, mit seinen einzelnen Passagen.

- Webseiten anschauen
- Prospekt bestellen per Telefon, Fax, E-Mail, Brief
- Buchung per Telefon, Fax, E-Mail, Brief
- Anreise
- Zimmerbezug
- Sauberkeit
- Höflichkeit des Teams
- Restaurant
- Bar
- Wellness-Abteilung
- Gesamteindruck Hardware und Software
- Zukunftsausrichtung des Hotels

Das sind einige Punkte, Sie können davon ausgehen, dass wir zu zweit komplett das gesamte Hotel durchleuchten. Teilweise mit Videos und Fotos unterlegt, damit Sie als Hotelier das Ganze aus der Sicht des Gastes erleben. Das sind spannende Momente und da höre ich meist „So habe ich das noch nie gesehen!" Wie sollten Sie auch, denn Sie sehen es nur aus der Sicht des Chefs.

Große Besprechung am vierten Tag

Am letzten Tag besprechen wir alle Punkte zuerst mit Ihnen als

Hotelier und danach mit den Führungskräften. Wir gehen jede einzelne Position durch. Es ist ein spannender Moment, wenn der Hotelier erkennt, „Da müssen wir unbedingt etwas machen, das geht nicht. Das war uns nicht bewusst. Da hätten wir schon längstens etwas tun müssen. Das ist unglaublich......! Wir verlieren ja jeden Tag eine Menge Geld.......“ und weitere Aussagen.

Wie geht es jetzt weiter

Sie haben die komplette Bilanz vorliegen, mit dem riesigen Potential, welches vorhanden ist und unbedingt darauf wartet, genutzt zu werden. Ich bezeichne dies sehr gerne als

"Komm lasst uns den Schatz bergen!"

Es ist wirklich unglaublich, wie viele Schätze in jedem Hotel verborgen sind und diese werden nicht gehoben.

Was ist das Ziel

Es ist sehr leicht zu definieren, dies tun wir nun gemeinsam. Sie lesen es sich in Ruhe durch und kommen zu einer Entscheidung, ob es Ihnen gefällt. Danach heißt es eine schnelle Entscheidung zu treffen, nach der berühmten 0-Stunden-Regel, denn sonst wird es nichts mehr.

- 100% Auslastung
- Nur noch Hochsaison
- Hoch motiviertes Team
- Hohe Preise
- Lauter Profitcenter

Wenn Sie das lesen, denken Sie womöglich „Das wäre toll, aber unrealistisch!“ Es ist Ihre Realität, weil Sie es nicht anders kennen und Ihre Kollegen das Gleiche behaupten. Sie sind womöglich seit Jahren in dem Business und dadurch haben Sie Ihre Realität. Es gibt aber eine andere Realität und dieser sollten Sie sich stellen.

Wenn Sie in sich reinhören und die Bedenken weglassen, wie fühlt es sich an? Könnten Sie es sich vorstellen? Wenn ja, wundervoll, wenn nein, lassen Sie alles, wie es ist. Dann gehören Sie zu den sogenannten Beratungsresistenten, die alles wissen und können.

100% Auslastung
Da schütteln fast alle den Kopf und es folgt der Spruch „Das geht nicht!“ „Woher wollen Sie das wissen?“ „Ich weiß es halt.“ Selbsterfüllende Prophezeiungen, die sich da abspielen. Hatten Sie bereits ein volles Haus? „Ja natürlich!“ Damit ist der Beweis erbracht, dass es funktioniert und so können wir das Ganze pushen.

Hochsaison
Wissen Sie überhaupt, welche Tragödie es ist, verschiedene Saisons zu haben, das macht alles durcheinander. Im permanenten Wechsel zu leben, ist nicht gut. Einmal für Ihre Kunden und natürlich auch für Ihr Team. Es gibt nur eine Saison und das ist die Hauptsaison. Sagen Sie bitte nicht, dass dies nicht funktioniert. Es geht, wenn man weiß, wie man alle Register zu ziehen hat.

Hoch motiviertes Team
Auch das ist möglich und machbar, es ist ein absolutes Muss. Es gibt wirklich nichts Schöneres, als super motivierte Leute an seiner Seite zu haben, welche genau wissen, was sie wollen. Die Spaß und Lebensfreude an ihrer Arbeit haben.

Hohe Preise
Wir könnten dazu auch gute Preise sagen. Egal, Hauptsache solche Preise, wo man sagen kann, oh ja, da passt es absolut. Wir verdienen gutes Geld und der Gast hat daraus resultierend auch Vorteile. Dadurch lässt es sich super leben, für beide Seiten.

Lauter Profitcenter
Achten Sie darauf, dass Sie in Ihrem gesamten Hotel Profitcenter

generieren, sodass Sie von allen gut leben können. Das schaffen Sie dann, wenn Sie die entsprechenden Dienstleistungen anbieten und als Hotelier dahinter stehen.

Nach der Analyse werden die Maßnahmen besprochen

Nun geht es ans Eingemachte, wo ist unverzüglich anzusetzen? Welche Parameter sind von Wichtigkeit, wie kommen Sie als Hotelier schneller voran. Wie oft sind weiter gehende Beratungen und Schulungen für Sie als Chef und das gesamte Team nötig? Welche Kontrollmechanismen müssen eingebaut werden, damit es funktioniert. Es nützt nichts, wenn Sie sagen können „Wir hatten eine super Beratung, es war sensationell, aber wir haben leider nichts geändert."

Sie haben es in Ihrer Hand

Wenn Sie tatsächlich eine Veränderung möchten, leiten Sie diese jetzt ein. Sonst bleibt alles beim Alten, Mitbewerber werden stärker und eines Tages sind Sie weg vom Fenster. So einfach ist das Spiel heutzutage und das kann rasend schnell gehen.

Für Sie als Hotelgast

Was Sie als Gast davon haben? Sehr viel, denn wenn ein Hotel sich beraten lässt, hat es eine komplett andere Ausgangsbasis und damit auch mehr Servicequalität und Erfolg. Sie dürfen sich glücklich schätzen, wenn Sie in den Genuss von so einem Top-Dienstleister kommen.

Gratulieren Sie Ihrem Hotel zu solcher Leistung

Das sollten Sie unbedingt tun und dafür sehr dankbar sein. Sollten Sie jedoch einen Hotelier haben, der das alles noch nicht weiß und manches nicht im Griff hat, teilen Sie ihm es mit, dass es diese wunderbare Möglichkeit gibt. Helfen Sie mit, dass die Hotelwelt um ein Vielfaches besser wird.

Regelmäßige Checks

Wie bei allem im Leben, bringt es nur dann etwas, wenn man dran bleibt. Wir sprechen in einem Hotel von leicht verderblicher Ware. Jedes Zimmer, welches über Nacht leer steht, bedeutet Geldverlust. Darum gilt es sich regelmäßig der Überprüfung zu unterziehen, damit dies nicht mehr passiert.

Für Sie als Hotelier

Sie kennen sicherlich die berühmte Erfolgsformel, welche da lautet Z + P + T + K? Wenn Sie nach diesem Erfolgsprinzip verfahren, liegen Sie goldrichtig und Ihnen kann nichts geschehen. Wenn nicht, unterliegen Sie stets irgendwelchen Strömungen, die nicht gut sind. Durch einen Erfolgsproduzenten an der Hand, kommt richtig viel Bewegung rein.

Ihre persönliche Erfolgsformel

Wenn Sie sich exakt daran halten, geht es Ihnen supergut und Sie sind auf Erfolgskurs. Nutzen Sie Ihr gesamtes Potential, um dabei zu sein. Schauen wir uns die Buchstaben genauer an.

- Z steht für Ziele
- P steht für Plan
- T steht für Tun
- K steht für Kontrolle

Es ist so genial, und weil es das ist, halten sich die wenigsten Menschen daran. Die meisten sind zu kompliziert unterwegs und erreichen dadurch nur Disharmonie.

Z steht für Ziele

Als Erstes benötigen Sie ein Ziel, etwas wofür es sich lohnt, sich auf den Weg zu machen. Ziele müssen unbedingt folgende Eigenschaften aufweisen.

- Ziele müssen **klar** sein
- Ziele müssen **konkret** sein
- Ziele müssen **messbar** sein
- Ziele müssen **unmissverständlich** sein

Ohne klare Ziele, haben Sie keine Chance. Genauso, wie wenn Sie zu wenig konkret sind, das gehört absolut dazu. Ferner die Messbarkeit der Ziele, ich muss alles, was ich tue, jederzeit nachmessen können. Dann ist es dringlich, dass es für alle Beteiligten unmissverständlich ist. Nehmen wir als Beispiel die 100%-ige Auslastung. Was sagt dies aus, dass es 100% sind. Klar, konkret, messbar und für alle unmissverständlich. Es gibt kein sowohl als auch, es ist so, denn 100% sind 100%.

P steht für Plan

Wie wollen Sie planen, wenn Sie keine Ziele haben? Sie benötigen erst Ziele und dann kann es zügig ans Planen gehen. Verplanen Sie die Dinge bitte nicht. Geben Sie Vollgas, ohne nach rechts und links zu schauen. Gut geplant ist halb gewonnen, eine spannende Geschichte.

T steht für Tun

Da haben wir das Elend. Mit den Zielen, das bekommt man noch einigermaßen hin, aber danach geht es an die lästige Planerei. Da wird etliches zum Desaster, denn die meisten kommen leider aus der Planungsphase nie heraus. Es wird geplant, geplant und geplant. Vor lauter Planen wird vergessen, endlich anzufangen. Aber, wer nicht anfängt, hat bereits im Vorfeld verloren. Ist es das, was Sie möchten? Ich kann es mir nicht vorstellen, darum habe ich die sogenannte

"0-Stunden-Regel"

ins Leben gerufen. Das heißt, Sie fangen sofort an und zögern keinen einzigen Moment. Denn wenn Sie anfangen zu zögern, steigen die ersten Zweifel und Bedenken auf. Sie fragen Hinz und Kunz, das Elend nimmt seinen Lauf. Die meisten Menschen sind leider negativer Natur. Sie werden förmlich mit einer Flut von Negativismus überschüttet und es endet im Fiasko. Selbst noch ein wenig unsicher, erhalten Sie eine Ladung negativen Müll, was soll bitte dabei herauskommen? Sie zweifeln noch stärker und fangen nicht mehr an.

K steht für Kontrolle

Sie haben ein Ziel geplant, angefangen und nun wird es für fast alle Menschen schwierig, es fängt an zu klemmen, denn erforderlich ist die Kontrolle. Ohne Kontrolle keine Übersicht! Stellen Sie sich vor, Sie fahren mit dem Schiff 5 Tage lang über den Atlantik. Keiner weiß, wo man sich befindet. Nach Monaten sind Sie immer noch auf dem Atlantik unterwegs, das ist kein schönes Feeling. Darum passen Sie gut auf sich auf. Helfen Sie mit, dass es zu keinem Chaos kommt. Ideal ist die Kontrolle von außen, das hilft Ihnen den Überblick zu behalten. Die Kontroller sind die Menschen, die man am wenigsten in einer Firma mag. Denn diese haben die Eigenschaft, stets den Finger in die berühmte Wunde zu legen.

Wir sprechen vom idealen Königsweg

Frage ist, wo soll die Reise hingehen? Wenn Sie in allen Bereichen die Idealwerte erreichen möchten, kann ich Ihnen eines empfehlen, bleiben Sie bitte dran. Der Reihenfolge nach, halte ich für Sie den idealen Fahrplan fest. Von oben nach unten laufen, d.h., oben das Beste und dann wird es weniger und entsprechend zeichnen sich die Ergebnisse ab. Wir teilen das in Telefoncoaching und Erfolgscoaching vor Ort im Hotel auf.

Was wird alles besprochen

Die große Frage, die man mir immer wieder stellt, was soll ich da besprechen? Es ist ganz einfach, sehen Sie einen Erfolgsproduzenten und -coach als Ihren persönlichen Berater. Oft auch als älteren Bruder, den man fragen kann. Die Situation ist folgende, wo soll man hingehen, wenn es Probleme und Unstimmigkeiten gibt? Natürlich gibt es da ein paar Leute, welche man fragen kann, alles Spezialisten auf ihrem Gebiet. Sie können bei Steuerproblemen Ihren Steuerberater fragen, bei rechtlichen Ihren Anwalt, den Verband, den Verlag, Kollegen, usw.

Wobei Sie nur einen Blickwinkel erhalten. Bei Kollegen ist es nicht so leicht, denn diese geben vor lauter Angst nur kleine Einblicke und wie schnell laufen Sie dabei in die Irre? Haben Sie zum Beispiel uns an der Hand, können wir neutral Auskunft geben. Wir kennen den Betrieb durch die Checks vor Ort und der Analyse, der gegebenen Situation. Die Antworten sind stets zum Besten des Betriebes, denn wer wirklich den nachhaltigen Erfolg wünscht, kommt um die berühmte Win-Winner-Art nicht herum. Einige Hoteliers, vor allem die Männer sagen, dass sie es mit der Ehefrau besprechen. Das halte ich für weniger gut, denn die Partnerin hat ihre Sicht der Dinge und diese ist mit Persönlichem eingefärbt. Das weicht häufig vom Eigentlichen ab und ein Spruch wie „Das habe ich dir gleich gesagt“ ist absolut kontraproduktiv. Auf dem Niveau sollte sich nicht unterhalten werden.

Einen Mentor, einen persönlichen Erfolgscoach zu haben, der Ihnen hilft, die Klippen zu umschiffen, ist ein beruhigendes Gefühl. Denken Sie an die Spitzensportler, die haben alle einen Trainer. Ohne diesen, würde das nie funktionieren. Genauso ist es mit den berühmten Musikern, auch diese lassen sich trainieren und haben einen persönlichen Coach/Berater. So zieht sich das wie ein roter Faden durch alle Bereiche hindurch, wo sich erfolgreiche Menschen bewegen. Nur Otto-Normalbürger ist der Meinung, dass alles alleine zu bewältigen ist. Dabei erstaunt reagiert, dass die Ergebnisse sich kaum verändern. Wo doch bei anderen Leuten fortlaufend bessere Ergebnisse erzielt werden. Sie kennen sicherlich das Prinzip von

**"Da wo bereits viel ist, kommt immer mehr dazu.
Da wo wenig ist, wird es immer weniger!"**

Sie haben es in Ihrer Hand, wohin die Reise gehen soll. Stehen Sie zu sich und Ihren Wünschen.

- Telefoncoaching
- Erfolgscoaching vor Ort

Telefoncoaching
Das ist eine wundervolle Disziplin, denn per Telefon kann einiges zügig geregelt werden. Je fitter Sie hier sind, je besser Sie als Hotelier vorgehen, desto besser sind die Ergebnisse und letztlich zählen nur diese. Wer wird am Telefon gecoacht?

- Sie als Chef
- Die Führungskräfte

Sie als Chef
Mancher Chef versucht sich der Verantwortung zu entziehen. Das ist Blödsinn und funktioniert nicht. Sie müssen als Chef genau im Bilde sein und es muss mit Ihnen abgestimmt sein. Denn Sie sind die Anlaufstelle, geben die Infos weiter und kontrollieren. Wobei die Tendenz und der Erfolgsweg klar ist, vieles zu delegieren.

Die Führungskräfte
Alle Führungskräfte gehören mit ins Boot geholt, nur wenn alle Bescheid wissen, vor Ort bereits trainiert wurden, in den Besprechungen dabei waren, ziehen sie gemeinsam an einem Strang. Es gibt nichts Schlimmeres, als auseinander zu driften. Dadurch weiß das Führungsteam bescheid und gibt es an das gesamte Team weiter. Das Team wird auch von uns vor Ort geschult, damit jeder

klar, konkret, messbar und unmissverständlich weiß, wohin die Reise geht.

- Tägliches Telefoncoaching
- 3x die Woche
- 1x die Woche

Tägliches Telefoncoaching
Das ist die optimalste Situation, lassen Sie sich täglich am Telefon coachen. Vielleicht gegen Mittag, dann hat man bereits einen Morgen hinter sich. Dadurch können all die Dinge, die morgens geschehen sind, besprochen werden und für den Nachmittag sofort Korrekturänderungen vorgenommen werden. Sie kennen sicherlich den Spruch

"Wehret den Anfängen!"

Es gibt in einem Hotel etliche Punkte, die parallel laufen müssen. Dazu gibt es einiges, was schief laufen kann. Schnell kippt mal die Stimmung und deshalb ist es erforderlich, dass sofort dagegen gesteuert wird, um stets auf der sogenannten Ideallinie zu segeln. Der Wind sollte möglichst von hinten und von der Seite kommen, idealerweise fast nicht von vorne. Je schneller man die Punkte aus dem Weg geräumt hat, desto leichter geht es und der Erfolg ist einem gewiss. Sie halten die Points fest und danach wird alles besprochen. Sie werden gespiegelt und können sich auf leichte Art und Weise darin wieder erkennen. Erfolgscoaching heißt klar

"Fordern und fördern!"

Wie sagen mir meine Kunden „Wissen sie überhaupt, dass keiner so mit mir reden kann und darf wie sie?“ Das finde ich ein wundervolles Kompliment, es ist das große Zeichen von absoluter Vertrautheit, Treue und auch Kompetenzanerkennung. Vertrauen ist einer der wichtigsten Punkte, beim Coaching.

3x die Woche
Wer es nicht täglich mag, dann wenigstens drei Mal die Woche. Montag, Mittwoch und Freitag ist ideal. Da ist immer ein Tag dazwischen. Da dieselbe Vorgehensweise, wie beim täglichen Coaching. Besprechung der einzelnen Details und dann die schnelle Umsetzung, dass nichts Zeit hat, sich groß zu manifestieren.

1x die Woche
Da sind wir beim Mindestmaß, einmal die Woche zu telefonieren ist ein „Muss." Ich wundere mich über die Coaches, die eine Beratung durchführen und danach ziehen sie von dannen. Das ist nicht gut, denn die Macht der Gewohnheiten wird wieder einziehen. Wer nachhaltig etwas verändern will, muss dranbleiben. Da kommt ein Berater ins Haus, man geht alles durch, bespricht die einzelnen Punkte und verschwindet danach ins Nirwana. Wie soll das funktionieren? Man ist sich erneut selbst überlassen, versucht sich durch zu wursteln. Verabschieden Sie sich von dieser Vorgehensweise und kommen Sie zu der klaren Entscheidung, wenn nicht jeden Tag, dann wenigstens einmal die Woche.

Erfolgscoaching vor Ort

Das gehört zum Erfolgsspiel dazu. Ich nenne es bewusst Spiel, denn wenn man falsch spielt und die Spielregeln nicht klar sind, kann man alles schnell verlieren. Schauen wir uns die Wege an, welche Sie und Ihr Haus zum Erfolg führen. Nachfolgend die einzelnen Stationen, gestartet wurde ja mit dem kostenlosen Test vor Ort. Danach folgt der große 4-tägige Check und dann geht es ans Eingemachte. Nun die einzelnen Positionen.

- Briefing der gesamten Profitcenter und des dortigen Teams
- Einmal im Monat Erfolgstraining vor Ort
- Einmal im 1/4 Jahr
- Zweimal im Jahr
- Einmal im Jahr

Briefing der gesamten Profitcenter und des Teams
Nach dem 4-tägigen Test wird ein neuer, mehrtägiger Termin vereinbart, wo jedes einzelne Profitcenter Stück für Stück durchgegangen wird. Sie kennen ja bereits die einzelnen Stationen. Es geht um den berühmten

"IST-Zustand und den gewünschten SOLL-Zustand"

Das heißt im Klartext, wo stehen Sie und wo geht die Reise hin, dies muss fixiert werden. Da, wo Sie im Moment mit allem stehen, erkennen wir über die Zahlen und durch Interviews, mit jedem einzelnen Teammitglied. Es sind letztlich die Leute, die bei Ihnen arbeiten, das Ergebnis ausmachen und niemals die Kunden, oder die immer wiederkehrende, schlechte Wirtschaftslage. Deswegen ist es erforderlich, mit jedem einzelnen ein Gespräch zu führen. „Wie geht es dir? Wie fühlst du dich bei der Arbeit? Was gefällt dir besonders gut? Was würdest du anders machen? Wie lange bist du schon dabei? Wie lange willst du noch bleiben?“

Spannende Fragen und die Antworten sind sensationell. Da sagen mir im Vorfeld die Chefs „Die werden ihnen nicht die Wahrheit sagen!“ Doch tun sie, aus einem einfachen Grund, weil ich jedem Menschen auf Augenhöhe begegne und sage „Was wir besprechen, bleibt unter uns. Ich trage das nicht zu den Chefs. Deswegen können sie ehrlich sein!“ Das ist auch der Deal mit den Chefs, diese erhalten von mir ein Gesamtergebnis und niemals Details von wegen „Stellen Sie sich vor, was der Müller gesagt hat.....!“ Dadurch habe ich das Vertrauen der Leute gewonnen, die Teammitglieder sind ehrlich. Das ist ein wundervolles Gefühl, aber zugleich erschreckend. Da gibt es einige Chefs, die haben ihre Lieblinge, diese haben manchmal keine Lust mehr und suchen einen Weg, endlich den Absprung zu finden. Dann gibt es in jeder Firma die berühmten Mauerblümchen, die man kaum wahrnimmt und diese würden gerne mehr Verantwortung übernehmen.

Wundervolle Konstellationen, die sich eröffnen und zum neuen großartigen Ergebnis beitragen. Oft sind Menschen falsch eingesetzt, manche fühlen sich über- und andere unterfordert. Das ist fatal, kommt es dadurch zum berühmten Missklang. Wenn jeder Mensch dort eingesetzt wird, wo er sich wohlfühlt, bringt er in den Bereichen Höchstleistung. Die Mitarbeitergespräche sind alle sechs Monate in Einzelsitzungen zu wiederholen. In 180 Tagen kann sich einiges verändern. Nach den Einzelgesprächen geht es zur Besprechung mit Ihnen als Hotelier. Wir schauen uns die Gesamtsituation in den verschiedenen Abteilungen an und welche Maßnahmen ergriffen werden müssen. Zum Abschluss werden alle zusammengefasst und auch die Chefs sind da. Es wird nochmals die Wichtigkeit von jedem Einzelnen betont und die neue Zielausrichtung. Dann kommen Sie als Chef zum Zuge und halten eine kleine Rede. Dadurch haben wir eine wundervolle Ausgangsbasis geschaffen, auf der wir sehr gut aufbauen können.

Einmal im Monat Erfolgstraining vor Ort

Jetzt gilt es wie bei allem im Leben, permanent dran zu bleiben, sonst verpufft die Wirkung rasch. Es gibt nichts Schlimmeres, als die fest eingefahrenen Spuren. Vergleichbar mit heftigem Schneefall und der Schneepflug hat noch nicht geräumt. Es gibt tiefe Spurrinnen, aus denen es fast kein Entkommen gibt und wenn, katapultiert es einem förmlich weg. Genauso ist es mit der berühmten Motivationskurve. Nach einer Schulung ist sie weit oben bei 100%, danach geht es Tag für Tag den Berg runter. Ende des Monats ist die Kurve da, wo sie vorher war. Darum sind die regelmäßigen Telefoncoachings notwendig. Nur wer dran bleibt, gewinnt. So simpel ist das Lebensspiel und wir haben exakt eine Sekunde Zeit uns zu entscheiden, wo die Reise hingehen soll. Vergleichen Sie es mit einer Kreuzung, in welche Sie einbiegen wollen. Da müssen Sie rasch entscheiden, in welche Richtung Sie weiterfahren möchten.

Einmal im Monat Erfolgskontrolle und -training vor Ort bewirken Wunder. Das Team freut sich, haben Sie doch einen Ansprechpartner, zu dem Sie ehrlich sein dürfen. Hier behaupten einige Chefs, dass das Personal auch zu ihnen kommen kann. Welch ein Blödsinn, sie werden es nicht tun und Hand aufs Herz, Sie haben eh keine Zeit. Sollten die Leute tatsächlich zu Ihnen kommen, sind Sie in Gedanken woanders und haben keinen Drive. Es läuft folgendermaßen ab „Ja, ist in Ordnung. Ich überprüfe das und gebe ihnen Bescheid!"

Damit haben Sie Zeit gewonnen. Über kurz oder lang ist es vergessen. Dies hinterlässt beim Personal einen bitteren Nachgeschmack. Ich besuche jede einzelne Abteilung, schaue mir alles an. Überprüfe, was sich verändert hat, beim Alten geblieben ist. Führe einzelne Gespräch und zum Schluss des ersten Tages, ein Gespräch mit Ihnen als Chef. Am zweiten Tag gibt es für jede Abteilung, eine intensive Schulung.

Einmal im 1/4 Jahr
Quartalsweise ist auch eine Möglichkeit, hat aber nicht die gleiche Wirkung, wie jeden Monat. Dieser Abstand ist zu groß, da gerät einiges in Vergessenheit. Frage ist letztlich immer, wie schnell man vorankommen möchte.

Zweimal im Jahr
Wenn Sie keine gigantischen Ergebnisse erzielen möchten, reichen zweimal im Jahr. Das lehne ich jedoch in der Regel ab, weil es zu mühsam ist, meistens wieder bei Adam und Eva anzufangen. Ich bin der Meinung, wenn wir etwas machen, dann bitte richtig oder wir lassen es lieber. Dies geht stark in Richtung Zeit- und Geldverschwendung.

1x im Jahr
Das ist die berühmte Alibiübung, nach dem Motto „Ja, wir ma-

chen doch was!“ Natürlich, aber wie effizient man dabei ist, wird total außer Acht gelassen. Letztlich ist das Geld aus dem Fenster geworfen.

Für Sie als Hotelgast

Nun lieber Hotelgast, jetzt kennen Sie den richtigen Königsweg, wie es zu gehen hat, damit es funktioniert und die Erfolge gegeben sind, dass Sie sich wohlfühlen können. Es ist das oberste Prinzip, Gäste die glücklich sind, kommen wieder. Freuen Sie sich, dass es großartige Hotels gibt, wo Sie wie ein Gast behandelt werden. Von den anderen trennen Sie sich und tun dies kund.

Ach Gott, was das alles kostet

Wenn ich diesen Spruch höre, muss ich lachen. Was das alles kostet, oh ja und was es alles kostet, wenn man es nicht tut. Oh je, oh je, da wird es richtig teuer. Aber soweit denken leider die wenigsten, es wird nur die Momentanausgabe gesehen. Hier heißt es aufpassen, damit man nicht in die berühmte Falle rein läuft.

Für Sie als Hotelier

Fragen Sie nie wieder, was das alles kostet, sondern lieber, was der Preis ist, wenn Sie es nicht tun. Das wissen aber leider die meisten nicht, weil sie sich nicht mit dem Thema befassen. Das ist schade, wird doch jeden Tag eine Menge Geld vernichtet. Ich kann es mir als Kaufmann nicht leisten, mit dieser Einstellung durch die Welt zu gehen. Für mich sind Ergebnisse erforderlich und diese auf sehr hohem Level.

Sie können mehr aus Ihrem Laden machen

Daran sollten Sie stets denken, es gibt unendlich viele Möglichkeiten, dass Sie noch weitaus mehr erreichen. Sie wissen selbst am besten, wie weit Sie noch von der 100%-igen Auslastung entfernt sind. Schließen Sie kurz die Augen und denken Sie an folgende Situation. Sie haben Tag für Tag eine 100%-ige Auslastung, dies bedeutet für Sie, jeden Tag sind

- Alle Betten belegt
- Alle Stühle im Restaurant besetzt
- Alle Stühle in der Bar belegt
- Alle Getränke in der Minibar leer getrunken
- Alles im Shop verkauft
- Jede Liege im Beauty&Wellnessbereich belegt

Was empfinden Sie bei dem Gedanken? Ich kenne Ihre Gedanken von wegen „Das geht nicht“ und wissen Sie was, Sie haben aus Ihrer Sicht recht. Das hat doch was, oder? Sie könnten aber auch anders denken, hingehen und sagen „Das hört sich aber spannend an, wir machen uns auf den Weg. Selbst wenn wir die 100% nicht sofort oder nicht erreichen, wir werden dennoch weiter kommen, als bisher.“ Das hört sich doch super an, merken und spüren Sie etwas? Sie kommen wesentlich weiter, als jemals in Ihrem Leben zuvor. Durch eine andere Einstellung relativiert sich der Einsatz schnell.

Das Erfolgscoaching bezahlt sich von selbst

Daran sollten Sie denken, durch die wesentlich höheren Mehreinnahmen, finanziert sich das Training automatisch. Das ist die berühmte ROI-Situation und der Königsweg. Für diejenigen, die ein wenig skeptisch sind, in manchen Fällen treffen wir auch die Vereinbarung einer prozentualen Beteiligung. Das heißt, Sie bezahlen einen kleinen Teil und alles andere geht über die Beteiligung. Es gibt für alles Mittel und Wege.

Abschlusswort

Liebe Leser,

jetzt sind wir am Ende, ich kann es nicht glauben. Mein Gott, war das ein langer, teilweise steiniger Weg. Ich wollte nicht so viele Seiten schreiben, aber dann ist es geflossen. Als ich die 200-er Marke überschritten habe, dachte ich mir, das reicht aber. Dann ging es über 250 Seiten, und nun ist es soweit.

Ich bin unendlich glücklich und sehr stolz auf dieses Werk, zugleich ein wenig erschrocken, wie viel im Argen liegt und welch unendliches Potential vorhanden ist. Es ist unglaublich, was alles im Hotel erreicht werden kann.

Deswegen war es mir besonders wichtig, dieses Werk so ausführlich zu schreiben. Denn mir liegen die Hoteliers und die Menschen, welche darin arbeiten, sehr am Herzen. Auch die Gäste, die öfters ihr Haupt in fremde Betten legen, dass diese sich wohlfühlen können.

Wenn wir gemeinsam daran arbeiten, schaffen wir das und können sehr sehr stolz auf uns sein. Welch ein wundervolles Gefühl, wenn alles in Harmonie läuft und alle glücklich sind. Das ist das Schönste, was man erreichen kann.

Das Leben ist definitiv zu kostbar, um es mit schlechten Dingen zu verbringen. Gehen Sie deshalb bitte achtsam mit sich um. Liebevoll und lieben Sie sich selbst und das, was Sie tun. Dadurch haben Sie eine andere Akzeptanz, sich selbst gegenüber und finden in Ihrem Leben Genugtuung. Denken Sie an die alte Volksweisheit

„So wie man sich bettet, so liegt man"

Diesen Spruch finde ich wundervoll und darin liegt Kraft und Segen. Fangen Sie heute noch damit an, treffen Sie Entscheidungen und ziehen Sie diese durch.

Wenn ein Buch geschrieben ist, ist es ein seltsames Gefühl. Viele Stunden, Tage, Wochen, Monate und Jahre des sich Gedanken machens gehen zu Ende. Die letzten Worte sind geschrieben, der Zeugungsakt zu Ende.

Ich war Ihnen als Hoteliers und Hotelgäste die gesamte Zeit sehr nahe und habe mich hundertprozentig in Sie reingefühlt. Ich habe es gelebt, was ich geschrieben habe. Viele Erinnerungen kamen dabei zum Vorschein.

Jetzt habe ich ein weinendes und ein lachendes Auge. Ein Weinendes, weil es tatsächlich zu Ende ist. Es kommt nie wieder, das Werk ist vollendet und ein lachendes Auge, weil ich eines weiß, wir werden uns wieder sehen.

"Erfolgreiche sehen sich immer wieder!"

Das ist traumhaft, dieses Gefühl in sich zu verspüren. Die Welt ist winzig klein, sie ist ein Dorf.

Deswegen kann und darf ich Ihnen nahelegen, kontaktieren Sie uns. Lassen Sie uns gemeinsam Ihr Haus weit nach vorne bringen, und ein großes Meisterwerk daraus machen.

Einen besonderen Dank möchte ich meinem großartigen Team aussprechen, dass es mir ermöglicht hat, Stunde um Stunde das Buch zu schreiben. Nur durch mein Team war es möglich, weil es mich vom Tagesgeschäft befreit hat, um solche Werke zu schreiben und bei Ihnen vor Ort zu den Checks und Beratungen zu sein.

Das Ganze im Gefühl, dass es wunderbar läuft. Mein besonderer

Dank gilt Gisela Nehrbaß, seit 24 Jahren bei mir im Hause tätig. Sie hat vor 7 Jahren die Geschäftsführung übernommen, damit ich frei bin, vom täglichen operativen Bereich. Sie ist meine persönliche Begleiterin, die alles wundervoll managt und ihr Mann Otto ist der berühmte Mann im Hintergrund. Der schaut, dass alle wichtigen Dinge von der Technik her laufen. Er ist auch mein persönlicher Fahrer. So kann ich in aller Ruhe im Fond arbeiten, ein kleines Nickerchen halten, telefonieren und mich auf die wichtigen Termine vorbereiten.

Ich danke allen Menschen, für dieses wundervolle Leben hier auf Erden und freue mich unendlich, für Sie da sein zu dürfen.

In diesem Sinne das Allerbeste für Sie.

Herzlichst

Ihr Ernst Crameri

Meine und unsere Dienstleistungen

Da ich der Meinung bin, dass das Leben spannend und aufregend ist, habe ich mich nie mit einer einzigen Sache begnügt. Ich wollte immer wesentlich mehr tun und haben. Ein Mensch hat unendliche Fähigkeiten, darum gilt die Theorie von „Schuster bleib bei deinen Leisten“ schon lange nicht mehr. Vergessen Sie das, und dass man den erlernten Beruf beibehalten sollte, ist auch ein Ammenmärchen. Das Leben ist Vielseitigkeit und spannend, wenn wir etwas daraus machen. Deshalb freue ich mich sehr, Ihnen die verschiedensten Dienstleistungen zur Verfügung zu stellen. Gerne bin ich und mein Team für Sie da, um Ihnen die Wünsche von den Augen abzulesen, Sie zu verwöhnen und dazu beizutragen, dass Sie ein wundervolles Leben auf Erden führen können.

Hier die Dienstleistungen nach alphabetischer Reihenfolge
Wählen Sie aus dem großen Leistungsspektrum und fragen Sie nach den Konditionen. Gerne sind wir für Sie da und beantworten Ihnen alle Fragen, denn glückliche und begeisterte Kunden sind unser Ziel.

- Bücher schreiben
- Einzelbehandlungen (Fitness/Wellness/Schönheit)
- Erfolgsproduzent und –coachings
- Events
- Hoteltesting
- Hörbücher
- Mystery X Tests
- Naturkosmetik-Produkte
- Privat-Jet
- Reisen

- Schönheitsfarm
- Seminare
- Vorträge

Bücher schreiben

Sie erhalten von uns Bücher, zu den verschiedensten Themen, rund um das Leben. Ebenso bieten wir Ihnen das Ghostwriting an. Das heißt, wir schreiben für Sie Ihr Buch. Ganz wichtig für Unternehmer, denn ein eigenes Buch schafft eine wunderbare Reputation. Wenn Sie ein neues Produkt auf den Markt bringen, ist es ideal, wenn Sie das passende Buch dazu anbieten. Als Fachmann zeigen Sie durch ein eigenes Buch eine hohe soziale Kompetenz.

Unsere Kunden, die sich von der Masse der Mitbewerber abheben wollen und damit einen anderen Nimbus erhalten. **Ärzte,** die ihre spezielle Behandlung publizieren. **Hotels,** die über ihr Haus mit besonderen Eigenheiten berichten. **IT-Firmen,** die etwas Neues entwickelt haben und weitere Firmen, quer durch alle Branchen.

Wieso Ernst Crameri: Weil ich zurzeit bereits 53 Bücher geschrieben habe und weitere folgen. Weil ich weiß, wie es in der Branche abgeht, welche besonderen Kenntnisse erforderlich sind, ein Buch zu schreiben und zum Erfolg zu bringen.

Einzelbehandlungen (Fitness/Wellness/Schönheit)

Wir leben nur ein Mal und unseren Körper nennt man auch treffend, den Tempel, in dem die Seele und der Geist wohnt. Damit der Organismus möglichst lange auf einem hohen Level funktioniert, ist es dringlich, dass wir ihn pflegen und für ihn da sind. Sie erhalten Behandlungen von Kopf bis Fuß. Von intensiver Massage, über fernöstliche Behandlungen und den verschiedensten Spezialanwendungen. Näheres auf der Webseite www.wellness-einzelbehandlungen.de.

Unsere Kunden sind Menschen, die mehr für sich tun wollen. Den Zeitgeist klar erkannt haben, wie wichtig es ist, dass man sich behandeln und pflegen lässt. Vom jungen Mädchen, bis hin ins höchste Alter hinein. Männern wie Frauen, die sich verwöhnen lassen.

Wieso Ernst Crameri: Weil ich aufgrund der jahrelangen Erfahrung einen riesigen Fundus an Wissen und Können mitbringe. Durch die Hotels weiß ich auch, wie und was läuft. Genauso wie auch die Schwachstellen in den einzelnen Firmen. Ein qualifiziertes Team an Behandlern wartet auf Sie.

Erfolgsproduzent – und coachings

Als Erfolgreicher ist eines wichtig, das Erfolgswissen weiter zu vermitteln und anderen Menschen zu helfen, zum Erfolg zu gelangen. Das ist in jeder Hinsicht eine wundervolle Aufgabe. Es gibt folgende Arten von Coachings, einmal vor Ort in den Firmen, dann am Telefon. Es geht mit täglichen und wöchentlichen Coachings los. Wenn eine Veränderung stattfinden soll, ist es dringlich, dass man dran bleibt. Denn die alten Gewohnheiten lassen sich nicht über Nacht über Bord werfen. Es ist stets ein längerer Prozess, ein Reifeprozess der stattfindet.

Wer sind die Kunden, von kleinen Kindern bis hin ins höchste Alter. Es sind Menschen, die etwas in ihrem Leben verändern möchten. Für die es in dieser Art nicht mehr weiter gehen kann. Wichtig dabei ist der klare, eiserne Wille, der Veränderung. Von Einzelpersonen aus allen Schichten und Berufszweigen, bis hin zu großen Firmen.

Wieso Ernst Crameri: Weil ich weiß, wie man aus Menschen Spitzenleistungen rausholt, sie mit einem Lachen und dennoch der nötigen Ernsthaftigkeit zum Erfolg führt. Erfolg ist kein Zufall, sondern planbar.

Events

Wir organisieren große Events, für die verschiedensten Veranstalter. Dabei übernehmen wir die komplette Dienstleistung der Lokationssuche, bis hin zum Catering und kompletten Handling, dass die Veranstaltung reibungslos abläuft. Selbst organisieren wir eigene Events in der gesamten Welt und für Firmen, die für ihre besten Mitarbeiter Incentives ausrichten.

Wer sind unsere Kunden, Firmen und Seminarveranstalter, die das Handling einem Profi überlassen. Genauso wie Einzelpersonen, die ein außergewöhnliches Fest, wie zum Beispiel Hochzeit, Geburtstag oder sonstige Festivitäten ausrichten.

Wieso Ernst Crameri: Events zu organisieren erfordert einen riesigen logistischen Aufwand, es sind viele Parameter, die zusammen spielen, damit es reibungslos über die Bühne geht. Ein qualifiziertes Team steht Ihnen, mit Ernst Crameri, während der Veranstaltung vor Ort zur Verfügung und managt den gesamten Ablauf.

Hörbücher

Hörbücher als wunderbares Instrument, für die Fort- und Weiterbildung. Ideal beim Autofahren, als sogenannte rollende Universität, um neues Wissen zu erlangen. Ebenso beim Sport und auch im Alltag einsetzbar.

Wer sind die Kunden, von der Einzelperson bis hin zu Firmen, die für ihre Mitarbeiter unsere Hörbücher bestellen und verschenken. Oder sogar als Pflichtprogramm für das eigene Team einsetzen. Nur wer permanent trainiert, hat Erfolg.

Wieso Ernst Crameri: Weil ich mit meiner Sprache voller Begeisterung, die Leute motivieren kann. Die Sprache und Ausdrucksweise muss fesselnd sein und die Zuhörer begeistern. Es muss im Gegenüber etwas ausgelöst werden. Ein sich Wiederfinden, um in die Umsetzung zu gelangen.

Mystery X Tests

Als Kunde in Geschäfte gehen und einkaufen, den Service, die komplette Dienstleistung zu überprüfen, um nachher die positiven wie negativen Seiten mit der Geschäftsleitung und dem Team zu analysieren. Danach in die Veränderung zu gehen, durch Training vor Ort.

Wer sind die Kunden, jeder der ein Geschäft hat und auf Servicequalität und Kundenzufriedenheit großen Wert legt. Denn die heutige Konkurrenzsituation ist riesig, wenn ein Kunde nicht zufrieden ist, geht er gleich. Dies gilt es zu vermeiden, und für die Kunden stets die allerbeste Leistung zu bieten.

Wieso Ernst Crameri: Weil ich die Zusammenhänge schnell erkenne und die Firmen wieder in den positiven Mehrwertbereich für die Kunden führe. Jede Firma hat sogenannte Leichen im Keller aber auch Goldadern. Ersteres gilt es zu eliminieren und die Goldadern zu bergen.

Naturkosmetik-Produkte

Herstellung und Vertrieb der eigenen Crameri-Naturkosmetik-Produktelinie, seit über 25 Jahren. Kein riesiges Sortiment, sondern ein straffes und hochkarätiges, für jeden Hauttyp. Spannend auch als White-Labeling, das heißt, die Produkte erhalten das Etikett des Kunden und sind somit seine Produktlinie.

Wer sind die Kunden, der Endverbraucher, welcher jeden Monat die Produkte für den persönlichen Bedarf bezieht. Schönheitsfarmen, Kosmetik-Studios, Friseure, Masseure, Physiotherapeuten, Farb- und Stilberaterinnen, Fußpfleger, Fachgeschäfte und Hotels beziehen die

Produkte. Bei White-Labeling handelt es sich um dieselben Kunden.

Wieso Ernst Crameri: Weil wir seit über 25 Jahren erfolgreich auf dem Markt sind, und Sie in uns einen zuverlässigen Partner haben. Von der Produktion bis hin zur Vermarktung.

Privat-Jet

Ein absoluter Traum, in den Privat-Jet einzusteigen und dies ohne lange Kontrollen und Warten. Die Maschine steht bereit, Sie fahren an und wenige Minuten später befindet sich der Jet bereits in der Luft. Schneller und bequemer geht es nicht.

Wer sind die Kunden, Einzelpersonen, die schnell von A nach B müssen. Skiflüge nach St Moritz, zum Autorennen nach Monte Carlo, nach Sylt und weitere spannende Flüge. Firmen, die ihre besten Kunden oder Mitarbeiter zu einem Incentive einladen.

Wieso Ernst Crameri: Weil wir seit über 20 Jahren in diesem Metier vertreten sind. Ich bin stets dabei und betreue die Gäste vor, während und an den Destinationen. Ich liebe es, mit dem Privat-Jet unterwegs zu sein.

Reisen

In die gesamte Welt, am meisten Kreuzfahrten auf Flussschiffen und auf den Weltmeeren. Mit wunderbaren Rahmenprogrammen, wie besonderen Ausflügen, Vorträgen und Seminaren. Ebenso exclusive 5* Hotels, auf der ganzen Welt.

Wer sind die Kunden, Einzelpersonen, die gerne auf den Events dabei sind und Firmen, die Incentivereisen für ihr Team und ihre Kunden durchführen. Die besondere Belohnung für außergewöhnliche Menschen.

Wieso Ernst Crameri: Weil ich die schönsten und besten Schiffe persönlich kenne. Bei den Reisen selbst dabei bin, oder das qualifizierte Team.

Schönheitsfarm

Naturkosmetik-Schönheitsfarm, mit ganzheitlichen Behandlungen von Kopf bis Fuß. Um sich richtig schön verwöhnen und die Seele baumeln zu lassen.

Wer sind die Kunden, 60% Frauen, die sich etwas Besonderes gönnen und 40% Männer. Diese sind immer stärker auf dem Vormarsch. Einzelpersonen buchen, genauso wie Frauen die ihre beste Freundin oder Mutter mitbringen, bis hin zu Vereinen und Firmen. Männer, die aufs Seminar kommen und die Frauen werden in der Zeit verwöhnt.

Wieso Crameri-Naturkosmetik: Wir sind bereits seit über 35 Jahren auf dem Markt und bilden auch im Beauty & Wellnessbereich aus. Ein hoch qualifiziertes Team wartet auf Sie.

Seminare

Zum Thema Erfolg und alles, was damit zusammenhängt, ganzheitliche Rhetorik, Erfolgsdenken, Geld-Seminare, Ausbildungen zum Beauty&Wellness-Spezialisten, Erfolg im Internet, Social Media und vieles mehr.

Wer sind die Kunden, Einzelpersonen, die sich fort- und weiterbilden möchten. Firmen, die ihr Team zum Training und zur Ausbildung schicken.

Wieso Ernst Crameri: Durch Zehntausende von Schulungen und Seminaren, top im Training und stets auf dem Laufenden. Ferner gehöre ich zu den Top 100 Excellent Trainers in Europa. Mit großer Leidenschaft auf vielen Veranstaltungen dabei.

Vorträge

Spannende und fesselnde Vorträge vor kleinem und großem Publikum. Vorträge zu den verschiedensten Themen rund um Erfolg. Verstärkt Vorträge zum Thema Internet und hier vor allem Social Media.

Wer sind die Kunden, Organisationen, die mich engagieren, Verbände, Vereine und Firmen. Innovativ unterwegs, in eine völlig neue Welt des Erfolges.

Wieso Ernst Crameri: Durch die brillante Sprache und Ausdrucksweise, ein fesselnder Redner, welcher das Publikum begeistert. Sein schweizer Akzent und Humor, begeistert die Zuhörer im In- und Ausland.

Bei Fragen wenden Sie sich bitte direkt an

Crameri-Naturkosmetik GmbH
Mannheimerstr. 11b
67098 Bad Dürkheim
Tel. 0049-6322-5734
Fax 0049-6322-66071
E-Mail: Sekretariat info@crameri.de
Geschäftsleitung gn@crameri.de

Ein Auszug aus unseren Werken

Ein Millionär als Traumpartner

Partnerschaftsratgeber gibt es in Hülle und Fülle. Trotz des prasselnden Feuerwerks an gut gemeinten Informationen und Richtlinien, scheinen die Menschen ihr Verhalten nicht anzupassen und werden in Beziehungen immer unglücklicher und unglücklicher.

"Ein Millionär als Traumpartner" packt dieses Problem von einer ganz neuen Seite an. Es wird ganzheitlich vorgegangen. Anstatt den Menschen Vorschriften zu machen, wird ihnen ein Spiegel vorgehalten, der klar macht, wo die Ursachen für die Umsetzungsprobleme liegen.

Wahrheit und Klarheit im Kosmetik- und Wellness-Institut

Hier geht es um viele Fakten in der Wellness-Branche. Was oft als Wellness verkauft wird, hat fast nichts damit zu tun. Eine klare Abrechnung mit den schwarzen Schafen, die leider eine wunderbare Branche in hohem Maße durch Ignoranz und Inkompetenz, in Misskredit bringen.

Dies muss wahrhaftig nicht sein. Das Buch dient für Wellness-Bewusste als klare Entscheidungshilfe, was zu erwarten und auch einzufordern ist. Genauso, was zu tun ist, im Falle von schlechter Leistung. Es geht um mündige Bürger, die ihre Rechte und Pflichten klar kennen. Für die Fachwelt dient das Buch als Unterstützung sich danach richten zu können, was alles wichtig ist, um zum Erfolg zu gelangen.

Weitere Bücher finden Sie unter www.bücherverlag.com
oder unter www.buchverlag24.de

Bist du ein Mörder
Ich habe mein Tier einschläfern lassen

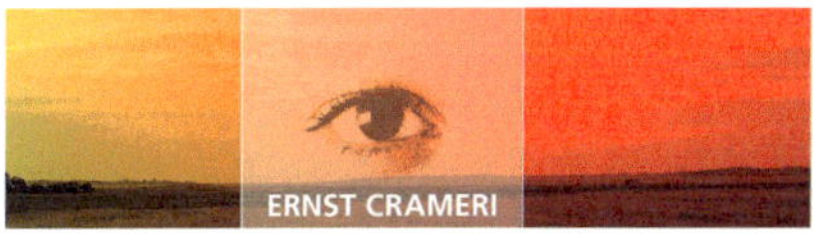

Bist du ein Mörder?

Ich habe mein Tier einschläfern lassen

Hilfe aus diesem Dilemma

Das Buch dient zur Unterstützung, für die letzten Stunden Ihres Schatzes. Irgendwann kommt das unvermeidliche Ende. Sie stehen davor, können es nicht fassen, versuchen es auszublenden. Ertragen das Leiden Ihres Freundes nicht mehr. Sie wünschen sich, dass Ihr Schatz friedlich und sanft einschläft. Wollen nicht die letzte Entscheidung treffen.

Sie kämen sich wie der Herrscher über Leben und Tod vor. Das Buch hilft Ihnen, in diesen schweren Stunden, mit wertvollen und selbst erlebten Inputs. Alle Höhen und Tiefen, der Schmerz, der alles übertrumpft, was bisher jemals da war. Es hilft Ihnen, zu einer Entscheidung zu gelangen. Besser mit Ihrer unsäglichen Trauer klar zu kommen.

Bist du ein Huhn oder ein Adler

Bist du ein Huhn oder ein Adler, das ist die große Frage. Als Adler geboren wird jeder Mensch. Dann geht es jedoch meistens sofort ab in den Hühnerstall. Dort fristet der ehemals stolze Adler ein tristes Dasein. Den lieben und langen Tag gackernd. Pro Tag als Produktion, ein Ei legen. Das ist schade und traurig. Dieses Buch hilft dir festzustellen, wo und als was du lebst. Danach die Kurve zu bekommen und wie ein Adler in völliger Freiheit, als Herr der Lüfte zu leben.

Ein großartiger Weg wartet auf dich. Du musst nur anpacken und loslegen. Arbeite an dir und kehre zurück zu deinen Eigenschaften. Finde für dich deine große Lebensvision. Du bist ein Adler, nun geht es nur noch darum, dass auch du endlich, wie ein Adler lebst und handelst.

Der unendliche Schmerz der Verlassenen

Der unendliche Schmerz der Verlassenen, ist Befreiung und eine neue Chance. Das zu erkennen und nicht abzustürzen, ist Sinn dieses Buches. Ihnen aufzuzeigen, wie viele Chancen sich durch das Ende einer Partnerschaft ergeben. Auch Zeit und Raum für den Schmerz zu lassen, aber ein positiver Umgang mit ihm.

Sehen Sie es als Chance und nutzen Sie diese. Sei es, dass Ihr Partner zurückkommen wird, oder um sich neu zu orientieren. Das Leben ist in jeder Hinsicht Fülle, die gilt es zu nutzen. Viele Tipps aus dem Leben, gestählt aus diesem Dilemma herauszukommen. Tipps für die Zukunft, für neue Partnerschaften, auch wenn das im Moment für Sie noch kein Thema sein sollte.